人民警察职业伦理研究

卢　军◎著

GMSKWK

光明社科文库 GUANG MING SHE KE WEN KU

光明日报出版社

图书在版编目（CIP）数据

人民警察职业伦理研究 / 卢军著 . -- 北京：光明日报出版社，2018. 12

ISBN 978 - 7 - 5194 - 4658 - 1

Ⅰ. ①人… Ⅱ. ①卢… Ⅲ. ①警察—职业道德—研究—中国 Ⅳ. ①D631. 19

中国版本图书馆 CIP 数据核字（2018）第 276645 号

人民警察职业伦理研究

RENMIN JINGCHA ZHIYE LUNLI YANJIU

著　　者：卢　军

责任编辑：曹美娜　朱　然　　　　责任校对：赵鸣鸣

封面设计：中联学林　　　　　　　责任印制：曹　净

出版发行：光明日报出版社

地　　址：北京市西城区永安路 106 号，100050

电　　话：010 - 63131930（邮购）

传　　真：010 - 67078227，67078255

网　　址：http：//book. gmw. cn

E - mail：caomeina@ gmw. cn

法律顾问：北京德恒律师事务所龚柳方律师

印　　刷：三河市华东印刷有限公司

装　　订：三河市华东印刷有限公司

本书如有破损、缺页、装订错误，请与本社联系调换，电话：010 - 67019571

开　　本：170mm×240mm

字　　数：219 千字　　　　　　印　　张：17

版　　次：2019 年 5 月第 1 版　　印　　次：2019 年 5 月第 1 次印刷

书　　号：ISBN 978 - 7 - 5194 - 4658 - 1

定　　价：58. 00 元

2017年5月19日，全国公安系统英雄模范立功集体表彰大会在北京人民大会堂隆重召开。习近平总书记在准确把握公安工作和公安队伍建设规律特点的基础上，从政治的、全局的、战略的高度，明确提出了对党忠诚、服务人民、执法公正、纪律严明的“四句话”“十六字”总要求，立意高远、内涵丰富、思想深邃，深刻揭示了公安机关的基本属性和公安队伍的职业特点，精辟回答了公安工作和公安队伍建设中带有根本性、原则性、方向性的重大问题，科学指明了我们党在新形势下建警治警的指导思想、基本原则和目标方向。这“四句话”“十六字”总要求，是我们党在新形势下加强公安工作和公安队伍建设的总纲领，是公安机关建警治警的总方略，是人民警察职业伦理建设的指向标。

前　言

党的十九大报告指出，中国特色社会主义进入了新时代。新时代开启了新征程，经济的持续发展和社会全面进步为道德的发展进步奠定了坚实基础，注入了强劲动力，不断推进的法治建设对道德建设的保障作用日益彰显，植根于中国特色社会主义伟大实践的道德体系不断完善，社会主义核心价值观逐步深入人心，但与此同时，社会道德领域也存在不少问题。由此可见，新时代我国道德建设任务仍很艰巨。

人民警察伦理学是应用伦理学中的一个分支，是一门具体而又特殊的职业伦理学。伦理学也称道德哲学，是专门研究社会道德现象、本质及其发展规律的科学，是道德问题的理论化。新时代中国特色社会主义赋予了人民警察职业伦理建设新的使命，人民警察职业伦理建设是促进公安队伍正规化、专业化、规范化建设的重要组成部分，也是其思想基础和道义支撑。而现实中的人民警察伦理建设没能很好地将人民警察职业伦理与人民警察职业特性做有针对性的相连，没能很好地回应人民警察职业伦理实践中出现的各种问题，进行有力地伦理审视，进而为人民警察道德实践和个体人格完善提供系统的指导，来呼应和关照现实。随着社会的不断发展和人民群众日益增长的美好生活需要，怎样做好新时代公安工作？如何实现新时代公安工作新发展？怎样推进公安执法规范化和法治化建设？如何落实习总书记“对党忠诚、服务人民、执法公正、纪律严明”的总要求？因此，需要构建与新时代现实相适应的人民警察职业伦理。

只有当人民警察具有德性的关切，依照其职业伦理规范行使警察权力，处理好人民警察自身行为以及与社会各主体伦理关系时，一个井然有序而且高效的职业伦理秩序才会生成，对党忠诚、执法公正、服务人民的价值追求才能实现，纪律严明的要求才会由人民警察道德主体自觉彰显。

儒家讲“尽己之谓忠，循物无违之谓信”。所谓“循物无违”，指的就是人在具体的道德实践中不违背内心的道德原则，能够做到表里如一、知行合一。道德选择始于道德主体德性自觉，道德实现取决于道德主体的自律。德性自觉是指道德主体对于时代的伦理使命和教化责任有一个自觉的担当和深切的认同，主动将道德观念与意识深刻理解、融化在心灵里、铭刻在脑子里。道德自律就是道德主体依据一定的道德原则和规范要求，对于自我行为的自决自控。道德自律意味着方向的抉择、行动的坚定，道德主体知道自己是谁，从哪里来，要到哪里去，并坚定不移朝着目标前进。提升道德主体的自觉自律，并非一朝一夕能够完成。正如习近平总书记所言：“核心价值观的养成绝非一日之功，要坚持由易到难、由近及远，努力把核心价值观的要求变成日常的行为准则，进而形成自觉奉行的信念理念。”

本书从探讨人民警察职业伦理的基本理论问题开始，关注警察德性，提倡道德自律，提升道德自觉，富有逻辑的逐次递进到人民警察角色伦理、人民警察职业伦理行为、人民警察执法伦理道德维度的剖析，对警察腐败问题及其伦理制约机制的伦理审视，直到对人民警察职业伦理实践问题的伦理考察和争鸣，以期抛砖引玉，实现理论有宽度、实践有纵度的新时代人民警察职业伦理体系构建。

新时代的征程不断向前发展，需要冲刺力，也需要耐久力。融化在人民警察职业生活中的职业伦理，将为新时代公安工作发展提供绵长的动力。

目　录
CONTENTS

绪论

人民警察职业伦理概论

第一节 职业与道德

警察职业作为一种独立和特殊的职业，也和社会其他各行各业一样，有一套与其职业和职业关系相适应的伦理规范体系和行为准则。但是警察职业伦理是一种特殊的职业道德，我们要想深刻地了解其内涵与本质，首先必须深入理解职业的基本属性和道德的基本内容。

一、职业和人民警察职业的内涵

人类要生存，社会要发展，首先就要解决人们衣食住行的问题，这就需要有人专门从事各种生产活动，例如：有的做工、有的务农、有的经商、有的执教、有的从医……这样就形成了社会中各种不同的职业。那么，什么是职业？

（一）职业的概念及特点

所谓职业（亦称行业），就是人们由于社会分工和生产内部的劳动分工，而长期从事的具有专门业务和特定职责，并以此作为主要生活来源的社会活动。职业是人们为了获得索取物质生活来源的合理报酬以及满足心理和精神上的特殊需求，通过自身努力，运用学习的专业知识和基本技能，为社会创造各种物质财富以及精神财富的过程。① 该概念提出了职业概念具有的外部表征。其一是具有社会属性，在人类社会发展的历史过程中，伴随着生产力的发展正是由于出现了人类社会生活中的劳动细化分工，逐渐产生了不同职业。其二是具有规范性，一是社会各种职业的独特从业人员的操作规范具有内在的统一要求，这不仅保证了各种职业的独特专业性特点，还使得每一位从业者更易获得相关的职业共识；二是规范性还表现在职业群体的伦理范畴方面，也就是人们平常所说的职业道德规范，职业道德规范与职业操作性规范相互作用，有利于职业的规范化建设。其三是具有经济性，换言之，从事各种职业必须是以获取合理报酬，维持自身生活为目的，职业的经济性特征凸显职业具有功利性的属性。其四是具有专业性和时代性，不同的职业技术专门要求是社会各职业的重要特点，技术的职业分工与经济发展、社会进步的程度正相关。而职业的时代性特点则是由社会的时代发展大环境决定的，原来的很多职业随着科技的日新月异变化逐渐会退出历史舞台，比如打字员、银行柜员、某些行业经纪人。

（二）人民警察职业是一种特殊的职业

在人类社会生活中，职业种类繁多而复杂。人民警察职业是社会诸多职业中的一种，但它却是一种特殊的职业。周恩来总理曾说过："国家安危，公安系一半"。它的特殊表现在以下三个方面：一是职业性质特殊，人民警察是具有武装性质的国家刑事司法力量和治安行政执法力量。职业内涵的表述不仅使公安机关有别于其他国家机关，而且也使公

① 申林．工作、职业和生活的平衡——关于职业选择、职业发展与生活计划的研究［J］．中国人力资源开发，2008（10）：4.

安机关区别于检察、审判机关和军队。二是职责重大，人民警察的性质决定了它的职责是保卫国家安全，维护社会治安秩序，保护公民的人身安全、人身自由和合法财产，保护公共财产，预防、制止和惩治违法犯罪活动。一句话，即惩治犯罪，保护人民。三是工作特点独特，由于人民警察职业性质的特殊性，使它具有其他职业所没有的许多特点，作为一名人民警察，深刻了解这些工作特点，有助于激发其职业责任感，更好地完成党和人民交给我们的新时代光荣使命。人民警察职业工作的主要特点是：第一，艰险性。就是艰苦危险。人民警察始终战斗在同犯罪分子斗争的第一线，在斗争中面临的对象往往都是十分凶狠狡诈的，有些则是铤而走险的亡命之徒，与他们做斗争，时刻都在经受着严峻的、有时甚至是你死我活的考验。在同自然灾害事故的斗争中，也往往险情四伏，要求我们迅速做出抉择，加以恰当处置。第二，权力性。职权与职责密切相关，任何从职人员都具有与履行职责相适应的职业权力。但不同的是，人民警察代表着国家管理社会治安，维护社会秩序，行使职业权力，他们具有的职业权力却是国家依据法律规定直接赋予的。《中华人民共和国人民警察法》规定了人民警察的职责，同时也明确赋予人民警察保证履行职责所必须的权限，如行政干预权、治安管理处罚权、刑事强制权、刑事惩罚执行权等，人民警察的职业权力不仅是国家赋予的，同国家权力有直接的联系，而且这些权力及相应的手段，包括公开的和隐蔽的，还具有强制性、惩罚性、杀伤性的特点。这种权力和手段，对违法犯罪活动是一种强大的威慑力量，对社会治安和人民的安全起着直接的保障和卫护作用。因此，我们只能运用这些权力和手段来惩罚犯罪，保护人民，服务社会发展，决不允许人民警察有滥用权力、违反党的政策和国家法律的现象存在，决不允许有任何损害公民权利和人民群众利益的行为发生。第三，法律性。人民警察职业日常工作活动的又一个重要特征是直接同国家法律相联系，《中华人民共和国人民警察法》明确规定：人民警察的任务是维护国家安全，维护社会治安秩序，保护公民的人身安全、人身自由和合法财产，保护公共财产，预防、制止和惩治违法犯罪活动。这就明确指出，人民警察履行职责，完成职业任务的一切活动，必须依照法律的规定，在法律允许的范围内进行。随着国家现代化治理体系的不断完善，对人民警察的职业活动内容和活动方式，提出了新的更高的要求。如果公安民警在职业活动有法不依，甚至违法失职，就要面临被诉讼成为被告，直至追究其法律责任。所以，人民警察必须具有比其他职业从业人员有更强的法治观念，做到有法必依，执法必严，违法必究。第四，管理性。职业活动从一定意义上说，都是一种社会管理活动，公安机关在执行管理职能过程中，在社会管理活动内容、范围、性质和方法等方面，同其他行业相比有很大不同。如工业、农业、商业等人员的职业，它们的管理活动，除同人发生关系外，更突出的是对财物的管理。公安民警从事的管理活动，不论是管理社会治安、管理城市交通、管理户籍，还是管理社会特种行业，管理出入境人员等，都是同"人"打交道，是以管理"人"为活动的中心内容。这种职业活动要求人民警察必须文明办事，排斥那种以"管理者"自居、"管人者"自居，动辄训人、骂人等不良行为作风。作为一名人民警察必须深刻认识这一特殊性，才能保证管理活动的正常开展。第五，战斗性。讲求时效是一切职业活动的共同点，因为是它赖以存在和发展的生命所在。公安民警是执行战斗任务的战斗队伍，一切活动必须强调时效观念，它的职业活动具有很强的战斗性。主要表现在：一是紧张性，违法犯罪现象常常打破时间观念和地域界限，情况多变，突发事件多，是速度和力量的竞赛，拼得是时间和效率。因此，公安民警在精神上、在肉体上总是处于实战状态，处于高度紧张状态，分秒不差、分秒必争地去执行和完成任务。二是连续性，犯罪现象很复杂，大量矛盾和问题，不是一朝一夕能解决的，往往是一个战役、战斗的结束，又接着另一个战役、战斗的开始，这一过程连着另一过程，需要民警艰苦奋斗、连续作战。三是顽强性，同犯罪现象做斗争，不仅复杂，而且很激烈，有时很残酷，生死攸关。特别是在你死我活的尖锐斗争中，需要民警具有顽强的战斗力，具有勇于向犯罪分子进行拼搏、不怕流血牺牲、坚韧不拔的精神，保证人民警察职业活动的时限性和时效性，保证战斗任务的完成。第六，社会性。职业是社会分工的产物，都是为他人、为社会的，都是有社会性，只不过人民警察的职业比其他职业的社会性表现得更加广泛。从范围上来说，人民警察所从事的活动是面向全社会的，凡是有安全问题、社会秩序问题的地方，公安机关都要进行工作。从服务对象来说，人民警察面向的是广大人民群众，凡是人民群众需要帮助的，都是人民警察应该努力去做的。从人民警察的活动方式来看，又常常是高度分散，各自为战。这就要求对整个人民警察队伍强调纪律严明，靠人民警察的高度自觉，才能保证整个队伍的团结统一，步调一致，极具战斗力。第七，易腐性。人民警察职业活动还有一个显著特征，就是公安民警在职业活动中，存在着污染与反污染、腐蚀与反腐蚀的激烈斗争，存在着被腐蚀的危险。这种危险主要来自三个特殊性因素：一是工作对象的特殊性，某些犯罪分子为逃脱罪责，常施以金钱、色情，进行引诱拉拢。如果人民警察没有坚定的政治立场和严明的纪律观念，则可能在金钱面前动摇，在色情面前动心。因此，能否抵制犯罪分子的引诱腐蚀，保持队伍纯洁性对人民警察来说是更为直接和严峻的考验。二是工作环境的特殊性，人民警察经常同社会的丑恶现象打交道，接触阴暗面较多，如果没有较高的道德修养水平，没有坚强的组织纪律性，可能有的人会“触景生情”，产生“邪念”，越过职业活动的界限。三是服务对象的特殊性，某些群众在社会负面能量的影响下，为求办事方便，常常说情走后门，给民警以“实惠”和“好处”。如果人民警察纪律意识淡薄，私心较重，贪利忘义，轻则白吃白喝，重则贪污受贿，走向邪路。因此，如何拒腐防变，保持公安队伍的纯洁性，始终是人民警察职业纪律建设和个人自我修养的重要内容。基于这三个特殊性，所以说，人民警察职业是一种特殊的职业，这种特殊职业本身就要求人民警察比一般职业从业人员有更强烈的事业心和责任感，需要更严明的纪律和良好的职业伦理，否则将很难适应这种特殊职业的需要。

二、道德的涵义

从词源含义上来说，在中国古代典籍中，“道”与“德”是两个相互关联的名词，起初一般分开使用且代表着不同的含义。“道”指街道道路，后来则引申出三层含义：一是本体论意义上的道，如老子所说的：“有物混成，先天地生。寂兮廖兮！独立而不改，周行而不殆，可以为天地母。吾不知其名，故强字之曰道。”① 二是政治意义上的道，如荀子所说的：“道也者，治之经理也。”② 三是人生观、价值观意义上的道，如孟子曰：“仁也者，人也。合而言之，道也。”总的来说，“道”即为万事万物运动、变化的最高原则和一般规律。“德”字则在商朝甲骨文中就已出现，通“得”。许慎在《说文解字》中指出：“德，外得于人，内得于己也。”从“德”字的构形看，从直到心，心得正直即为德。于是，“德”便引申为“品德”或“道德品质”。可见，“德”是个体依据道的原则内悟、实践并有所得，也就是说是通过个体对道德的实践而获得的某种具体的个人品质及内在信念。至于道德二字联系起来作为一个概念使用，则始于春秋战国时期的荀子。《劝学》篇中说：“故学之乎礼而止矣，夫是谓道德之极。”他认为求学问应该以达到礼

---

① 《老子二十五章》
② 《荀子·正名》

为止境，达到了礼就算达到了道德的最高境界。可见荀况不但将道和德连用，还赋予了它们较为确切的内涵，即道德包含人们在社会活动中所形成的道德品质、道德境界，以及调节人与人之间关系的道德原则和道德规范。

在西方国家，道德这一概念源于拉丁语中“风俗”一词。“风俗”在拉丁文中主要用来表达国家生活的道德风俗和人们的道德个性意思。可以这么认为，西方文化概念中的道德一词不仅包含社会风俗和行为规范，还包括了个人品性，与中国的“道”与“德”有异曲同工之妙。

道德就是人类在改造自然和社会的实践中形成的，由一定社会的经济关系决定，以善恶为标准，依靠内心信念、社会舆论和传统习俗评价人们的行为，调整个人与个人、个人与自然、个人与社会之间关系的行为准则和规范的总和。如果我们通俗地理解道德，可以认为道德就是人的行为合于理、利于人。其中“理”为道理、常理，“利于人”不是利于自己而是专指利与他人。

用社会舆论、内心信念、传统习惯维系起来的，以善与恶为标准，评价人与人、人与动物、人与自然、人与社会之间的态度和行为就是道德。我们可以从以下几个方面加以认识道德：一是道德是人类社会特有的现象，在动物界不存在道德问题，不能以善恶进行评价如猫吃老鼠、狼吃羊，这些现象和行为是不具有任何道德意义的。严格地讲，道德不是一个靠条文规范来强制规定人的行为和关系的东西。人是社会性动物，一个人想要生存和发展就必须获得社会他人的合作。而道德就是社会为了协调与他人关系，赢得他人的合作而产生的自我约束和需要。为了强制一些个人观点与社会观点不同的人接受社会道德，我们在社会道德观的底线上设置了一个强制性的东西，叫法律。道德与法律是人类文明进步的一个表现。人能走向文明，不是道德说教的功劳，而是利益的驱使。只有在一个文明的，和谐的社会中，所有社会成员的合理的利益诉求才能被最大化满足。道德深藏在社会经济关系之中，它是一定社会经济关系的产物，它有与政治、法律、哲学、艺术等社会意识形态一样都是属于社会上层建筑，都是为一定的社会经济基础服务的。二是道德的评价标准是善恶，所谓“道德”或“不道德”是对某种于他人、社会有益或有害的行为评价。善就是有利于人和社会发展的，反之，则为恶。三是道德主要是靠自律来实现和维护的，它不像法律那样靠强制力量来实行的，它是通过传统习俗、社会舆论、内心信念以及教育的力量来实现和维持的。其中关键是内心信念，也就是我们日常生活中经常提到的良心，良心是什么？良心其实就是一种自我内控力。良心是行为者内心的法庭，主要是评判行为者自己的行为：当行为者自身遵循了社会道德规范，此时会感到内心的愉悦、畅快，而违背了社会道德规范，此时会感到不安、羞愧和歉疚，从而规范着人们自身的行为。这种内心信念就是自律的现实体现。可以说没有内心信念就没有自律，也就无所谓道德的实现和存在。

三、职业道德内涵及其特征

职业在长期的社会生产实践发展中，逐渐形成了固定的工作内容和劳动方式、稳定的社会关系以及公开的行业标准。人们在从事各种职业时，必然会发生多样复杂的职业关系，而这也就需要有与之相适应的社会规范和行为准则来加以调节职业关系和行为，职业道德正是在这一要求下应运而生的。可以说，职业道德就是从业人员在职业活动中应当遵循的行为准则和伦理规范，当然，不同的职业有着不同的职业道德。职业道德是一种高度社会化的角色道德，它源于从业人员自身的道德良心以及社会外界对其的角色预期。职业道德是社会道德的重要组成部分，是社会道德在相应社会职业上的体现和反映。因此职业道德含有道德的一般意义，它既表现为承载社会中的某种道德原则与道德规范，也内联个人的道德品质与道德信念。但是，职业道德作为在特定工作或劳动中的特殊的道德规范要求，又同时具有自身的某些特征，这些特征主要表现为：第一，职业道德要求上的差别性。不同的职业道德在要求上的差别性直接来源于各种职业在社会职能上的差异性。不同职业之间因为劳动内容和工作任务的不一样，必然产生不同的职业操守和职业理想，继而呈现出种种不同的职业道德规范要求。例如，医生要以救治病人为最高宗旨；农民以辛勤耕种为己任；军人以保家卫国为天职等。实质上，从这里我们可以看到，各行各业的道德规范要求都是与其行业的社会功能、权利与义务相一致的，不同的权利与义务，决定了不同行业拥有不同的道德原则与标准，决定了各种职业道德在规范要求上的差异性。第二，职业道德适用范围上的特定性。由于职业道德总是与特定的社会职业相联系，而每一个职业都有着自己特殊的劳动内容和生产方式，因此，每一种职业都有着自己特殊的职业道德。每一种职业道德规范要求对于不属于从事该职业的其他人员没有任何约束意义，因此，职业道德在适用范围上具有特定性。例如，医生的职业道德就是救死扶伤，这是医生应尽的职责和义务，但这一职业道德要求却不适应于教师、军人或其他行业的从业人员。显而易见，对于一个身为教师的人来说，社会赋予他的主要职责不是救死扶伤，而是尽心尽力为社会未来的发展培养人才；而对于一个军人来说，最重要的也不是救死扶伤，而是服从指挥、听从命令、保家卫国。实质上，职业道德在其适用范围上的特定性与其在规范要求上的差别性是一脉相承的，正是因为不同职业道德之间在规范要求上的差别性决定了各种特定的职业道德在适用范围上的差异性。第三，职业道德规范内容上的连续性与稳定性。职业道德作为一种特殊的社会意识形态，必然要受到社会生产力发展水平和社会经济关系的制约，并且每一人类社会发展时期的职业道德又要受当时统治阶级道德原则的影响与支配，这是职业道德发展的一般规律。正是这一规律决定了职业道德在规范内容上的连续性。这种连续性表现为：职业道德总是随着生产力的发展而发展、随着社会经济关系的变化而变化；任何一种职业道德都不是抽象的、静止的，而是具体的、历史的。因此，我们研究职业道德问题，必须坚持唯物史观，通过阶级分析的方法，把它放在具体的、当下的社会生产关系中去考虑，这样才能对职业道德做出正确的历史评价，才能为当下的职业道德建设制定出切实可行的道德规范要求。另外，职业道德规范内容上的稳定性则表现为以下两个方面：一方面，在不同社会历史时期，每一种职业所要求的职业道德规范内容都拥有着一些相同或近似的内容。例如"诲人不倦"的教师师德要求从孔子开始一直传承至今，而"童叟无欺"也是自古以来就通行的商业道德规范；另一方面，在同一历史时期，每种职业一旦形成某些一致的道德规范，就不会随意地改变，而是会形成某种固定的职业道德传统与习惯，内化为稳定的职业心理与道德信念，并通过从业人员的职业活动代代相传。可见，社会中的职业，由于其在社会功能与职责内容上的稳定性，使得职业道德除了拥有阶级性的职业特征，也拥有与阶级特征无关的一些比较稳定的特点与内容。第四，职业道德规范执行上的制度化趋势。执行上的制度化趋势是职业道德与社会道德最显著的差别之一，一般来说，道德规范与法律制度不同，属于一种非正式的制度安排。这里所说的非正式制度安排是指，道德不像法律那样是通过一定的法定程序，由立法机关以明文典章的形式制定与颁布的，而是人们在社会生活中逐步地养成的某种稳定的社会规则意识，是一种不成文的传统习惯与风俗。并且，道德规范的执行也不是靠国家的强制力量来执行的，而是靠传统、习俗、社会舆论、内心信念等非强制性手段来执行。但职业道德与社会道德不同，它往往会根据各种职业活动的具体要求，对人们在职业活动中的行为限度制定出具体且明确的各种规定要求，形成明文的、具有法律和职业效力的职业规范文本。职业道德这种执行上的制度化趋势体现着两种特征，一是注重适用性；二是具有强制性。注重适用性是为了使职业道德的规范要求更易于从业人员的理解和执行，因此，职业道德不应是抽象的职业理论或一般的道德原理，而应该采取制度、守则、条令等简洁、具体、明确的形式固定下来。具有强制性则是各种职业为了正常的发挥该职业的社会职能，以得到社会大众的认可，从而获得职业发展与存在的价值所必须的，是其社会生存性的内在要求。因此，职业道德不仅仅需要靠传统习惯、社会舆论和内心信念来调节，还需要与一定的职业纪律和职业条令相结合，需要具备一定的强制性。实质上，这种制度化的趋势并不是否认了职业道德的体伦理性，而是为了让从业人员更清晰地、明确地知晓自己的权利和义务，知道哪些该做、哪些不该做，从而保证在工作中更好地履行职责。

第二节　警察职业道德

从本质上来说，警察职业道德就是一种具体的特殊的职业伦理规范，是对警察在警务工作中“应该如何”所做出的特殊的职业道德要求和规范。

一、警察职业道德的本质

首先，警察职业道德实质是一种社会特殊意识形态。按照历史唯物主义的观点，警察职业道德的本质蕴涵在社会生活之中，是一种特殊的社会意识形态，受社会经济关系的制约。历史唯物主义认为，社会存在是指人类社会赖以生存和发展的社会物质条件的总和，是社会发展中第一性的、本原性的存在；社会意识则是与社会存在相对应的范畴，是社会各种精神现象的总和，是第二性的、派生性的存在。道德作为人类社会生活的重要组成部分，属于社会精神生活的层面，并渗透于社会物质生活和政治生活、文化生活等各个方面，是一种社会意识。并且，道德归根到底是社会存在即社会物质生活条件的产物，道德的本质蕴藏于社会物质生活条件之中。同时，历史唯物主义还认为，社会物质生活条件包括自然环境、人口因素和物质资料生产方式等物质要素，在这诸要素中起决定因素的是物质资料生产方式。物质资料生产方式由生产力和生产关系共同组成，在具体的社会发展阶段中，一定的社会生产力水平与同它的发展相适应的且处于统治地位的生产关系共同构成社会经济基础，而建立在一定社会经济基础之上的社会意识形态以及与之相适应的政治法律制度则构成社会的上层建筑。社会的经济基础直接决定着社会经济结构的性质乃至整个社会的根本性质，从而也决定着社会上层建筑的性质。道德作为上层建筑中的一种特殊的社会意识形态，根源于社会物质生活条件。因此，道德的性质从根本上来说是由其赖以产生，由存在的社会经济基础所决定的，社会经济结构的性质直接决定道德体系的性质。并且，没有一种永恒不变的道德体系，道德体系的性质和内容随着社会经济结构的变化而变化。警察机关是国家政权的重要组成部分、处于政治上层建筑的中心地位，而道德则是社会意识形态的重要内容，这就决定了警察职业道德直接受国家政治制度、政权组织形式等的制约，决定了警察职业道德必然要为上层建筑服务，为上层建筑所代表的经济基础服务。因此，警察职业道德实质上是一种受社会经济关系所决定的社会意识形态。社会经济关系的性质决定着警察职业道德体系的性质，特定社会经济关系下的利益格局决定着警察职业道德体系的基本原则和主要规范的内容，社会经济关系的变革决定着警察职业道德体系或内容必然产生相应的变化。作为一个社会主义国家，我国的警察职业道德体系必须与我国的生产资料公有制的经济基础相适应，这就决定了我国的警察职业道德反映“全心全意为人民服务”的宗旨。

其次，警察职业道德是一种特殊的调节警察行为的规范体系。在比较不同的社会意识形态之间的异同时，我们会发现，警察职业道德不仅有作为意识形态而具备的不同于一般社会意识现象的一般本质，它作为一种特殊的意识形态，还有着区别于其他意识形态的特殊本质。警察职业道德规范与警察纪律规范、法律规范和政治规范一样，都是一种调节警察行为的规范体系。但与其他规范体系不同的是，警察职业道德规范的执行不仅体现出警察职业纪律的外在强制力量，而且更多地还要依靠警察个体自身内在的良心和道德信念。因此，警察职业道德作为一种内化的规范，表现出极高的自律性，具有道德预防、道德监督、道德反省等多重功能，并且还能够在工作实践中达到固化警察道德规范、提高警察道德规范认同感的作用。

二、人民警察职业道德

人民警察职业道德是我国社会主义职业道德体系的一个重要组成部分，对广大公安民警的职业行为具有指导和约束力，是人民警察完成公安工作任务，履行职责，树立自身良好职业形象的保证。

（一）人民警察职业道德的定义

人民警察职业道德是指警察在工作中应该遵守的，以社会舆论和内心信念来维持的，调整警察各种职业关系的行为规范的总和，以及警察个人在工作中表现出来的道德品质状况。人民警察职业道德的含义包含了以下两层意思：第一，人民警察职业道德是一种自律性的行为规范。它不同于政治、法律、纪律等行为规范那样具有强制性，它是靠社会舆论和民警个人的内心信念的力量作为发挥规范约束职业行为作用的依据。第二，人民警察职业道德包含着客观和主观两个方面的内涵。就客观而言，人民警察职业道德是指民警在工作中应该遵守的具有警察职业特点的道德规范的总和，要求民警在从事职业活动中，必须遵循一定的职业道德标准，规定民警在处理各种道德关系时，遵守“应该做什么”“不应该做什么”“应该怎么做”“不应该怎么做”的职业道德要求，它是社会主义道德的核心和原则在人民警察职业生活中的具体体现，因而它的内容具有客观性，不以民警个人的主观意志为转移作为主要特征。就主观而言，人民警察职业道德是指民警经过职业活动实践和自身的修养提高，在道德品质方面达到的状况，这种状况是民警综合职业素质的反映，它表明了警察个体是否具有一定的职业道德修养，是否具备了社会和公安机关所需要的职业道德品质及其所达到的境界，这种品质和境界是民警个人主动学习和自觉修养的结果，因而具有主观性。人民警察职业道德这两个方面的含义是互相联系的，前者是后者的客观标准，后者是前者的内化。

（二）人民警察职业道德的特征

人民警察职业道德是一种特殊的道德规范，它既具有一般社会道德的共同特征，又有区别于一般道德和其他道德的显著特点，可以归结为以下几个方面：

1. 鲜明的政治性。人民警察职业道德的政治性是指人民警察职业道德与我国的政治制度有着极为密切的关系，这主要是由公安机关的性质所决定的。我国的公安机关是人民民主专政的工具，是我们国家的特殊的行政机关，其职业活动从根本上说是社会主义政治在公安事业中的具体体现，人民警察职业道德的内容要体现社会主义政治的要求。这主要表现在人民警察职业道德要求人民警察具有鲜明的政治立场，忠于党、忠于祖国、忠于人民、忠于法律，坚决维护党和国家的尊严，通过提高人民警察执法的公正性，弘扬社会公平正义，通过提高人民警察的道德素质，增强公安队伍的战斗力，为广大人民群众服务，为改革开放和建设社会主义现代化服务。我国人民警察职业道德的政治性特征主要表现在以下三个方面：一是我国人民警察职业道德具有明确的政治立场和坚定的政治信念，坚持党对公安工作的绝对领导、全面领导，坚持“公安姓党”的根本政治属性，在任何时候都是我国人民警察职业道德体系所必须强调的和人民警察所必须坚持的，这是方向性的问题，什么时候都不能放松；二是我国人民警察职业道德本质上反映和体现着社会主义国家意志的要求，因而它必须体现出人民民主专政的价值目标。例如强调人民警察践行“为人民服务”的宗旨，强调执法的公正性以促进社会主义法治建设等；三是我国人民警察职业道德中包含许多维护国家政治的内容，并且不少内容与我国政治规范的要求是直接同一的。人民警察职业道德要求人民警察具有鲜明的政治立场，坚决维护党和国家的尊严，忠于法律、忠于人民。实质上，这既是人民警察的职业道德要求，又是对人民警察的政治要求。

2. 高度的自觉性。人民警察职业道德的自觉性直接反映了人民警察职业道德的特殊本质，主要是指人民警察职业道德是警察个体自律精神的集中体现。人民警察职业道德只有被警察个体心悦诚服地自觉接受，内化认同，并转化为他们的情感和信念时，才能发挥调节警察行为的作用。人民警察职业道德一旦被警察个体从内心深处接受，就会化为巨大的精神力量，特别是在塑造警察的人格、陶冶警察情操等方面起到法律、政治和纪律等强制性规范无法起到的作用，带有高度的自觉性特征。我们强调人民警察职业道德具有自觉性的特征，但是，我们同时也必须看到，人民警察职业道德也具有一定的强制性。人民警察职业道德“强制性”的表现在：一是社会舆论的压力、群众的指责、良心的责备等内外“强制”力量。一般群众做了违反道德的事，也要受此“折磨”，人民警察做了不道德的事，所受社会舆论压力要更大，群众指责要更甚，良心责备要更重，会使你坐卧不安，无地自容，这实际上也是一种“强制”作用；二是人民警察职业道德与严格的纪律条例密切相联系。一般群众做了不道德的事，除了舆论谴责外，其他手段往往奈何不得。人民警察则不然，对其某些不道德行为，法律可能无能为力，但可以实行严格的职业纪律，而纪律是带有“强制性”的。由此我们可以得出结论，即人民警察职业道德是自觉性与一定程度的“强制性”的统一，这是它与一般道德明显不同的一个特征。

3. 强烈的示范性。人民警察职业道德的示范性，主要是指民警遵守人民警察职业道德，履行职业职责，在社会上所起的表率作用，以及对其他行业和群众的影响感染作用。人民警察职业道德的社会示范作用无论是在深度上还是广度上，都是其他的职业道德所不能比拟的，这是警察职业的特殊职权性和广泛的社会性在警察道德上的必然体现。警察是国家政权的重要组成部分，他们代表国家行使职权、执行法律、维护法律尊严，弘扬公平正义。警察的职业活动、警察形象往往最直接地体现国家意志，代表国家形象，因此，警察的道德价值取向、道德风貌对其他行业和社会大众的价值追求、精神状态有着更为直接、更为重要的影响，警察职业的特殊职权性决定了警察道德具有巨大的社会示范性。同时，公安机关和广大警务人员作为党和政府面对群众的一个重要窗口，直接体现着党和政府的精神面貌，也是党和政府联系人民群众的桥梁和纽带。在某种意义上来说，人民警察的一言一行，甚至是他们的着装与肢体语言都不仅表现着他个人或者整个公安机关的道德素质和道德修养，还展现着党和政府的执政能力和公信度。社会公众总是通过警察是否廉洁高效来评价党和国家的执政水平，通过警察办案公正与否来评价公安机关的执法水平。也正是如此，才使得警察职业道德的社会示范性显得尤为突出与特殊。另外，由于警察的职业活动是面向社会的，涉及社会的各行各业和方方面面，要与社会上的各色人等打交道，并且与人民群众的切身利益与人身安全密切相关，因而警察的职业道德状况往往受到人们最广泛的关注。并且通过这种关注，人们感悟到人民警察的道德价值取向、道德情操和道德行为水准，并以此来认定或调整自己的道德观念和道德行为。值得注意的是，警察道德的示范性，具有正反两方面的影响，先进的人民警察道德或人民警察高尚的道德情操，会对净化社会风气、形成良好的道德氛围起到积极的作用；反之则会造成恶劣的社会影响，破坏社会风气，扰乱社会道德秩序。因此，我们要在实践中大力营造公安机关良好的道德风气氛围，提高办案的效率，改进服务的态度，为整个社会做出正确的价值导向，起到人民警察应有的社会示范作用。在社会生活中，所有从业人员的职业道德行为都会对他人产生一定的影响，起到一定的示范作用。但是这种示范作用的大小是不一样的。相对而言，人民警察职业道德的示范性特征表现得更为鲜明和突出。人民警察能够通过自己的言行举止、服务态度、清廉形象等，使广大人民群众感知人民警察的高尚情操和可贵品格，进而在道德熏陶中实现心灵的净化，并溶化于自己的言行中。

4. 突出的导向性。人民警察职业道德的导向性是指人民警察职业道德对于规范警察活动起着引导的作用，能够使警察在社会生活中的一个特殊的价值领域内有效地识别自身行为的方向。人民警察职业道德作为一种职业行为规范，不但告诉警察什么不应该做，而且告诉警察什么是应该做的。人民警察职业道德规范具有的约束性实际上也包含了导向性。约束性从不应当的角度来理解人民警察职业道德，而导向性则从应当的角度来理解人民警察职业道德。人民警察职业道德通过目的、准则、评价、荣誉、理想等调整着警察的行为，使警察的行为更加符合“应当”的原则。人民警察职业道德的导向性不仅可以从约束导向中找到依据，而且还可以从人民警察职业道德的实然性与应然性统一中得以说明。人民警察职业道德的实然性是指人民警察职业道德是现实人民警察职业道德生活的反映，是对警察提出的现实的道德要求。人民警察职业道德的应然性则是指人民警察职业道德不仅仅是对现实人民警察职业道德生活的反映，也是对未来人民警察职业道德生活的一种指向，是对警察提出的理想的职业道德要求。人民警察职业道德的导向性，正是源于人民警察职业道德本身所蕴含着的价值理想的道德成分。人民警察职业道德的导向性通常表现为人民警察职业道德主体通过内心的道德评价和选择来确定自己的行为方向，正确地理解人民警察职业道德的导向性，有助于警察进一步理解人民警察职业道德的本质，更准确地把握人民警察职业伦理的发展方向，并找准自身发挥主体作用的准确位置。经过公安机关和人民警察的不懈努力，人民警察职业伦理建设已经达到了比较系统和完善的境地，形成了具有自身职业特点的比较完善的道德规范体系，即人民警察职业伦理已经作为一门独立的学科开始了它自己发展的历史进程，并以其独特的风貌为公安队伍的精神文明建设发挥着积极的作用。

第一章

人民警察角色伦理

人民警察是人民群众根本利益的保护者，是社会公平正义的维护者和公正的执法者。就角色理论和伦理学的逻辑延展而言，角色伦理是以社会学与伦理学的交叉为学理依据，以伦理学为视角，研究各种社会角色的权责关系、角色道德及其伦理行为模式的一种理论维度。从伦理学的视角考察人民警察的社会角色，可以发现其中蕴含着伦理秩序、道德应当、角色责任等伦理意蕴；从伦理学的视角研究人民警察角色的权责定位和伦理期待，分析其角色的伦理困境及其产生原因，探寻角色伦理困境的伦理原则及其化解路径，对于人民警察在面临伦理抉择时进行正确的职业行为选择，消除角色伦理困境冲突，提高角色能力，更好地适应社会、适应新时代发展的需要，不辜负人民群众对美好生活的期待，进而树立人民警察角色的良好形象，具有重要的理论和实践意义。

第一节　人民警察角色伦理的理论界说

一、人民警察角色伦理的内涵界定

（一）角色概念

承担一定义务和责任的人在社会关系和活动中的定位，可以借用舞台语言形象地比喻就是“角色”。“角色”一词是来源于影视剧、戏剧和歌剧中的一个专用词汇，美国哲学家乔治·米德，在20世纪30年代，他首次把角色这一舞台专用概念引用到社会学中，产生了“社会角色”一词。后来，戈夫曼又提出了“社会戏剧论”概念，将社会生活中人与人之间的关系互动比拟为戏剧舞台上演员的角色扮演。于是，“角色”便成为社会学的一个基础性概念。拉尔夫·林顿进一步对社会学中角色这一概念作了界定，“地位是权利和义务的简单集合，而角色是地位的体现。在社会关系中，个人处于某种地位上并通过对与其它地位产生关系而占据这个地位。当他实现构成地位的权利和责任的时候，他就在扮演着某种角色。”① 综合社会学界对角色概念的研究和探讨，角色主要包含以下几点内容：首先，角色与其对应的社会地位是紧密相联的。“角色与地位密不可分，角色是地位的动态表现形式，地位一定通过角色行为表现出来，没有地位，角色就无从谈起；没有角色，地位也不好认识。”② 这句话深刻地诠释了社会地位和社会角色的依托关系。其次，角色是个体社会权利、义务和责任的行为应有规范和模式。人在社会生活中通过日常交往，与周围其他人建立各种各样的社会关系。这些关系的形成必将确定了个体角色的地位和身份，并赋予与其地位和身份相应的角色权利、义务和责任，规定着角色行为实然模式。最后，角色是一种社会应然期待。社会需要是人们在满足了生理基本保障的基础上的社会性需要。“个人只能为社会和在社会中进行生产。”③ 个人扮演某种社会角色，既是体现个人价值的需要，也是社会赋予个体的，是社会需求的体现。社会对每个社会角色既有权利义务和行为模式的规定，

① 拉尔夫·林顿．世界的大多数［M］．廖申白，译．北京：中国社会科学出版社，1988：263

② 李盛平．公务员百科辞典［M］．北京：光明日报出版社，1989：292.

③ 马克思．马克思恩格斯全集：第46卷［M］．北京：人民出版社，1986：105.

同时也对每个社会角色具有相应的社会应然期待。诸如教师要为人师表，公务员要为人民服务，军人要保家卫国等，都体现了对这些社会角色的社会期待。

（二）人民警察角色的涵义

从一般的概念上来讲，角色就是与人们在具有某种社会地位或社会身份的同时，也要拥有与之相对应的社会权利、义务的行为模式和规范，角色是构成社会群体或者是社会组织的个体基础。所谓警察的社会角色，是指与警察所处的社会地位，警察身份相对应的社会管理权利和维护社会稳定义务的规定以及行为规范和模式。例如，人民警察在办案过程中，有权要求案件知情人如实介绍情况，知情人也有权要求警察为其陈述案件事实保密，因此，角色集权利与义务于一身。由于角色是与一定的行为模式相对应的，所以角色也是社会对于处在该地位上个体的行为期待。例如，警察要执法为民，因此，只有按照与人民警察社会身份相适应的权利、义务的规范和行为模式行事，才能扮演好这一角色。如果处于这一特殊社会地位的警察不能遵循该社会地位应有的权利义务的规定和按照角色行为模式行事，如有的警察工作态度不好，工作方法欠缺，工作效果不佳，领导不满意，群众也不满意，人们的期望不能满足，这样的警察角色是不成功的。警察角色又是社会群体或社会组织的重要要素之一。社会群体或社会组织是人与人之间形成的一种特定的社会关系，而这种社会关系的网络就是由各种社会角色编织而成的。由部长、厅长、局长、科长、所长、各警种民警和相应的工作人员等角色相互联系构成了各级公安机关的角色集。可见，角色是社会组织的基础单位，没有这些角色，社会组织不复存在。因此，每一个人民警察都应该具有整体意识和团队精神，在社会这个大舞台扮演好自身的角色，为提升人民警察在广大人民群众中的公信力做出应有的努力。社会角色是随着社会历史的发展不断演变的，由于历史条件不同和历史进程的变化，对警察也有不同角色定位和角色责任。在相关的立法上，对人民警察角色的定位的法律支撑也发生了变革。从法律的相关规定可以看出，当前我国人民警察社会角色定位是：第一，保护人民生命财产安全的角色。人民警察法第二条就规定："人民警察的任务是维护国家安全，维护社会治安秩序，保护公民的人身安全、人身自由和合法财产，保护公共财产，预防、制止和惩治违法犯罪活动。"① 第二，服务社会的角色。这个角色特征是人民警察的一个至关重要的内涵，人民警察法第三条也规定："人民警察必须依靠人民的支持，全心全意为人民服务。"② 第三，社会管理者的角色。警察权的突出本质，首先是一种职业权，作为一名人民警察要尽职履行社会管理职能，维护社会正常秩序，因而人民警察具备社会管理者的角色。

（三）人民警察角色伦理的内涵

社会角色与伦理有着天然的联系，对社会角色进行伦理学考量，既是角色理论发展与创新的需要，也是伦理学所要面对和亟须解决的重大理论和实践课题。角色伦理是从伦理学的视角审视和考量社会角色，从伦理学的视角考察社会角色，不难发现社会角色内蕴着丰富的伦理意蕴。首先，社会角色内含伦理秩序之诉求。社会角色是指与人们的某种社会地位和身份相一致的一套权利、义务规范和行为模式。它是社会构成的基本元素，是社会关系之网的纽结，也是伦理关系的连接点。它是构成社会群体和组织以及伦理秩序的主体基础，蕴含以权利和义务关系为核心内容的伦理关系和伦理秩序。实际上，社会上每个人都在扮演着特定的社会角色，也必然有着相应的伦理关系及其权利义务的规定。其

---

① 中华人民共和国人民警察法［M］．北京：中国法制出版社，2008：2.

② 中华人民共和国人民警察法［M］．北京：中国法制出版社，2008：2.

次，社会角色包含道德之应当。社会角色不但蕴含着伦理秩序之诉求，同时也蕴含着“人伦之理”和“道德之应当”的价值诉求。社会生活之所以对人们的行为有“应当如何”之要求，是因为人是一切社会关系的总和，人既是个体存在，也是社会存在。而作为社会存在的人在社会中无时无刻不在扮演着各种社会角色，处于不同的社会关系之中，社会关系在赋予社会角色身份与地位的同时，也必然蕴含着“人伦之理”和“道德应当”。最后，社会角色蕴含责任伦理之特质。社会角色不仅是一个人身份和地位的社会符号，同时也是社会责任的载体和责任伦理的逻辑前提。马克思指出：“作为确定的人，现实的人，你就有规定，就有使命，就有任务，至于你是否意识到这一点，那都是无所谓的。这个任务是由于你的需要及其与现存世界的联系而产生的。”① 每个确定的人、现实的人、具体的人都是特定的社会角色，都在社会关系之网中占有特定的位置，与现实社会有着特定的联系，并形成特定的伦理关系，由此也就具有了角色责任、职责和使命等社会责任伦理的规定性。任何人扮演社会角色，都要遵守这一角色的伦理原则和道德行为规范，按照这一角色的应然伦理期待和行为模式扮演社会角色。

通常意义上讲，角色伦理是与社会角色的身份地位相契合的权利义务规定以及道德行为规范和伦理行为模式，而人民警察角色伦理就是指与人民警察的社会角色身份地位相契合的权利义务规定以及道德行为规范和伦理行为模式。人民警察角色伦理侧重反映人民警察社会角色存在的价值合理性，以人民警察角色的权责关系为核心，以人民警察角色道德规范为重要范畴，以人民警察角色的自我完善为价值目标，固化为稳定的社会角色规范和行为模式。

---

① 马克思，恩格斯．马克思恩格斯全集：第3卷［M］．北京：人民出版社，1960：329.

二、人民警察角色伦理的理论溯源

（一）角色伦理主体自觉性

马克思指出："人的本质是人的真正的社会联系"① "人的本质不是单个人所固有的抽象物，在其现实性上，它是一切社会关系的总和"。② 所以说，权利和义务关系的实质就是人与人之间的关系。作为社会关系主体的人，其在社会关系中的地位是伴随着社会发展而不断改变的。人的主体性是自由的，也是自觉的。"人终于成为自己的社会结合的主人，从而也就成为自然界的主人，成为自身的主人——自由的人。"③ 从这里我们发现，主体的自觉性是主要表现在人的社会实践活动当中，实践是充分发挥人的主观能动性的，有指向目的的客观活动，而作为指导实践活动的主观意识是靠人后天学习而获得，比如说对角色内容的学习，包括对角色期待和理想角色的体悟，对角色权利和角色责任的认知和认同等。所以，要发挥个体的主观能动性，自觉、自愿地去揣摩角色规律，学习相应的角色伦理知识。同时，要将获得的这些知识和能力应用到实践当中去，发挥自身的主体自觉性，把有关角色知识和规范要求消化吸收，从而自觉地指导自身行为实践。人民警察是开展公安工作的主体，其自身的管理水平和道德水准直接关系到整个公安机关，乃至整个社会的发展。所以，人民警察要在社会管理过程中积极发挥自身主观能动性，促进社会发展，承担相应的角色责任，实现自身的角色理想。首先，人民警察要具有积极的创新精神和强烈的角色责任感，不断加强对专业知识技能的学习和自身的道德素质的提高。自觉用

① 马克思．马克思恩格斯全集：第42卷［M］．北京：人民出版社，1986：24.
② 马克思．马克思恩格斯全集：第3卷［M］．北京：人民出版社，1986：29.
③ 马克思．马克思恩格斯全集：第3卷［M］．北京：人民出版社，1986：404－433.

科学理念指导公安工作，协调角色关系，履行其角色责任，努力为社会稳定发挥自身作用。其次，人民警察要在遵循为人民服务的根本宗旨基础上开展社会管理工作，满足社会需要和人民群众需求。在职业实践中要努力自觉践履道德规范及其原则，协调好公安机关内部和外部的各种复杂社会关系。最后，人民警察要具有政治定力和意志力，对党忠诚，牢固树立“四个意识”。遇到困难和挫折要迎难而上，要勇于探索，不断创新。要自觉抵制错误思想和不良社会风气的侵袭，践行人民警察价值观，实现自我的人生价值及社会价值。

（二）角色伦理主体社会性

人的本质就是人的自由、自觉的活动特性。马克思认为：“人的类特征恰恰就是自由的自觉的活动。”① 人与动物的根本区别就在于动物只能被动的顺从和适应外部世界，而人却能在实践活动中自主地认识和掌握并运用客观规律来指导自己实践，从而实现自我目的。即马克思所说的“动物只是按照它所属的那个种的尺度和需要来建造……而人却懂得按照任何一个种的尺度来进行生产。”② 即人的实践活动是在人自身主观意识指导下进行的，具有自由选择性，可以按照自己的想法进行生活，但人又是社会关系的产物，人的活动是具有历史性、现实性和社会性的。人的本质“在其现实性上，是一切社会关系的总和”，“人作为这种‘自由、自觉’的主体性的存在又无不历史地受到他在具体的社会关系体系中的地位所制约，人的发展无不现实地表现在具体的社会关系的变革中，人的社会活动无不受到人与对象的各种关系发展程度的制约与规定。”③ 所以，人之为人的资格就是要懂得协调和处理人与人、

① 马克思．马克思恩格斯全集：第 42 卷［M］．北京：人民出版社，1986：96.
② 马克思．马克思恩格斯全集：第 42 卷［M］．北京：人民出版社，1986：17.
③ 马克思．马克思恩格斯全集：第 1 卷［M］．北京：人民出版社，1986：56.

人与社会之间纷繁复杂的关系。人是社会的人，存在于复杂的社会关系当中，在不同时间和不同场合处在不同的社会位置，以不同的社会角色在社会上进行活动，应了解自己所担当的不同的社会角色权利和责任、社会期待及行为规范，扮演好相应的社会角色。人民警察在社会活动中的交往是多方面的，他在社会关系中扮演着不同的社会角色，包括职业角色，家庭角色和社会角色等。人民警察在这些不同的社会关系中所处的地位和身份也不同，担当着多种角色即“角色集”，不同的角色对人民警察都有不同的规定和期待。例如：“执法公正”是对人民警察职业角色的定位和期待，而“父慈子孝”是对人民警察在家庭角色的规定和期待，“弘扬社会正义”是对人民警察社会角色的应然期待。

（三）角色伦理主体社会化

社会化就是指社会将一个自然人转变成一个能够适应社会文化要求，参与具体社会生活，实行正常社会行为的人的渐变社会过程；也是一个自然人在社会关系中通过与其他人的接触与互动交流，渐渐认知自我，积淀社会认识，转化一名合格的社会成员的过程。也就是说，“社会化就是学习和传递一定的社会文化，学习做人的过程。”① 一方面，作为个体的人要充分了解自己的社会地位，清晰和认知角色所需的角色行为，承担角色权利和责任，这是人参与社会生活的必备条件；另一方面，虽然每一个社会地位的行为规范和行为模式都自成体系，但不是说个体只要获得了一个社会地位，就能顺利地承担和履行其角色责任和义务，这就需要作为个体的人认同与其社会地位和身份相对应的行为规范，个体对行为规范不断认同的过程就是扮演这一角色的过程。扮演角色的人要领会社会中他人对自己的角色要求和期待，深刻理解自己所扮演的角色内涵及展现其外在社会形象，并努力将社会所期待的角色通过

① 汪新建．大学生心理健康［M］．兰州：兰州大学出版社，2000：2.

角色行为的形式表现在现实之中，这个过程也就是个体社会化的过程，而道德的社会化是个体社会化过程中的重要组成部分。“社会通过各种力量使其倡导的道德观念和规范为人们所接受并具体贯彻到实际行为上的过程，就是道德社会化。”① 人民警察的道德社会化含义体现在两个方面：一方面是指公安机关在自身管理进程中的社会化程度，即对角色的认识和提升程度；另一方面是指人民警察道德社会化的过程，即人民警察自身道德品质形成的过程，这是指对角色道德规范、角色期待的认知和认同。实现个体道德的价值，最终目的就是要将内在的道德观念和外在的社会伦理规范统一起来，以上两个方面对于社会和人民警察来说是必备的。对于警察个体来说，道德社会化是其进入社会的基本途径，在这个过程中，个人的道德品质得以形成和完善，从而实现从自然人到社会人的转化；就社会而言，“只有当一个社会的成员一起行动共同支持、维护这个社会的时候，这个社会才会生存下去，所以每个社会都会塑造成员的行为来达此目的。”② 即通过道德社会化的过程，培养出社会需要的成员，使道德传统得以继承和发扬，使社会道德秩序得以维护和发展。人的社会化和道德社会化既是角色伦理研究的内容，同时也是研究角色伦理的理论基础。

（四）角色伦理主体社会互动

人是社会中的人，人在社会生活中扮演着一定的社会角色。社会角色是人们在社会中获得的，角色伦理的内容、形式等诸多方面最终是由角色主体的社会生活实践所决定，角色伦理的产生是社会生活和道德理性交互作用的结果。角色伦理是在社会互动中形成和发展起来的，没有

① 吴满意．高校网络思想政治教育理论思考［M］．成都：电子科技大学出版社，2004：12.

② 戴维·波普洛．社会学［M］．北京：中国人民大学出版社，2000：142.

社会生活的互动，就谈不上社会角色的实然之责、角色道德应然规范和伦理行为模式，更谈不上角色的义务承担。所以，角色伦理是社会发展的需要，没有社会角色就没有人类社会，没有社会角色也就不存在着角色伦理，没有社会互动角色伦理也将失去存续的基础和价值目标。社会角色只能在社会中根据社会需要才能获得发展，社会中有许多角色需要，一个人扮演什么角色，既要根据自己的实际情况又要根据社会的现实需要进行选择。离开社会需要，或离开社会，就不会有角色伦理。就警察角色而言，这一角色的存在也是社会发展的需要，是社会中角色互动的结果，因此，社会互动为角色伦理的形成和发展提供了研究的基础和价值指向。

三、人民警察角色伦理的现实诉求

（一）适应新时代中国特色社会主义市场经济发展的时代需要

随着我国社会主义市场经济的发展，市场经济中逐利思想和行为对人的影响越来越大，主要表现在社会生活中担当各种各样的社会角色中，警察角色亦不例外。市场经济中人与人的伦理关系也必将通过角色伦理关系而充分地展现出来。市场经济的发展和变化，角色伦理关系也随之发生变化，产生不同的伦理关系。在市场经济中，人们为了实现自己价值，为了获得自己利益，为了更好地服务不断发展着的社会需要，为了在竞争中立于不败之地，必然要寻找自己最适合的角色定位。在现实生活中，不同的人扮演不同的社会角色，又存在不同角色之间的伦理关系，市场经济中角色多重性往往造成的社会角色定位不清、角色混淆、权责关系混乱等现象，因此，在市场经济运行中，不同角色在参与经济活动的过程中需要应有的角色规范。当然，市场经济要发展，也需要角色主体不断提高自己的素质和能力，没有市场主体的角色能力和素质提升就没有市场经济的发展。在市场经济条件下，警察角色定位，行为规范，角色扮演与角色冲突等必然受到深刻的影响。

（二）全面建成小康社会的必然要求

全面建成小康社会，是党在新时代做出的重大战略决策和承诺，小康社会建设要靠不同社会角色的共同努力才能实现其社会发展的目标。作为建设小康社会重要的社会角色之一，重视角色伦理，既是人民警察充分发挥职能作用、有效履行职责的必然要求，也是新时期人民警察职业伦理建设的重要现实依据。

（三）法治建设的实践呼唤

法治中国建设中的有关法律、规定和准则，特别是对警察的伦理道德提出了更高要求，做出了具体规定。总体上讲，在警察角色的社会化关系中，警察必须维护人民群众利益，在行使权力时必须坚持人民利益至上的原则，不得因为一己私利或者部门利益而影响社会执法的公正性，同时更要遵守法律法规，这是其履行义务的保证。作为一名普通公民和警察的社会角色，警察不仅像其他人一样遵守宪法和法律而且还应成为遵守法律的模范，弘扬社会公平正义。

第二节 人民警察角色伦理的道德视角

一、人民警察角色伦理的规定性

（一）人民警察角色的权利

第一，人民警察具有执法权力。人民警察执法权力，是人民警察在国家法律规定的职权范围内依法可以行使的权威性行为。例如：人民警察有权依法对违反治安管理的个人或者组织实施行政强制措施或处罚；人民警察有权依法对严重危害社会治安秩序或者威胁公共安全的人员予以拘留；遇有拒捕、暴乱、抢夺枪支等紧急情况时，人民警察可以依法使用武器；对于违法犯罪者，人民警察可以依法执行拘留、搜查、逮捕或者其他强制措施。县级以上人民政府公安机关，为预防和制止严重危害社会治安秩序的行为，可以在一定的时间、一定的区域，对人员、车辆的通行或者停留进行限制，必要时可以实行交通管制措施。公安机关因侦查犯罪的需要，根据国家有关规定，经过领导批准，可以采取技术侦察措施。县级以上人民政府公安机关，经上级公安机关和同级人民政府批准，对严重危害社会治安秩序的突发事件，可以根据情况实行现场管制；人民警察可以采取必要手段强行驱散，并对阻碍执法行为的人员强行带离现场或立即拘留当事人。国家安全机关、劳动教养、监狱管理机关的人民警察和人民检察院、人民法院的司法警察，分别依照相关法律、行政法规的规定履行职权。为了保障人民警察依法履行职责，人民警察依照法律执行职务的活动，也必须受到法律的保护。

第二，人民警察有自身的合法权利。人民警察合法权益，是指人民警察在执行法律过程中应该享有并受法律保护的公民权利和利益及人民警察在执法过程中特殊的执法权益。这些权益具体指宪法赋予公民的生命权、健康权、休息权、获得劳动报酬权、人格权及对警械、武器的使用、对特殊装备的要求等权利。

（二）人民警察角色的责任

中国古代的“名分论”思想其实也就是现代的角色伦理理论积淀。所谓“名”，即一个人的身份和地位，“分”即分内之责、道德本分，有什么样的“名”就有什么样的“分”。“名分论”十分强调循名责实，即只有尽到分内之责和道德本分，才被认为是名副其实、名正言顺。现代社会角色理论也强调，扮演什么角色就有什么的权利义务和责任，角色与责任如影相随。人民警察也不例外，有什么样的身份地位和权利（权力），就要承担相应的责任和义务。

人民警察角色的职业责任可以根据不同的标准进行不同的分类。从角色伦理的角度来看，人民警察的角色伦理责任既包括应尽的分内之责，也包括社会责任和道义责任。人在社会中无时无刻都扮演着相应的角色，人作为角色主体在扮演角色的过程中要对自身行为和后果承担相应的角色责任，伦理涉及人和人之间的关系，一个人必须对自己所做的行为负责，尤其是当该行为影响他人的利益时，行为人必须对其行为负全部责任。行使社会公共管理权力的人民警察更应当对自己所做的行为负责。如果行使公共权力的警察对自己的行为不负责任，那么公民的合法权益将很难得到保障。警察角色是一个集社会各种伦理责任的统一体。既应具备反映警察本质的职业道德，同时也必须具备作为一个公民所必须具备的社会道德。警察的社会职责、地位和职业性质决定了它必须具备卓越地履行社会职责，有效地承担其社会责任和自觉地履行道德义务的品行和素质。最后，人民警察所应承担的责任还包括法律责任、政治责任、惩罚性责任、侵权责任等。

（三）人民警察角色的伦理期待

1. 护卫人民利益。人民警察保护人民的人身安全、人身自由以及人民的合法财产不受侵犯，这是我国《宪法》和《人民警察法》赋予公安机关及人民警察的一项重要职责。因此，对一切侵犯人民人身安全和人身自由的违法及犯罪分子，公安机关及人民警察有义务坚决依法惩处。人民的人身安全和人身自由，是指人民的生命健康权不受非法侵害，人民的人身活动的自由不受非法限制。人民的合法财产是指人民通过合法途径得到的，自己对其具有占有、使用、支配和处分权利的私有财产，我国宪法明确规定了人民合法的私有财产不受侵犯。《人民警察法》所确定的警察的职权范围与职责要求，就是要求公安机关及人民警察必须履行维护人民合法权益的职责。这既是国家赋予人民警察的职责，同时也是人民群众对警察的角色期待。

2. 弘扬公平正义。人民警察作为国家的一个重要执法主体，是公平正义的维护者。公平正义是人类社会公认的崇高理想境界，是人民警察执法的出发点和归宿。公正既是一种评价标准，也是一种社会追求，维护公平正义是“依法治国”方略的重要内涵。公平正义是现代法治的核心内容，公平正义的目的在于惩恶扬善。一方面，警察是一支国家行政和刑事司法力量，其主要职责就是打击违法犯罪行为，管理和维护社会秩序，时刻与社会上的一切邪恶势力做斗争，弘扬社会正义。另一方面，警察又是公平的倡导者和守护者，既要维护人民的合法权益，又要尊重违法犯罪嫌疑人作为人的基本权利；既要遵守执法的合法性原则，又要有不偏不倚的公正性。公正也是一种崇尚理性的精神，警察并非仅仅是一个纯粹的执法工具，任何一名人民警察在执法、管理和服务中都必须秉承信念和服从理性、公正这一价值尺度，用法治的思维去判断、衡量和确认个人和社会的思想行为。职业实践中，人民警察应当充分履行职能，维护公平正义，尽力保护人民合法利益不受非法侵害，否则，就辜负了人民群众对人民警察的殷切期待。

3. 维护法律尊严。人民警察是法律的执行者和维护者，人民警察的性质和任务决定了人民警察必须以宪法和法律为活动准则，当前必须深刻认识新时代公安工作的复杂性，牢牢地把握工作的主动权，人民警察履行职责时必须严格遵守法律法规，维护国家安全和社会稳定，维护国家统一和民族团结，维护宪法确立的基本政治原则、这是人民警察工作的基点。如果越过法律，违背法律规定甚至知法犯法，必然会损害人民和国家的利益，违背全面治国方略，也无法完成其所承担的角色任务，从而辜负了党和人民对人民警察角色的期待。

4. 保障社会稳定。党中央提出全面建成小康社会这一总目标，相对公安工作来说，将不可避免地经历一个调整视野、重建理论的过程。在这一关键历史时期，公安工作要始终坚持以人为本这一理念，顺应新时代的具体要求，在理论和运用上下功夫，不断地探索新的空间、开拓新的途径和研究科学的管理办法，将自己应有的作用发挥在建成小康社会的过程中。在全面建成小康社会的进程中，社会秩序占有相当重要的比例。因此，做好公安工作是建成小康社会的一个重要节点，人民警察的职责就是维护社会和谐稳定，保护人民群众生命和财产不受侵犯，为人民群众美好生活、为经济建设和社会发展创造良好的社会环境。

二、人民警察角色伦理的行为模式

（一）人民警察角色伦理的行为规范

人民警察角色伦理的行为规范，即人民警察的职业道德操守，是指人民警察在依法履行本职工作过程中应当遵循的具有警察职业特征的道德准则和道德规范。2011 年《公安机关人民警察职业道德规范》规定人民警察职业道德的内容是：（1）忠诚可靠：听党指挥，热爱人民，忠于法律。（2）秉公执法：事实为据，秉持公正，惩恶扬善。（3）英勇善战：坚韧不拔，机智果敢，崇尚荣誉。（4）热诚服务：情系民生，服务社会，热情周到。（5）文明理性：理性平和，文明礼貌，诚信友善。（6）严守纪律：遵章守纪，保守秘密，令行禁止。（7）爱岗敬业：恪尽职守，勤学善思，精益求精。（8）甘于奉献：任劳任怨，顾全大局，献身使命。（9）清正廉洁：艰苦朴素，情趣健康，克己奉公。（10）团结协作：精诚合作，勇于担当，积极向上。

（二）正确处理人民警察角色社会关系的伦理原则

人民警察角色的伦理目标追求体现在人民警察正确处理社会角色关系上，必须遵循以下伦理原则：

1. 对党忠诚，坚持以人民为中心。公安机关要毫不动摇地坚持和加强党对公安工作的绝对领导，毫不动摇地坚持“公安姓党”的根本政治属性，着力打牢高举旗帜、听党指挥、忠诚使命的根基。新时代公安机关担负着为新时代中国特色社会主义事业保驾护航的重大职责和使命，最终目的都是为了实现好维护好发展好最广大人民的根本利益，必须把人民满意不满意、答应不答应、高兴不高兴作为判断和衡量公安工作的根本标准，切实做到人民公安为人民，满足人民群众对美好生活的期盼。我们只有始终坚持以人民为中心的发展思想，真正把以人民为中心作为法治公安建设的出发点和落脚点，才能得到人民的支持，才能做好公安工作。作为一名人民警察，要时刻铭记全心全意为人民服务的宗旨，要时刻以民为镜，规范自己的言行，在想问题、办事情、做决策时，做到不掺杂个人利益、个人好恶，增强自我意识；要时刻以公仆的形象出现在群众面前，切实做好“为谁从警，为谁执法，为谁服务”这个根本问题，永葆政治本色，做党和人民的忠诚卫士。

2. 坚定正确的权力意识。人民警察手中的权力是人民给予的，是法律所赋予的，代表人民行使权力、为人民服务是人民警察唯一的宗旨，“打击违法犯罪、保护人民群众生命财产安全”是公安民警的首要任务和重要职责。权力不是商品，不能搞权钱交易，贪图回报，面对世俗人情，人民警察必须时刻保持清醒头脑，筑牢法纪和道德防线，切实强化起责任意识，既要对党负责，对政治负责，对人民负责，又要对己负责，对家庭负责，对他人负责。作为一名人民警察，既然选择了这个职业，就应该不辱使命，不负重托，就应该对得起头顶上的警徽，做到

"守土有责"。

3. 维护法律尊严。学法是人民警察正确行使党和人民赋予权力的基础，唯有学法，才能懂法、守法和执法，才能有力维护法律尊严。执法，简言之就是执行法律或法规的权力展现过程。不同的社会、不同的政权，有代表不同利益的执法主体，就我国公安机关而言，人民警察无疑是代表人民并为人民群众根本利益而执行国家法律法规的专业性的执法队伍。然而，少数民警却把党和人民赋予的执法权力当成耍威风的特权，有法不依、执法不公，由此可见，人民警察只有弄清、弄懂、弄通了学法与执法的关系，严格公正执法，法律尊严才能得到有效保障。

4. 纪律严明。严明的纪律可以保证警令畅通，对于纯洁人民警察队伍，提高公安机关的执法和管理水平，增强公安队伍的凝聚力和战斗力有着十分重要的意义。《人民警察法》在总则中明确规定人民警察必须纪律严明、服从命令、听从指挥，并强调了人民警察的纪律要求。公安机关更好地服从、服务于党和国家的中心工作，很重要的一条就是纪律严明，保证警令畅通。因此，广大公安民警要从讲政治的高度充分认识严明纪律，保证警令畅通的重要性和紧迫性，牢固树立大局意识、责任意识和法纪意识，任何时候、任何情况下都必须严守纪律，严格执行上级的决定和命令。

5. 甘于奉献。选择做一个公安民警，就注定要比一般人付出更多、奉献更多。维护社会治安的任务是艰巨而繁重的，公安民警应树立一种多奉献、少索取的人生价值取向，坚持以人民利益至上，一切为了人民群众，为维护国家利益和人民群众利益而甘愿奉献自己一切的行为准则。要有一种"先天下之忧而忧，后天下之乐而乐"的崇高胸襟，恪尽职守，任劳任怨，无私奉献，淡泊名利，追求一种真正意义上的精神财富，做到一心为公，两袖清风。

三、人民警察角色伦理的冲突

（一）人民警察角色伦理冲突

人民警察角色伦理的冲突，是指在扮演不同角色时造成的责任之间的冲突。客观上人民警察因为承担着多种社会角色，并赋予了多种角色要求和义务，在角色扮演中导致矛盾与冲突实难避免。人民警察的角色冲突表现复杂多样，致使人民警察陷入某种角色困境，从而会导致角色道德行为失范，引发角色伦理冲突。

1. 权力间的冲突。权力冲突表现为两种或两种以上权力源而造成的责任冲突。人民警察即是公共利益的代表，具有利用公共资源的权力。这就要求其具有应有的公共意识和责任意识，明晰权力的责任和范围，以维护公共利益为己任。人民警察又作为普通公民也享有公民的基本权利，那么可以合理合法的追求个人利益。然而在具体的角色扮演过程中，个人利益经常会与公共利益发生矛盾，从而导致警察权力冲突，陷入困境，引发冲突。

2. 情理间的冲突。警察角色的多样性，使得他在角色扮演中往往对自身所具有的各种角色责任搅扰在一起，在情与理之间陷入困境。亲戚、朋友、老乡等错综复杂的关系网，时刻围绕在人民警察的周围，一些违法犯罪分子往往仰仗自己的“关系硬”或千方百计地“拉关系、走后门”对自己的违法行为进行辩护和开脱。人民警察角色在工作中就应该严格执法、公断是非，而把私人感情留在私人生活、私人交往当中去。如果人民警察在办理案件中徇情枉法，给各种有人情关系的人予以“关照”，对明知有违法犯罪行为的人故意包庇，使他们免受或逃脱法律的制裁，这不仅亵渎了法律的神圣威严，而且还必然要伤害其他当事人的正当权益。

3. 不同角色之间的道德冲突。所谓道德冲突，实际上就是不同的道德原则、道德规范、道德要求之间矛盾的体现。即使在同一道德规范体系内，虽然道德基本原则是同一的，但是不同的道德规范、不同的角色位置、不同的道德要求，也会发生冲突。由于人民警察角色的道德行为由客观环境和行为主体的主观意愿所决定，而客观环境是复杂的，行为人的主观意愿又是多方面的，所以，致使人民警察在具体的角色道德行为中，往往遇到诸多冲突和矛盾。在警察具体实践中，经常会遇到价值悖论和伦理困境，表现为善与善之间、美德与美德之间、价值与价值之间的冲突和取舍。诸如忠孝不能两全、对上负责与对下负责的矛盾和冲突等，能否在这种价值冲突中，做出正当合理的选择，也是检验一名人民警察是否称职、是否合格的重要标准。

（二）人民警察角色伦理冲突的原因

1. 角色集合体内生矛盾导致。人民警察是多重角色的集合体，扮演着多种角色，承担着多种角色的职责和义务，也正由于此，使得各种角色之间很容易产生矛盾冲突。具体而言，他们所扮演的角色既体现在“警察”这一公务人员角色上，也体现在公安机关组织内部的角色上，同时在组织机构内部又具有同事的角色。尤其是在自我与公共责任出现矛盾时，会使其陷于伦理困境中。人民警察还承担着家庭角色的责任，无论是什么身份，父、母亲也好、丈夫或妻子、儿子或女儿也罢，都有维护家庭利益、承担家庭责任的义务。但作为警察，警察角色责任与家庭中的角色责任也会产生矛盾冲突。此外，人民警察还承担着同学、朋友等众多的角色，而且各自都有其应当的责任和义务，但当被期待警察角色给予照顾时，警察角色与同学、朋友角色责任也会产生矛盾冲突。上述种种社会矛盾内生矛盾情况，都会使其陷入行为选择上的困境，引发角色伦理冲突。

2. 角色的道德弱化。人民警察角色的道德弱化是指警察个体或群体在警察职业活动中，作为警察行为规范的道德原则和道德价值逐渐失去其原有的力量或被弱化，以至发生偏离或违反角色道德规范的行为。我国公安队伍总体来说是不错的，但也出现了一些不和谐的问题，人民警察角色的道德弱化现象主要表现在理想信念缺失、宗旨观念淡薄、执法水平不高、廉政意识不强、纪律作风涣散、执法态度粗暴等方面。警察角色道德弱化作为当前的一种社会现象，产生的原因是多方面的，主要包括：一是社会道德环境的复杂，人与环境不可分割，环境可以直接或间接地影响到人的思想观念和行为方式。在当前利益驱动作用越来越大的影响下，享乐主义、拜金主义和极端个人主义的腐朽思想不断侵蚀着人们本来淳朴的心灵，使一部分人的世界观、价值观扭曲，义利观错位，形成一种“金钱万能”的社会思潮。这股社会思潮也影响到了公安队伍，有的人民警察也利欲熏心、见利忘义，而一旦将“金钱至上”和等价交换的原则运用于执法办案中，那些钱权交易等“见不得光”的举动就极易发生。二是家庭道德防线的溃退，家庭是社会不可缺少的组成部分，也是防治腐败堕落的重要屏障。一方面，公安工作的性质和特点决定了人民警察在“身着警服时”便于管理，但“换上便装后”随着活动空间的扩大，管理的难度也随之增大。某些警察的违法乱纪行为大多发生在非工作时间，很难进行监督和管理。但这一时间段，家庭成员是对民警活动最为掌握的。另一方面，一些为了个人或者小集团利益的个人或组织，往往与警察拉关系、套近乎。当“直接进攻”难以见效的情况下，往往把“突破口”转移到警察的亲属上。有的警察家属由于思想警惕性差、道德觉悟低，抵制不住诱惑，支持怂恿警察受贿、索贿，甚至背着警察收受贿赂，由此可能把避免警察贪污腐败的保障变成受贿的助推手，最终使警察在金钱关和人情关面前相继失守，甚至走上违法犯罪的不归路。

3. 管理伦理缺失。一些公安机关对警察伦理道德建设认识不足，重视不够，存在着“重业务、轻队伍”的倾向。有的只是埋头业务，不注重思想政治工作，少教育，轻管理伦理。对民警的违法违纪苗头姑息迁就，甚至包庇、袒护民警的不良行为，这在一定程度上使不良职业道德恶化。

第三节　推进人民警察角色伦理建设的现实路径

一、遵循人民警察角色伦理建设的原则

（一）权责一致

角色的权责是统一的，一致的。对于在公安机关工作的人民警察来说，主要指执法权力，权力是必须服从的力量，属于强制力量的范畴。人民警察的权力即是其担当的职责范围内的支配力量。权力是与其职责紧密相连，人民警察的职务角色被授予权力的同时，在道义上也就承担相应的道义责任。人民警察的责任是指其按法律规定应尽的责任和道义上应尽的义务。人民警察的职责与权力是相辅相成的，有权力就有责任。处理好职责与权力的关系，一是要强化角色职责意识，人民警察依法担负着维护正常国家事务、经济和文化事业、社会事务的责任，其本质就是服务。全心全意为人民服务是人民警察履行职责的最高宗旨。人民警察所从事的一切工作，就是对人民负责，为人民服务。这也是人民警察的职责体现。二是要依法行政，牢固树立有法必依，执法必严，违法必究的工作作风。三是要秉公用权，权力是人民赋予的，这种权力只能服务于人民。处理好职责与权力的关系还有一个重要内容就是，人民

警察在履行自己的职责同时不能越权。人民警察在处理好“权力”与责任的同时，还要处理好责任与“权利”的关系。正如马克思说：“没有无义务的权利，也没有无权利的义务。”① 社会在赋予了成员义务的同时，也要求他们承担一定的责任。也就是说，个体在社会中担当某种角色，就享有一定权利的，同时，也要承担义务和责任。角色义务，即个体在社会中承担其应有的社会责任。因此，角色义务与角色责任是互相联系的，社会人在扮演社会角色时所拥有角色权利，都与这个角色相应的。“角色权利是指角色扮演者履行角色义务时必须具有的支配特权或使用所需物质条件的权利。”② 角色权利的确立，以角色义务的要求相对应，有什么样的角色权利，就会有与之相适应的角色义务。公安机关要坚持权责统一的原则，建立健全责权利统一的保障机制，激发人民警察的角色责任感，确保人民警察的合法权益。

（二）自由与责任统一

恩格斯指出“自由不在于幻想中摆脱自然规律而独立，而在于认识这些规律，从而能够有计划地使自然规律为一定的目的服务。”③ 意志自由指人类借助于对事物的认识而做出决定并采取行动的能力。马克思主义认为，人的行为选择既要受客观规律的影响和制约，也有主观能动性。人之所以为人的特点就在于其能动性和创造性的发挥。从角色伦理的角度来看，人在社会中无时无刻不在扮演着相应的角色，人作为角色主体在扮演角色的过程中要对自身行为和后果承担相应的角色责任，这是因为角色扮演者具有意志自由。意志自由是角色扮演者自主自决的能力，表现为角色主体能够认识和掌握客观必然性，并在此基础上根据

① 马克思．马克思恩格斯选集：第2卷［M］．北京：人民出版社，1986：137.
② 丁水木，张绪山．社会角色论［M］．上海：上海社会科学院出版社，1992：89.
③ 恩格斯．马克思恩格斯选集：第3卷［M］．北京：人民出版社，1986：153.

自身的角色需要，并通过理性思考、比较、权衡以辨明善恶，从而做出角色行为选择。人民警察的意志自由表现为主体的认识能力，在道德领域，必然性蕴藏在个人与他人、个人与社会整体的利益关系中，正确认识这种关系，深刻理解这种利益关系中所包含的客观必然性，就为警察伦理行为的自由打下了基础。道德伦理认识越多、越深，选择的自由度越大，把握度也越大。警察不仅能认识道德必然性，分辨善恶，而且能择善去恶。根据认识自主地选择行为方式，是警察是否自由及自由度如何的主要标志。一种认识、一个抉择，只有落实在行动上，才能完成其使命，才能表现为个人的主动性、创造性，才能转化为现实的自由。意志自由也只有在主观见之于客观的活动中才能形成和发展。人民警察的道德行为选择，是警察根据一定的道德标准，在众多的道德行为中进行有目的的道德选择，是根据不同的道德价值准则，做出的道德行为选择的过程，是经过警察的一系列心理活动达到的主体尺度与对象尺度的统一。警察道德行为选择不是凭空产生的，而是在警察与社会互动中进行的。警察道德行为选择还必须有一定的社会条件，即行为者的社会自由。社会自由为警察道德行为选择提供了外在可能，使选择具备了客观条件。警察道德行为选择的社会自由与社会发展密不可分，社会越发展，警察道德行为选择的自由也就越大；反之，社会越不发达，社会关系越落后，警察活动的限制就越多，选择的自由也就越小。马克思主义认为，人是环境的产物。人的行为选择深受客观必然性的支配。尽管在具体的选择环境中，警察可以超越某些条件的限制，做出自认为正确的伦理行为，但从整体上看，警察伦理行为要受社会所提供的各种可能性制约。这些制约表现在以下方面：首先，警察伦理行为的范围受社会发展的制约。警察伦理行为的对象是客观的，由社会产生的，而不是主观臆想的。警察如果离开社会发展的物质基础，就成了无本之木，失去了选择的可能性。马克思说过："人们创造自己的历史，但是他们并不是随心所欲地创造的，并不是在他们选定的条件下创造的，而是在直接碰到的、既定的、从过去承继下来的条件下创造的。”① 这些条件也决定了警察选择的范围，警察只能在条件允许的范围内进行选择，而无法超出这一范围。其次，警察行为选择的方式要受到社会的政治、法律和道德的限制。警察是一个特殊的群体，通常代表国家以警察组织的名义对外行使警察权力，履行警察职责。因此，为了维护正常的社会秩序，国家会通过法律、政策、道德体系和社会舆论等手段严格限制警察伦理行为方式，使警察伦理行为的方式控制在一定的范围内。再次，警察行为选择也受环境、个体素养等因素的限制。警察个体作为社会大家庭中的一员，他同样具有普通人的特征，警察伦理行为能力的高低同样受环境、教育、个人努力程度等因素的影响，有的警察始终坚守警察的良好职业道德，而有的却丧失警察应有的职业道德，甚至违法乱纪。最后，警察行为选择还受限于社会和集体，是社会自由和个人自由的统一，是必然与自由的统一。人是社会人，离开了社会和集体，个人是谈不上自由和发展的，而作为从事警察这一职业活动的每一位警察个体来说，更离不开社会和集体，他们伦理行为能力的发展也要依赖于社会和集体。自由与责任是紧密相连的。“马克思主义把道德行为选择的责任问题，建立在自由与必然的辩证关系的理论基础之上。既反对人不为一切行为负责的机械决定论的观点，又反对人要为一切行为负责的唯意志论的观点。马克思主义认为，人的道德选择的自由是相对的，有限度的，人只能在主客观条件允许的范围内进行道德选择。为此，人对自己行为所负的道德责任也是相对的，有限度的。道德责任的限度与道德选择的自由度是成正比例的，有多大的选择自由，就有多大的道德责任。选择的自由度越大，所负的道德责任就越大；选择的自由度越小，所负的道德责

① 马克思．马克思恩格斯选集：第1卷［M］．北京：人民出版社，1986：603.

任就越小。"① 例如，人民警察由于主、客观条件受到严格限制，个人的努力无济于事的选择所应承担的道德责任，和那些虽然受到一定程度的限制，而个人完全可以通过种种途径改变选择处境，但没有进行个体的主观努力，而是采取听之任之态度者相比，所负的道德责任，显然前者要小于后者。

（三）以人为本

人民警察要坚持以人为本的伦理原则。以人为本是以实现人的全面发展为目标，在社会运行与发展中以人民的利益至上，保障人民群众的权益，满足其需求。坚持以人为本，以人的发展、完善、自我实现为最高价值，也是警察角色伦理的最高原则。要坚持以人为本原则，首要的是坚持人道原则。人道"是一种把人和人的价值置于首位的概念"② 也就是说，警察在角色扮演中和履行其职责过程中要"善待一切人、爱一切人、把一切人都当作人来看待"。③ 在具体的警察角色伦理建设中坚持以人为本，就要遵循法治的原则和社会道德规范，遵循平等的原则，推动我国法治社会的不断发展。

二、提升人民警察的角色意识

人民警察的角色意识，主要是指社会期待人民警察在社会中应有的基本态度、价值取向和行为模式。人民警察代表国家对社会实施管理，执行公务，正确的警察角色意识，是其正确履行职责、管理社会、服务人民的根本保证。

（一）树立角色服务意识

人民警察是人民群众利益的保护者，是人民群众的服务者，因而要

---

① 田秀云. 伦理学概论［M］. 北京：科学出版社，2009：194.
② 新大英百科全书：第2卷［M］. 北京：中国大百科全书出版社，1994：892.
③ 秦孝士. 墨家思想的现代价值［M］. 郑州：河南大学出版社，1998：36.

强化角色服务意识。角色服务意识强调所有决策和行动均以公众利益为前提，这恰恰与人民警察的根本宗旨相一致。树立服务意识，即树立公仆和勤务员意识，做到爱民、利民、便民和助民活动，促进警民关系。

（二）坚守角色责任意识

人民警察是社会稳定的守护者，实现社会秩序的持久稳定，根本在于警察的责任能否真正得到有效发挥。因为，所有的监管安全防范制度和教育改造的治本措施，如果没有人民警察的责任来承载，都不可能发挥出对社会政治、治安秩序稳定的价值。人民警察如果缺乏责任意识，执行力就变得乏力，就难以实现工作目标，更难以展现各种所谓优秀的素质和能力，人民警察的角色也就名不副实了。面对新形势新任务新挑战，人民警察是否出色地扮演好自己的角色，取得比别人更好的业绩，关键因素就在于角色责任。

（三）提高角色道德意识

角色道德意识是个体道德的深化。它关乎个人人格的外在表现及其在角色活动中的进一步塑造成型。人民警察是公正的执法者，公平正义的化身，因此，理应具有更强的角色意识和更高的道德要求。特别是道德意志对人民警察更为重要，它表现在人民警察职业活动中高度发展的道德意识，它是道德品质从道德认识、道德情感向道德行为转化的关键，它具体表现为从事警察职业活动的坚定性、原则性和自尊心、自信心。

三、注重人民警察角色的伦理调适

人民警察作为政府行政权力的重要组成部分，由于警察本身角色的复杂性，以及具有的服从原则和以暴力手段为后盾的权力特征，使之在运行过程中处在了矛盾的中心，当前警民关系不和谐的实例无不证明了这一点。从警察角色伦理行为的基本价值选择出发，运用角色伦理调适，解决警察角色伦理冲突是基本出发点。

（一）人民警察角色冲突的伦理调适

首先，警察本身是一个复杂的角色集和矛盾集合体。警察在社会生活中承担着多种角色，是一个角色集，而每一种角色又承担着不同的责任和义务，在特定的情况下这些不同的责任和义务之间就会发生冲突，要求警察做出选择。例如：警察承担着繁重而复杂的工作任务，工作对象的变化无常以及工作的全天候等特点，使得警察难以像常人一样有规律时间上下班，有较多的时间陪伴和照顾家人，这样就会经常遇到执行紧急工作任务与照顾家人不可得兼的矛盾。在这种情况下，忠于职守与照顾家人就成为一种角色伦理冲突，需要警察做出非此即彼的选择。从伦理的角度来分析，这是一种“是与是”的冲突，即忠于职守与照顾家人都是警察应尽的责任和义务，但“忠”与“孝”在特定的情况下不能两全，只能牺牲一方来保全另一方。面对这种两难选择，警察必须确立行为选择的价值登记次序，以选择价值大的为先。一般情况下，警察应该本着先国家、后个人的原则进行选择，把履行职业责任放在第一位，这既是社会主义集体原则的体现，也是公安事业发展的要求。当然，也不可以忽略警察的公民角色及其所拥有的权利。其次，警察职业责任的多维度造成了权力授予的冲突。在我国目前制度下，警察行使权力来自人民、法律、组织和上级等多方面的授予，因而警察行使权力时就会产生向人民、法律、组织和上级负责的多维性。从理论上来说，人民是权力的所有者，人民警察的一切权力来自人民，必须对人民负责，人民是警察的最终负责对象，对法律、组织和上级负责都不能与对人民负责相矛盾。法律代表国家和人民的意志对警察角色伦理行为做出具体规定，警察向法律负责是向人民负责的具体体现。在现行体制中，逐级授权的原则决定了组织中的上级对下级具有命令和指挥的权利，而下级则必须服从上级，对上级负责。但上级的权力也是人民和法律赋予的，因而他们应在对人民和法律负责的前提下，对下级进行指挥和命令，绝不能滥用手中的领导权，指挥下级民警去从事与人民的利益冲突或与法律相违背的事情。然而，在警务实践中，由于某些上级的官僚主义、决策失误，私利驱使、主观臆断等原因，导致上级对下级的指挥和命令有时会与人民的利益和法律的规定相违背，在这种情况下，警察对人民和法律的责任与对上级的责任之间就会不可避免地发生冲突。最后，作为执法者，警察处在法律和现实道德的矛盾冲突中。法律和现实道德的关系是法律哲学家们迄今也没有完全解决的问题，大多数人都认为，任何社会上公认的不道德的事，如果成为自然之道，不受约束，这个社会就有可能走向败落。保证社会公平和正义是法律的目的，那么用法律来强制人们遵守社会道德也就成为当然的事，这是执法者的职责，也是对人民警察的角色期待，然而这个公理还不能被所有人认可，尤其是在个人独立自主意识逐渐强化的今天，人们通常逐渐倾向于密尔的观点，只有一个人的行为会对别人构成伤害时，人民警察才有权力限制他的自由。除此以外，个人有做任何他想做的事情的自由，无论是否符合社会道德体系，基于这种观点，一个人的行为有可能违背道德但不违反法律。但是，警察在公众眼中扮演的角色是维护现实正义的力量，当无法成为当下社会正义的化身时，这就和人民赋予的职业使命发生了冲突。

要正确处理和解决人民警察的角色伦理冲突，首先，要求警察做出伦理选择并不意味着警察在任何情况下都要牺牲家庭利益，一般情况下，警察履行职业责任和照顾家人是可以兼得的，即使出现一些矛盾也可以通过适当的调适得到妥善地解决。这里所说的冲突是在特定情况下无法做到兼顾的偶发情况，为了确保警察的职责能够得到履行，更好地维护社会稳定，警察必须做出舍小家顾大家的选择。但是一定要注意，警察的牺牲精神并不是仅仅由警察个人提供的，还有警察所在的家庭，为社会付出的表面上是一个个体，但是实际上是一个群体。社会资源和行政成本的高昂并不是普通人想象那样简单，在一个两难选择中间并没有最终的赢家，而承担的矛盾节点就在警察个人，所以组织和制度上对于警察的人文关怀也是角色伦理的要求。其次，要解决角色的伦理冲突问题，其关键并不在警察本身，而在于整个行政执法体系的法制以及伦理建设，警察被赋予高尚的角色，有着很高的期待，但他仅仅是国家行政力量的组成部分。地方政府在警察管理中占绝对比重，无论在经费、人员以及相关行政权力的支持方面，都决定了当地警方的行政权力有限性。在社会经济急剧增长，社会体制迅速变化，社会矛盾也日益增多的今天，警察行政和政府行政之间的界限越来越模糊，作为同公众接触最直接的群体，也是直接面对各种矛盾的执法者，警察角色伦理行为被置于矛盾冲突的中心也是必然的。最后，从某种程度上来说，警察角色伦理行为的冲突就在于角色行政行为的发展不适应于社会经济、政治的发展，造成行政主体的发展的相对滞后与对行政效率要求的迅速提高发生的各种矛盾。因此，在任何警察部门行使行政权力时，做好每一个公共决策就是要做好进行选择的条件准备，首先要因地制宜，在坚持执法原则的基础上，比照当地的政治、经济和人文状况，以及警察这个执法主体所在现实社会关系体制特别是行政关系中的地位等因素；其次要解决警察的价值取向和警察角色伦理行为的价值取向一致性的问题，这就必须从教育和加大约束方面入手开展工作；最后要处理好行政过程中的角色冲突、权力冲突和利益冲突，保持角色伦理行为的高效性，减少内耗。

（二）人民警察角色落差的伦理调适

角色落差是应然和实然、角色期待和角色扮演实践之间的落差。角色期待是指社会或团体对某一角色规定的应当履行的道德行为规范和行为模式，体现着理想角色本质及其要求。这些要求和期待还表现在不成文的社会公德、传统习俗之中。然而，在具体的角色实践中，由于角色扮演者要受到自身条件和周围环境的影响和制约，所以，其行为往往与角色的应然要求和期待有一定的差距，有时甚至可能出现相反的情形。正因为如此，理想角色和现实角色共存于同一个体之中，应然与实然之间往往会有较大的落差。人民警察被誉为人民群众利益和社会稳定的保护者、公正的执法者和正义的化身。可见，人民群众对警察寄予很高的角色期待。但是，在角色扮演实践中，由于人民警察受到主客观条件的限制，必然会出现一定的落差。还由于角色转换，也会出现角色落差，这就需要进行角色伦理调适。人民警察角色的伦理调适，一是加强角色伦理学习，尽快认识和掌握人民警察角色的定位和期待，努力按照人民警察角色伦理要求去做，尽快缩短角色落差。二是树立正确的职业价值观，提高价值判断和行为选择能力，及时正确处理警察公务中出现的角色伦理冲突。三是在角色扮演实践中，掌握角色扮演技能，提高角色扮演能力，努力扮演好人民警察这一角色。

四、完善人民警察角色伦理的运行机制

（一）建立角色道德教育机制

警察道德是指人民警察在工作中应该遵守的，调整警察各种职业关系的行为规范以及个人在工作中表现出来的道德品质状况。警察的职业道德修养是公安机关精神文明建设的重要组成部分，加强警察道德教育，有利于改善政群关系，增强人民群众对政府信任感、认同感。警察是政府的工作人员，和普通群众打交道，就像国家的一张名片，群众会把对警察的感受转化成对政府的评价，警察做得好，群众对政府的信任

度会提高，反之亦然。加强警察道德教育，有利于警察在执法中合理的行使法律赋予警察的各项行政管理职权，保证执法的公正性。公安机关是政府的一个行政部门，担负着维护社会治安的重任。《中华人民共和国治安管理处罚法》中对违反治安管理的行为所进行的处罚大都是“幅度性规定”，没有对每一种违法行为进行量化和细化，这就给民警在行使治安行政权时有了较大的“自由空间”。因此，加强民警的职业道德教育，严格执行《人民警察职业道德规范》，用人民警察职业道德规范来约束警察的执法行为，做到严格执法不徇私情、执法实体上的公平、正义。加强警察道德教育，也有利于依法行使刑事侦查权，保证刑事司法的公正性。应当说，新时代的公安队伍总体上是好的，在打击犯罪、稳定治安等方面发挥了巨大作用，做出了重大贡献。但是，由于受一些不良思想的影响，有些民警思想道德观念扭曲，职业行为偏离规范，损害了公安队伍的名誉，影响了人民警察的形象。有关调查资料显示，当前人民警察角色行为存在的主要问题突出表现在：政治观念淡薄，服务观念缺乏，价值观错位，执法不公，业务不精，自身素质与形势要求不相适应，压力过大，心态失衡等。面对上述问题，需要深刻理解“人民警察职业道德”的精神内涵，充分认识加强警察职业道德教育的重要性，客观看待警察职业道德形成发展史，正确把握警察职业道德教育的内容和方法，要坚持正面宣传教育与必要的奖惩相结合。开展道德实践，不走形式，将典型教育融于经常性的思想政治教育之中，职业道德教育同法制、纪律教育结合起来。加强人民警察角色道德教育应注意警察道德教育的长期性，必须坚持不懈，与时俱进。因为从道德的发展规律上来看，社会的进步与道德教育的内容的发展变化有一定的相对性。此外，从个人的道德发展水平上来看，是一个从低级到高级的发展过程，因此只有对警察道德教育常抓不懈，才能取得很好的成效。当然，警察道德教育要注重持续性、针对性和重实效性，不敷衍，不走过场。

（二）健全道德跟踪管理机制

警察道德跟踪管理机制的形成，主要是通过强化人民警察履职行为的监督和制约，有效管控人民警察的道德失范现象和行为，需要实施有效的内外监督机制、内部监督机制和强化社会调控体系。

1. 健全内外监督机制。首先要加强内部监督，要认真落实包括纪检、督察等部门对公安机关内部的监督，以确保人民警察在执勤执法方面不徇私情，秉公办事。同时也要加强外部监督，要积极推行和谐警民关系建设，增强工作透明度，设立“警察热线”和局长接待日，直接听取群众的投诉和建议，自觉接受群众的监督。此外，要自觉接受新闻舆论的监督，舆论监督具有广泛性、直接性、快捷性和可信性的特点和优势，能迅速将人们的注意力聚焦，形成巨大的社会压力，引起政府高度重视，促使公安机关秉公执法，对腐败分子及时依法严惩。

2. 强化内部的制约机制。要完善已有的监督制度，如纪检、政工、督察、法制等，充分发挥各自的职能优势，加强前置性监督检查环节，强化主动检查过程，及时发现、及时纠正问题并落实过错责任追究制度。此外还要筑牢家庭防线，家庭是警察的主要生活领域之一，警察一生中至少有1/3以上的时间是在家庭中度过的，所以要发动家庭成员留意人民警察的生活圈、工作圈和社交圈，有利于减少监督的“盲区”和“死角”，这种措施有利于及时发现、有效制止警察的不良行为。

3. 强化社会控制体系。除警察道德自身修养之外，还要整合社会资源，动员社会力量，共同约束他们的行为，也要对违反警察职业道德行为的人进行严厉惩罚，使其为自己所做的行为付出沉重的代价。此外，还要利用社会舆论，监督人民警察的行为，这些他律手段是抑制警察道德失范现象行之有效的措施。

（三）建立健全角色奖惩机制

制度制定的科学性、现实性、可行性、效果性与人民警察工作的积极性，开展奖惩并施的举措有着密切关系。建立人民警察队伍的奖惩机制，要以《人民警察法》《公务员法》等有关法律法规为依据从严治警。建立以季度为单位的工作业绩审核，登记在册，为最后的年终评定提供依据。要排除仅以数量代替质量的片面性，时刻以人民警察为人民的宗旨为工作理念，全面提升警察的工作水平。人民警察是国家权力的执行者，其对权力的滥用必将造成更大的社会危害，因此建立健全的惩罚机制是必要的。

（四）完善角色伦理文化和社会保障支撑机制

首先，营造良好的角色伦理文化氛围。提出和定位警察角色伦理文化，从根本上来说是警察队伍管理向人文管理的深化转变的发展趋势，它更注重的是对于职业道德操守和行为习惯的培养。警察角色伦理文化归根到底是通过文化的熏陶在无形中提升和陶冶警察的素质和修养，并为之营造一个适宜的文化氛围。一个人的修养和个体行为与周围的环境有着密切的联系，只有在良好的文化氛围里，潜移默化的巨大作用才能充分发挥出来，建设警察角色伦理文化中最重要的一环也就是构建警察的主流文化。努力构建新时代警营文化，这是用发生在民警身边活生生的先进人物，通过形象化的文化提炼，营造良好的文化氛围，通过潜移默化的熏陶，使组织与个体民警之间的心理产生共鸣，使两者目标趋于一致，这就是新时期警营文化对思想政治工作长效机制建设的重要作用体现。警营文化主要依靠良好的舆论、习惯和民警的内心信念养成公安队伍的群体意志和共同价值观，通过自我约束，在宽松环境中充分发挥的积极性和创造性。其次，营建公平正义的社会环境，公平正义是社会稳定的重要基石。历史证明，不公平的长期积累，必然导致社会的动荡不安，对一个国家来说如此，对一个地方来说也是如此。当前，一些个案之所以容易聚集民意，引发影响社会稳定的群体性事件，最重要的一点就是行政部门、司法部门的执政、执法公信力不高。不公平是社会和谐的最大障碍，一个没有公平正义的地方，不可能有真正的、长久的稳定，公平正义是经济发展的根本保障。市场经济是一种公平竞争的经济，一个地方如果没有公平竞争的环境，这个地方的经济就不可能充满生机活力。公平正义是人民群众的殷切期盼，对广大人民群众来说，每一个人的内心都有崇尚公平、追求正义的愿望，每一个人对腐败行为、权钱交易行为都深恶痛绝。因此，只有营造一个充满公平正义的环境，才有利于调动广大人民群众在社会创新创业的热情。公安机关作为承担着重要行政管理职能和刑事司法职能的部门，崇尚公平、追求正义是人民警察职业道德的基本准则，也是其工作的核心价值追求。因此，要以追求公平正义为精神动力，严厉打击各类违法犯罪活动；要以追求公平正义为核心价值，不断规范公安执法行为；要以追求公平正义为基本要求，建设一支高素质的公安队伍，营造公平正义的人文环境，主要职责在于一个地方的政府部门、司法行政部门，但其结果与每一个百姓都息息相关，其过程需要广大群众的自觉参与。只有在全社会形成了追求正义、崇尚公平的良好氛围，人民警察队伍的发展才能顺应历史的潮流，跟上时代的节拍，才能呈现出充满正义、和谐健康、开放大气的局面。

第二章

人民警察职业伦理精神

警察职业化建设已成为新时代公安工作形势发展的必然要求。法治中国的背景下，公安队伍建设面临的机遇和挑战并存，职业化建设顺利进行迫切需要警察职业伦理精神的引领和支持。目前，公安队伍中个别警察理想信念弱化、职业信仰丧失、道德行为失范等不良的现象时有发生，构建与警察职业化建设相适应的职业伦理精神成为时代的必须。因此，当今研究“人民警察职业伦理精神”具有深刻的理论意义和实践意义。

第一节　人民警察职业伦理精神与人民警察职业精神、人民警察职业道德

要彻底地认识、理解和研究人民警察职业伦理精神，我们必须深入探讨人民警察职业伦理精神的本质。为更好地全面理解人民警察职业伦理精神的科学内涵，首先，我们将人民警察职业伦理精神与“人民警察职业精神”和“人民警察职业道德”进行比较阐释，以弄清三者之间的关系。

一、人民警察职业伦理精神与人民警察职业精神

人民警察职业伦理精神是人民警察的职业价值取向、职业行为准则和职业伦理规范的总和，而人民警察职业精神是指人民警察在私人领域和公共领域的政治素质、思想作风、职业素养、道德情操、精神风貌等全部精神伦理本质的高度概括。二者从严格意义上讲既有联系又有区别：第一，人民警察职业精神与人民警察职业伦理精神是逻辑学意义上的属种关系，也是一种包含关系。后者是前者的子概念，也就是说人民警察职业伦理精神是人民警察职业精神中的一种特殊伦理本质意识形态。第二，二者具有相同的伦理主体，即人民警察，不论是人民警察职业精神，还是人民警察职业伦理精神，都离不开最活跃的主体人的因素。人民警察在公共领域中所蕴涵的精神伦理本质既是人民警察职业精神的体现，也是人民警察职业伦理精神的彰显。而其在私人领域所体现出来的作为人民警察个体形象的精神本质只属于人民警察职业精神。第三，从作用和功能上讲，二者都是对人民警察行为的内在约束力和价值取向的规范。人民警察职业精神如同一盏悬挂在人民警察头上的明灯，为人民警察个人的所作所为指明方向，以区别于同其他普通公民的所作所为，它不仅约束人民警察的行政行为，而且制约人民警察日常生活中的行为举止。而人民警察职业伦理精神如同一根标杆，告知人民警察在工作中应该干什么，不应该干什么，应该怎样干，以及标准如何等。二者除了相互联系外，又存在许多方面的不同。首先，从定义的界定上来看，可以明确地认识到二者有着本质的区别。人民警察职业伦理精神是指作为职业伦理主体的人民警察在职业领域的所作所为所遵循的对党忠诚、执法公正、纪律严明等职业伦理行为准则、服务人民的价值取向和群体职业伦理规范的总和，而人民警察职业精神是指人民警察在私人领域和公共领域的政治素质、思想作风、职业素养、道德情操、精神风貌

等全部精神伦理本质的高度概括。其次，最为重要和争论最大的区别在于，二者所作用的伦理主体—人民警察。人民警察职业精神把人民警察仅仅当作普通公民中国家机关的工作人员对待，是一种身份伦理的象征，强调的是人民警察作为政府机关工作人员的特殊身份，而且侧重于传统意义上的“官本位”意识，从这个角度来理解，人民警察职业精神等同于“官德”。而人民警察职业伦理精神把人民警察当作职业公民看待，人民警察作为伦理主体是一种职业伦理群体形象，强调的是人民警察作为社会某一特定职业领域内的固定角色伦理形象，而且侧重于现代意义上的“职业化”本位，从此角度来看，人民警察职业伦理精神相当于一种特殊的行业伦理精神。从伦理本质上而言，人民警察职业伦理精神是一种“伦理实体”，而且是一种客观的伦理实体，因为人民警察职业伦理精神鲜明地表达了人民警察职业的根本利益，以及该职业的责任和职业行为上的伦理诉求，而且这些根本利益、职业责任和伦理诉求是不以人民警察的主观意识为转移的，是人民警察这一社会职业对人民警察职业群体的客观要求，也是服务客体人民对人民警察的实在希望，更是本职业活动的客观环境和具体条件的现实所需。第四，从二者调整的范围而言，人民警察职业伦理精神调整的是一种社会规范，即人民警察作为社会职业之一的职业领域规范，而人民警察职业精神侧重的是调整一种个人行为规范，即调整人民警察作为个人与个人、个人与群体的行为规范，换句话说，人民警察职业精神在于告诉人民警察如何处理好个人与上下级和个人与群众的关系，以及个人与组织、团体间的关系。从以上的比较分析可以得出，人民警察职业伦理精神与人民警察精神相互联系、相互区别，同时，更为清楚地把握住了人民警察职业伦理精神的本质—人民警察职业伦理精神是一种以职业公民职业劳动者为依托，调整社会职业群体伦理规范的，客观与实践并存的伦理实体。

二、人民警察职业伦理精神与人民警察职业道德

人民警察职业伦理精神与人民警察职业道德的关系可以上升到“精神”与“道德”的关系，也即是“伦理精神”与“道德”的关系。所以首先必须弄清伦理与道德的关系。究竟什么是伦理、什么是道德，这里不必再去细细地考究，因为界定二者的定义是伦理学界学者们的事情，而在下文中讨论二者的关系才是言归正传。黑格尔在《精神现象学》一书中早就论及“在意识由理性向精神复归的过程中，伦理是‘真实的精神’教化是‘自身异化了的精神’道德是‘对自身具有确定性的精神’。”① “自由意志在内心中的实现即道德”，“抽象的形式的法是客观的，道德是主观的，只有伦理才是主观与客观的统一，才是客观精神的真实体现。”② 黑格尔对伦理与道德的关系的论述既深刻又精辟。仔细地推敲可以得出，伦理与道德的关系其一，伦理是道德的新的发展阶段。道德是具体确定的、个别特殊的而伦理是客观真实的、抽象普遍的，道德是伦理的基础，伦理是道德的抽象；其二，伦理是法与道德的统一，因为伦理具有法律与道德的两个基本特征—伦理是他律性与自律性的统一、客观性与主观性的统一、外在性与内在性的统一；其三，伦理是道德的活动现象、道德的意识现象和道德规范现象的统一③。

厘清了伦理与道德的关系，理解人民警察职业伦理精神与人民警察职业道德的关系便可迎刃而解。首先，从二者的定义上来理解，人民警察职业伦理精神是指作为职业伦理主体的人民警察在职业领域的所作所为所遵循的对党忠诚、执法公正、纪律严明等职业伦理行为准则、服务人民的价值取向和群体职业伦理规范的总和。而人民警察职业道德是人

---

① ［德］黑格尔．精神现象学：下卷［M］．北京：商务印书馆，1996：4.

② ［德］黑格尔．法哲学原理［M］．北京：商务印书馆，1996：16，162.

③ 王伟，都爱红．行政伦理学［M］．北京：人民出版社，2005：4.

民警察在行使职业权力，管理警务事务，提供社会服务的过程中所必须遵循的职业行为规范。人民警察职业道德是调整人民警察之间，人民警察与公安机关、与国家、与社会之间关系的一切思想和行为总和。其次，从法律关系上来理解，人民警察职业道德所依靠的只是人民警察自律为主的软约束力，其他律性也不过仅是通过社会舆论谴责来体现，因为其没有制裁，所以往往难以落到实处。而人民警察职业伦理精神是他律性与自律性的统一，是法律和道德的结合，其发挥作用既可以通过人民警察的自律来实现，又可以通过法律制度的强制实现，可以说人民警察职业伦理精神兼具软硬约束力。从立法上来讲，法律是一种道德法律化的过程，所以人民警察职业道德不可能通过立法来实现其他律性的约束，否则，自身就不存在了而人民警察职业伦理精神本身就是法与道德的体现，其完全可以通过立法来实现对人民警察的强制他律作用和制裁作用。从二者的功能来理解，道德的维持不像政治、法律、宗教等是靠一系列的社会组织、机关、设施来实现，而是通过传统的习俗、社会舆论、内心信念，以及教育的力量存在并发生作用。所以，人民警察职业道德的作用旨在坚定人民警察的内心信念，规范社会公众对人民警察的舆论评价标准，影响人民警察的传统习俗，教导人民警察妥善处理各种关系，而人民警察职业伦理精神的作用主要在于为所有人民警察职业从事者，提供明确具体的指导，使其清楚地知道可以做哪些事、为什么做、怎么做、做的标准如何等。换句话说，人民警察职业伦理精神的功能在于从行动、表现和良心状态中获得自己做事的权力。最后，从作用领域来看，人民警察职业道德调整的是个体行为规范，是一种对私人领域的个体的规范和约束，而人民警察职业伦理精神侧重的是一种群体行为规范，是一种公共行政领域的社会、组织、团体间的规范和约束。从定义界定、法律规则、功能效用和作用领域等四个不同方面的比较中，清楚地辩明了二者的关系，同时，也从侧面更好地让我们理解了人民警察职业伦理精神的内涵。

综上所述，从人民警察职业伦理精神与人民警察职业道德和人民警察职业精神的关系比较研究中，可以得出人民警察职业伦理精神不等同于一般的人民警察职业精神，也不等同于普通的人民警察职业道德，具有其独特的本质内涵—现实性、同一性和平实性高度融合依附于独特的伦理主体，实现了职业化的人民警察独特的客观的“伦理实体”他律性与自律性高度统一。因此，从本质内涵来看，人民警察职业伦理精神实际是一种以职业化的人民警察为依托，通过自律与他律双向调整人民警察职业伦理主体在职业领域的行为准则、价值取向和群体职业伦理规范的客观与实践并存的伦理精神实体。

三、人民警察职业伦理精神制度化建设的现实意义

在高举“依法治国”旗帜的治理现代化的背景下，建构制度化的人民警察职业伦理精神成为当前解决公安体制改革中遇到的难点问题的切入点，是回答人民警察为谁从警、为谁服务、怎样从警等关键问题的关键环节。因此，在社会转型、经济转轨的矛盾突显期和战略机遇期，建构制度化的人民警察职业伦理精神具有重大的现实意义。

第一，是实现“对党忠诚、服务人民、执法公正、纪律严明”立警从警总要求的有力保障。人民警察职业伦理精神作为人民警察行动的指南，在制度化背景下，将为公安事业提供巨大的精神动力和支持。人民警察职业伦理精神发挥作用的一个重要途径就是通过建立法规、制度的方式将伦理精神的要求立法化，制度化，使之具有可操作性，从而产生针对所有人民警察的普遍的，强有力的约束作用。人民警察职业伦理精神的他律性就是社会利益对人民警察利益正当的节制与约束在行政伦理规范上的反映。其在这里所起的作用就是使那些意欲脱离国家、社会、公共利益的人民警察，重新调整追求利益的行动，以使人民警察利

益的目标同国家、社会、公众的利益趋于一致。因此，建构制度化的人民警察职业伦理精神是为实现“对党忠诚、服务人民、执法公正、纪律严明”立警从警总要求，提供强有力的精神动力和制度保障。

第二，是遏制“警察腐败”的良方。人民警察职业伦理精神基于自律性，对净化人民警察的心灵、提升人民警察的自我“防腐”意识和预防人民警察腐败行为都将产生积极的影响。而融合道德与法律特质的人民警察职业伦理精神，依托自律与他律性双管齐下，确实能弥补依靠道德自律来防腐的单一性和局限性，同时通过建构制度化的人民警察职业伦理精神，对依靠“以权力制约权力”“以法律制约权力”和“以权利制约权力”的反腐利剑的又一强有力的补充。建构制度化的人民警察职业伦理精神后，加强了对人民警察在行使法律规定的自由裁量权时的合理性和合法性，也为谁来监管管制者—“权力制约权力”模式的终极问题找到了答案，靠制度化的人民警察职业伦理精神来管制、监督、约束、鞭策上层管制者的行为。其实，人民警察职业伦理精神能成为遏制腐败的良方还在于能从源头防止腐败产生和恶化，因为腐败源头主要有三种“人性恶”、权力导致腐败、制度缺失导致腐败。若是前二者是腐败的源头，那么腐败几乎是难以预防和治理的，也就是说腐败是必然的会产生的，而惟有制度缺失导致腐败虽无法彻底根治因为制度天生的“残缺美”，却可以通过建立和完善制度来有效遏制。

第三，是提升人民警察形象的重要砝码。人民警察职业伦理精神能够很好地解决公安机关为谁服务、谁来服务、服务什么、怎样服务等关键问题，这有利于公安机关的建设，解决好了这些根本的问题有利于提升人民警察形象。人民警察形象的提升也依赖于人民警察职业伦理精神的建设。加强人民警察职业伦理精神的制度化建构是确立和维护人民警察形象的根本途径。

第四，是“全面依法治国”的有效路径选择。法律制度为社会提供了一个有限责任的行为框架，是一个外在于人的强制性地迫使人们接受责任和义务的规范体系，但却不是一种能够激发人的内在责任意识的无限责任设置。正如博登海默所说的，“只有将刚性与灵活性完美结合在一起的法律制度，才是真正伟大的法律制度。”① 而制度化了的人民警察职业伦理精神便是最合适的“规范因素”之一，所以，建构制度化的人民警察职业伦理精神就是为实现“依法治国”方略的有效路径之一。

第二节　人民警察职业伦理精神本质内涵

正如美国社会学家韦伯所谈道：“在一项世俗职业中要殆精竭虑，持之不懈，有条不紊地劳动，这样一种宗教观念作为禁欲主义的最高手段，同时也作为重生与真诚信念的最可靠、最显著的证明，对于我们在此业已称为资本主义精神的那种生活态度的扩张肯定发挥过巨大无比的杠杆作用。”② 因此，警察职业伦理精神作为警察群体共同的理想境界的精神追求和实践张力，是警察职业化建设的灵魂，是警察职业意识形态中最具正能量的核心部分，起着先导和先行的作用，决定着警察职业化建设的正确方向。

一、警察职业伦理精神的本质维度

目前，无论是理论界还是公安机关对于警察职业伦理精神的本质内

① 李建华等．执政与善政—执政党的伦理问题研究［M］．北京：人民出版社，2006：95.

② ［德］马克斯·韦伯．新教伦理与资本主义精神［M］．于晓，陈维刚，等译．西安：陕西师范大学出版社，2006：99.

涵还存一些片面的理解，尤其是与警察职业伦理精神有关的概念还存在理解上的偏差，例如，警察职业道德、警察精神、警察伦理。实践中，人们往往局限于遵守职业实践生活中约束职业个体的伦理准则和规范来理解警察职业伦理精神。这种片面的理解在一定程度上阻碍了警察职业伦理精神自身的理论发展，因此，只有真正对警察职业伦理精神予以全面、清晰的认识和准确的界定，才能对警察职业伦理精神本质问题逻辑地展开研究，警察职业化建设也才能获得科学理论的支撑。其实，警察职业伦理精神作为意识形态的存在，与警察职业实践活动和警察主体有着独特的内在关联性。可以说，警察职业伦理精神是一个综合性概念：首先，从本质形态上来看，它的确属于精神形态的范畴，但是又属于实践和理想交叉融合的一种特殊的精神形态，具有实践指导性和理想引导性的特点。其次，从历史纵向角度来看，它具有职业历史发展过程中警察职业伦理精神继承性和时代性的特点。最后，从职业群体属性横向划分角度上来看，它是一种具有警察职业属性的特殊规定性的职业群体内的职业精神。因此，我们可以这样综合界定警察职业伦理精神，警察职业伦理精神是警察职业与社会其他职业相区别的精神特质，是警察群体成员所认可的、富有生命力的、具有历史传承性的思想理念、价值取向、伦理规范和实践行为的总和，是一种客观与实践并存的伦理精神实体。警察职业伦理精神不等同于一般的警察精神，也不等同于实践中的警察职业伦理，具有独特的本质内涵。警察职业伦理精神是在警察职业实践中产生，反映着警察职业共通性格和群体深层心理，被警察群体成员所普遍接受，直接影响和决定职业成员的思想观念和实践方式，在实践中发挥职业引领和支持作用的内在精神力量。警察职业伦理精神不但能反映出当下警察的精神状态和实践活动面貌，而且能根据警察职业在社会发展中的定位和趋势，确立警察职业运行中应然的价值观念、精神生活、思维方式及其实践行为准则。也就是说，警察职业伦理精神既是对警察职业群体成员的共同实践要求，又是警察特殊职业群体的共同价值理念系统。警察职业伦理精神既能从精神上激发、感召和约束职业群体成员，又能使个体内在价值得以升华，在职业发展中显示出同一性和独特性。因此，警察职业伦理精神既具有理性的普遍性品质，又具有内在的现实性的能力。警察职业伦理精神是一种价值合理性，既是对"现存"的超越和提升，又是对"现实"的复归与创造。①

二、警察职业伦理精神的主体维度

警察职业伦理精神不是先天预设的理论之维，是警察在职业实践活动中所体现的精神特质的历史凝练与积淀，外显为警察个体的职业精神状态和稳定行为模式。基于此，警察个体的品质首先就成为警察职业伦理精神考察的主体维度。首先，警察职业伦理精神是警察主体的优良职业素质。从哲学的角度来看，警察职业伦理精神是指警察主体在职业实践过程中进行创造性活动的一种思想、规范与价值追求。同时，在警察职业实践活动的过程中，警察职业伦理精神作为主体的一种内在精神特质，警察个体主观的精神层面直接反映了职业精神的意识构成形态和思维观念。因此，它不是一般理解意义上的精神观念，而是包含了主体的职业认知、情感和意志等要素观念，也包括责任意识、道德良心和职业理想等价值形态。其次，警察职业伦理精神是一种追求自我发展和自我完善的主体实践活动表征。从实践的角度来看，警察职业伦理精神是主体自我完善与发展的意识活动与指向，这也是实践主体意识活动主观能动性的重要表现。警察主体在连续的职业求索中追求自身精神内涵的不断充实，不断发挥和展示自身的能量，不断超越自我，不断调适自身的责任意识和目标导向，使之与社会发展和职业导向相吻合。最后，警察

① 樊浩．伦理精神——价值生态［M］．北京：中国社会科学出版社，2001：99.

职业伦理精神是判断警察主体活动“应然”的价值尺度。从实践的实效性角度来看，警察职业活动切实符合警察职业伦理精神的先进性导引，职业行为轨迹始终沿着警察职业伦理精神指导下的正确方向向上发展，个体评价与社会评价统一。可以说，警察主体活动是善的，相反，则是恶的。

三、警察职业伦理精神的结构维度

警察职业伦理精神作为职业主体在其职业领域所遵循的价值取向、职业行为准则职业伦理规范的集中体现和概括。虽然我们把警察职业伦理精神理解为职业的价值追求、精神境界，但它归根结底还是属于一种特殊的职业伦理意识和伦理准则。也就是说，警察职业伦理精神可以看作是职业精神和伦理准则的融合、结晶、积淀，这是职业伦理意识和准则的内核，而其他伦理意识和准则是职业伦理精神的外化和具体展现，内核规约着它们伸张的边界和精神本质，警察职业伦理精神的结构是对警察职业伦理精神组成要素以及各要素之间相互关系的描述。基于文中分析警察职业伦理精神本质内涵的思路，对警察职业伦理精神的各要素结构构成的可以理解为，警察职业伦理精神主要由内核、次内核和外核三个层次组成，内核是结构中最重要组成部分，主导和制约外核要素的外显，外核是内核实践层面的具体价值理念展现。忠诚警魂是警察职业伦理精神的内核要素。我国公安机关的根本属性和本质特征，决定警察职业伦理精神具有鲜明的政治指向。“忠于党、忠于祖国、忠于人民、忠于法律”的忠诚警魂内容，彰显其政治主导性。忠诚警魂具有强烈而鲜明的职业精神个性，体现警察职业群体的主导意识和价值观念，是警察职业人的精神源头和实践动力。因此，忠诚警魂属于警察职业伦理精神内核组成部分。精神是一个由内向外延伸和展现过程，源自警察职业实践过程中内化的精神价值形态，不仅是对已有的价值观念的总结和体现，更产生对警察职业行为的价值导向，指引着警察职业的价值立场和职业伦理操守，决定了“为民”价值取向成为次内核中重要组成。经过警察个体的理性选择，在入警庄严宣誓那一刻起，就已把服务人民作为自己永恒的价值追求，要求心中始终要装着党和人民的利益，忠实践行“全心全意为人民服务”的承诺，为民的价值理念集中彰显出警察职业伦理精神的本质内涵和精髓，而“公正、廉洁”是警察职业伦理精神在职业实践领域内职业行为的具体职业伦理要求和职业准则展现。因此，从警察职业伦理精神结构层次的角度来看，“公正、廉洁”的职业规范属于其外核组成部分。

四、警察职业伦理精神的机制维度

警察职业伦理精神的实践直指职业实践中的主体自我完善，但自我完善并不仅仅是表现在主体自我追求和自我发展等理想性境界的话语陈述，应表现在主体行为层面的自我约束和自我规范的现实表达。这种现实表达体现出的不是单一的职业要求，而是包括理想信念、价值准则、纪律要求多层次、多方面的要求在内的规范体系。实践中，警察职业伦理精神以职业伦理的形态呈现，是警察个体特定的行为方式和职业方式的形象与具象相结合的总体要求，以保证警察执法的公正、规范和职业群体的有序与良性运行。首先，警察职业伦理精神是一种非制度化、精神形态的内调节。作为软性的调控方式，警察职业伦理精神具有特殊的调控形态。它以理念引导的方式，主要诉诸理想信念、价值指向、职业精神等，强调警察对待国家利益、社会整体利益和他人利益至上，注重警察职业责任感彰显，调节警察职业活动，从而保障警察群体的有序和规范。其次，警察职业伦理精神是一种以自律为主的实践规约。警察职业伦理精神是他控和自控的系统化和一体化，但更侧重于自控，突出地表现为利用价值观、理想信念的导引对警察个体的思想、心理和行为的控制和调节，并形成自我控制系统，进而将警察职业规范内化于个体，稳定形成固定行为模式。警察职业伦理精神外展所呈现的职业伦理准则，职业实践活动中必须经个体固化并转化为警察个体内心的良心和责任感，转化为主体的自我调控、自我约束与自我评价才能有效发挥警察职业伦理精神自控作用。综上所述，警察职业伦理精神是在警察职业活动中警察职业群体的观念建构、价值追求和实践行为，警察职业伦理精神不仅是基于警察职业实践历史的理性认识结果，也是结合法治公安定位的必然要求，成为警察职业化建设中所特有的、根本的、不可分割的价值取向，是警察职业群体的共同信念，是对警察职业精神内在必然性的共同认识。因此，从其本质属性上来看，警察职业伦理精神是对警察主体在警察职业实践活动中的理性预期和价值预设，也是警察职业生成过程中对警察的历史继承样态的精神型构。从其表现方式上来看，警察职业伦理精神外现为职业群体成员所认同的世界观、人生观和价值观，所遵循的职业思维方式和行为方式，所体现成员的心理素质、理想信念和道德品质的总和。从其运行机制上来看，警察职业伦理精神是以精良的警察业务素质为基础、以崇高的为人民服务的警察理念为指导、以良好的职业道德品质为依托、以自我发展和自我完善为目标的价值观念引导运行体系。

第三节 人民警察职业伦理精神的培育机制及路径

一、人民警察职业伦理精神内化及其内在机理

（一）人民警察职业伦理精神内化的含义

伦理精神是人对伦理关系的深刻理解和自觉遵循的意识；职业伦理

精神是从业者在工作中所应具备的各种内在规范与外在表现的统一，以及从业者对这种职业伦理应有的精神意识的遵循。所谓内化，是认知主体接受文化、思想、观念等外部刺激进行自我塑造的过程，也可以简要地概括为客体主体化的转化过程。精神内化是个体在实践过程中通过不断地增强理性自觉和价值认同，将既定的社会要求个体化和内在主体化的过程，表现为个体良心和品质的构成过程或美德完善过程。人民警察职业伦理精神的内化就是人民警察加强道德修养，将职业道德目标、价值观念、职业道德理想等转化为内在的道德品性，进而形成自身稳定的精神品质和行为反应模式的过程。

（二）人民警察职业伦理精神内化的内在机理

内在机理是指为了实现事物的某一功能，事物本身的内在系统结构依据其工作方式所进行的相互作用、相互影响的运行原理及规则。从心理学意义上说，内化包含人的认知过程、情感过程和意志过程三个环节。心理学家皮亚杰认为，主体认知结构对于外部刺激一般通过两种方式即“同化”和“顺化”而被接受。“同化”是认知主体对于外部输入刺激的一种过滤和改变，“顺化”是认知主体通过调整自己的内部结构来适应外部环境的变化。认知主体与外部环境之间的关系是相互影响和相互适应的，认知主体对于外部的刺激不是一味地完全接受，而是通过自身价值选择所建立的内系统对外部刺激进行不断的过滤和选择，进而转变为自身的内在认识。同时，认知主体在接受外部刺激时也在不断地调整自己的认知结构，即“同化”和“顺化”共同构成了心理过程的两个方面。认知主体对外部刺激的内化过程是“同化”和“顺化”共同作用的结果，内化是“同化”和“顺化”两方面的有机统一。人的认知结构由智力系统和能动系统构成，构成人的认知结构的诸多观念根据不同的标准有不同的划分，根据性质不同可分为肯定观念和否定观念，根据价值等级不同可分为主要观念和次要观念。当认知结构平衡时说明各种观念之间是相容的，反之，说明某些观念是矛盾的。所以，当主体的认知结构被外部刺激所内化就会出现两种不同的情况：简单内化和复杂内化。人民警察职业伦理精神内化的过程必须重视其内在机理。我国对人民警察的各种外在职业伦理规范、职业价值理想只有通过内化的过程才能转化为人民警察的外在行为，是“同化”和“顺化”共同作用的结果。在“同化”过程中，人民警察所接受的外部刺激要经过自身认知结构的筛选实现“顺化”，因此，在人民警察职业伦理精神进行内化过程中，既要注重人民警察自身的认知结构，也要注重内化的外部刺激。美国心理学家费斯汀格的研究表明，每个人都有一种力求认知一致的趋势，也就是当认知主体的认知结构不均衡时，就会导致心理失衡。同时，认知主体更倾向于调整自己原有的认知结构。包括以下几种情况：一是认知主体原有观念与外界刺激观念差别巨大，二是对于外部刺激的认同者越来越多，三是认知主体对于实施发布刺激的发出者比较喜爱，四是外部刺激的发出者是某个领域的专家或行家。根据费斯汀格的理论可知，在对人民警察进行职业伦理精神内化的过程中，还要注重职业伦理理论的灌输，营造良好的职业伦理氛围，提升警察个体的培训水平。

二、人民警察职业伦理精神内化的必要性

人民警察职业伦理精神内化的实质是将人民警察职业伦理精神通过外在的伦理价值和约束转化为人民警察自身的认知认同，从而自觉地指导其实践活动。这种内化对于人民警察来说是必不可少和至关重要的，其必要性体现在以下几个方面：

（一）利于人民警察道德素质养成

人民警察素质是其所具有的品格、人格、气质、能力以及知识水平

的总和。人民警察是否具有较高的素质直接关系到人民警察队伍的整体水平，也是公安事业兴衰成败的关键。人民警察素质具体包括政治素质、思想道德素质、心理和身体素质以及专业知识和智力素质等，而人民警察的道德素质是其中的重要内容之一。人民警察的道德素质制约着人民警察的道德水平，人民警察的道德水平制约着人民警察的工作态度，人民警察的工作态度又制约着人民警察的工作能力。人民警察的道德素质由道德认识能力、道德判断能力、道德选择能力和道德践行能力构成，人民警察职业伦理精神内化对于人民警察道德能力的提高体现在以下几个方面：

一是，优化人民警察的道德动机。道德动机是道德主体在进行道德行为时所依据的一种主观愿望，道德动机不仅是道德行为的出发点，也是道德行为的根本动因。从一般意义上说，人的道德动机是复杂的，道德行为的选择往往就是道德动机之间不断冲突的结果。职业伦理精神内化能够优化人民警察的道德动机，使其行为更符合职业伦理要求。

二是，确定人民警察的道德价值目标。所有的道德行为都要基于一定的价值目标，道德价值目标对于人民警察来说既是指引道德行为的核心，又是激励人民警察道德行为的内在动因。正如马克思所说："这个目的是他所指导的，是作为规律决定着他的活动方式和方法的，他必须使他的意志服从这个目的"。① 一方面，道德能力能够为人民警察指明正确的方向，另一方面也能够激励人民警察朝着这个正确的方向努力前进。换言之，正是因为有了道德能力的价值定向功能，道德主体在面对利益和矛盾冲突时才能做出正确的选择。人民警察职业伦理精神内化就是更新原有的道德价值观念，从而帮助道德主体确定道德价值目标。

三是，增强人民警察的道德实践动力。道德不会放任各种现象自发

---

① 马克思恩格斯选集：第 2 卷［C］. 人民出版社，1995：178.

地存在，而是需要通过努力将它们转化为符合主体要求的应有状态，这一过程就是道德实践的过程。主体的道德实践需要有内在的动力，而提供这种道德实践动力的根本就是道德能力，道德能力是不断激发主体进行实践活动的力量。道德能力从主体做出道德选择这一环节开始就进入了实践领域并发挥作用。只有具备道德能力，道德主体才能以确定的道德价值目标为导向，将理性的认知、情感的需要、意志与信念的力量整合在一起；也正是因为具有道德能力，道德主体才能适应不断变化的道德环境，排除各种不利因素的干扰，做出自己的正确选择。如果缺乏应有的道德能力，任何主体的道德实践都将难以持续。

四是，约束人民警察的道德行为。道德环境具有错综复杂的特点，每个人的道德实践不可避免地都要受到社会中各种因素的影响和制约，为保证道德价值目标的实现，必须对道德行为进行相应的调整和控制。将人民警察职业伦理精神内化为人民警察的职业伦理能力，指导其道德实践，能够充分保证人民警察在追求道德价值目标的过程中克服所遇到的各种困难。一方面，能够发挥抑制人民警察不正当需求，消除影响社会道德价值目标实现的不利因素，防止不道德行为发生的作用；另一方面，可以有效调整人民警察的道德行为，以保障道德价值目标的连续性和有效性，确保人民警察的道德行为善始善终。

（二）满足人民警察伦理管理的需要

人民警察管理的核心是对人的管理，人民警察的职业伦理精神直接影响公安机关行政管理的效果，因此，人民警察伦理职业伦理精神内化是人民警察管理的根本要求。体现在如下方面：第一，完善行政管理伦理制度。人民警察的管理活动涉及社会管理的方方面面，具有广泛的社会性和复杂性。在社会管理过程中，人民警察不仅要运用管理能力，还要依靠自身的职业道德素养来推进各项行政管理工作的开展，这就要求在人民警察社会管理过程中，不仅要通过法律制度对人民警察的行为进行约束和规范，还应该提升人民警察的职业道德水平，而人民警察职业伦理精神内化的过程正是人民警察职业道德养成的过程。换言之，人民警察伦理管理不仅要依靠行政和法律手段，还要强调道德手段。第二，提高行政管理效率。人民警察职业伦理精神对于帮助人民警察树立崇高的职业理想、职业信念，增强职业荣誉感、职业责任感具有重要的指导作用，同时，它还能够帮助人民警察正确认识其本职工作在全面建设小康社会中的地位，使人民警察在各自的岗位上端正工作态度，增强责任心，进而提高行政管理效率。第三，促进廉洁警队建设。廉洁警队建设对人民警察道德水平的提升提出了新要求，同时，提升人民警察的职业伦理水平也是廉洁警队建设的前提。因此，人民警察职业伦理精神内化对于提高人民警察的道德能力有很大的影响，对于廉洁警队建设能够发挥积极的推动作用。

（三）提升社会道德水平

恩格斯曾说："实际上，每一个阶段，甚至每一个行业都有各自的道德。"① 公民的道德水平决定着社会的整体道德水平，人民警察是公民中的一员，可以说，人民警察的职业道德水平是社会道德水平的标志之一。人民警察的职业伦理相对于整个社会伦理来说是一种特殊的伦理，人民警察的职业伦理在整个社会道德伦理中处于先导地位，人民警察道德水平的提升能够带动社会整体道德水平的提升。不仅如此，人民警察的道德示范效果对于社会道德水平的提升也有重要作用。人民警察职业伦理精神内化要求人民警察在社会道德建设过程中要发挥模范带头作用。《中华人民共和国人民警察法》十二条第七款明确规定了人民警察的义务：遵守纪律，恪守职业道德，模范遵守社会公德。该条款充分

① 马克思恩格斯选集：第4卷［C］. 人民出版社，1995：236.

体现出人民警察在社会整体道德中的示范作用，人民警察职业伦理精神内化在人民警察日常工作中的表现是勤政和廉政。人民警察的主要职责是行使国家赋予的公权力，管理国家公共事务，保证社会各项管理工作的有序开展。人民警察作为社会事务的管理者，其职业伦理精神必然会对社会其他行业的职业精神乃至道德行为有明显的示范作用。孔子曾说："君子之德风，小人之德草：草上之风，必偃。"① 其含义是：君子的道德行为就好比是风，老百姓的道德行为就好比是草，风往哪边吹，草就向哪边倒，形象地说明人民警察的道德行为对于社会道德行为可以起到示范和引导的作用，人民警察道德水平的高低在一定程度上能够决定社会道德风气的好与坏。

（四）维护公共利益的根本要求

公共利益泛指全社会不特定的多数人的共同利益。维护公共利益是指政府在进行行政管理时，要秉承全心全意为人民服务的宗旨，始终把公共利益作为最高利益。我国是社会主义国家，人民是国家的主人，广大人民的根本利益就是行政行为的出发点，公共利益就是人民的利益。为此，人民警察必须时刻把人民的利益放到最高位置，自觉抵制各种利益的诱惑，维护公共利益。马克思曾说过："国家是建筑在社会生活和私人生活之间的矛盾上的，国家是建筑在公共利益和私人利益之间的矛盾上的"。张康之教授认为："公共行政人员必须时时处处坚持道德化的价值取向，最为根本的就是要公正地处理个人利益与公共利益之间的关系，必须维护公共利益，以公共利益为价值取向，并将这种价值观念贯彻在公共行政的日常实践中。"② 人民警察只有时刻秉承维护公共利益的职业理念和要求，才能更好地实现行政管理目标，为社会的良性发

① 论语．颜渊［M］．吴兆基，编译．三秦出版社，2008：100－101.
② 张康之．寻找公共行政的伦理视角［M］．中国人民大学出版社，2003：215－219.

展创造条件。

三、人民警察职业伦理精神内化的可行性

人民警察职业伦理精神的内化是将外在的制度规范转化为人民警察自身的外在行为表现，这个过程离不开内化主体人民警察，离不开内化所需要的各种环境。

（一）人民警察的可塑性

人的社会化是任何社会和个人都不能回避的问题，人的社会化是人与社会发展的共同需要。要维护社会稳定和促进社会发展就必须有与社会相适应并为社会服务的人，否则社会就难以向前发展。人的社会化是指人由自然人转变为社会人的过程，在这个过程中，作为社会个体的人只有不断地将社会规范内化，才能逐渐成为符合社会规范要求的社会成员。人的社会化过程是社会塑造与个体学习相统一的过程。人的社会化之所以存在就在于人的社会性，表现为人既有社会性的一面，又有个体性的一面。人类社会的发展和进步在客观上要求必须尊重人的社会性并努力实现人的社会化。人的本质属性并不是先天赋予的，而是后天社会实践的产物，因此，对人进行社会化，使之养成某种优良的道德品质或改变不良的道德品性是完全可能的。由于人既有社会性的一面又有个体性的一面，所以人的社会化过程不可能是自觉展开的，必须采取多种手段和方式。在人民警察个体社会化的过程中，可以加强职业伦理精神方面的教育和引导，使他们转变旧有观念，提高思想道德素质。

（二）人民警察职业伦理教育及其主体的可接受性

人民警察职业伦理教育是指对人民警察基本价值观和道德品质的要求，围绕人民警察的职业道德情感、职业道德观念和职业道德意识等方面所进行的规范性教育活动。随着社会的发展和进步，社会管理领域在

不断扩大，行政权力发挥作用的范围也在不断增加，深化改革不但给人们的生活带来了前所未有的变化，也使人们的价值观念和思维方式发生了深刻的变化，多元价值并存，社会异质化较明显。人们的物质生活水平在不断提高与进步，但社会中的一些低级和庸俗的思想与崇高和先进的价值观发生了冲击和碰撞。对人民警察进行职业伦理教育，可以帮助其树立正确的价值观、利益观并处理好多重社会角色冲突。

1. 加强职业伦理教育能够为人民警察树立正确的行政价值观。人民警察的行政价值观就是行政主体对于某种特定行政思想、行政观念和行政行为方式的价值理解和价值追求，行政价值观是行政管理的基础，有什么样的行政价值观就有什么样的行政体系。加强职业伦理教育，能够使人民警察树立正确的行政价值观，自觉抵制消极腐朽思想的侵蚀。

2. 加强职业伦理教育能够为人民警察树立正确的利益观。利益观是指人们看待利益问题时持有的观念、态度以及思维方式，人民警察是行政权力的行使者，在进行行政管理时必然会涉及利益的调整和冲突。这些冲突包括个人利益与集体利益的冲突，集体利益与国家利益的冲突，集体与集体之间的利益冲突等。对人民警察进行职业伦理教育，能够帮助人民警察树立正确的利益观，在面对利益冲突时把握正确方向。

3. 加强职业伦理教育能够帮助人民警察走出职业伦理困境。人作为社会中的一员，承担着多重社会角色，人民警察也不例外。人民警察是行政职能的执行者，不仅承担着社会公职也扮演着多重社会角色。这些社会角色有时是一致的，有时是互相冲突的，这往往会导致人民警察陷入伦理困境或者两难困境中。对此，不仅要依靠有关的法律和制度解决问题，人民警察自身也要发挥重要作用。对人民警察进行相关职业伦理教育，有利于帮助人民警察树立正确的利益观和价值观，使他们尽快走出职业伦理困境。

（三）开展人民警察职业伦理精神培育的现实性

人民警察既是公民中的一员又承担着社会公共服务职能，所以，对人民警察进行职业伦理精神教育，不仅是职业角色的要求，也是社会管理的需要，更是社会发展的需要。

四、人民警察职业伦理精神培育的路径

警察职业伦理精神既以观念形态、心理状态等形式存在于警察的头脑中，展现为警察的价值观、理想信念、伦理道德、文化传统等，同时也表现为警察的行为方式、传统习惯等。在长期的发展中，警察职业伦理精神熏染出警察的个性，警察的个性中透露和折射出警察职业伦理精神。警察职业伦理精神的形成过程就是警察不断“社会化”的过程，“社会化”的核心，就是社会文化的内在化，社会化的程度是个人对社会文化的认同和适应的程度，社会化的结果是从生物个体转化为具有社会文化特质的个人。当然，这种“社会化”中的“社会”，既包括广义的社会，也包括警务人员构成群体的小社会。在“社会化”过程中，存在着促进警察职业伦理精神形成和发展的基本规律，这些规律为培育职业伦理精神提供了理论依据。要使警察职业活动合乎职业伦理精神的要求，是一项复杂而艰巨的系统工程，其培育并非一朝一夕之功，需要多方面的配合和有机协调，构建培训教育驱动、警察文化熏染、职业伦理实践和自律自省升华“四位一体”的警察职业伦理精神培育模式，将职业价值观念和道德规范等融进警察职业伦理精神之中，才能使职业伦理精神成为警察自觉的行动指南。

（一）夯实职业伦基础，实施职业教育驱动

职业伦理教育认知是培育人民警察职业伦理精神的基础环节和初级层次。警察职业伦理精神养成是职业主体接受职业认知教育后理性选择

的结果，而人的理性是靠教育培养出来的，只有通过教育培养才能使人明辨是非善恶，懂得行事的道理和方法。罗素指出："教育的力量在形成品性和见解方面是很大的，也是为大家所承认的。"① 通过教育培养可以使警察克服各种模糊认识，树立正确的人生观、价值观和世界观，深刻认识什么是自身真正的精神需要，形成应有的义利观、荣辱观，从观念上规范和驱动警察的职业实践。在警察职业伦理精神的养成过程中，培训教育的地位不容忽视。首先，培训教育有助于每个警察本职工作的开展，从而推动警察职业伦理精神的整体建构和公安事业的健康发展。警察群体本身是一个有机体，个体与群体之间的关系是相互的。培育教育的一项重要任务就是使每个群体成员都能充分认识到从事警察工作的意义和价值，从而热爱自己的工作，增强做好本职工作的责任感，决心尽一切努力做好本职工作。是否具有献身精神和高度的主人翁意识和社会责任感，会影响到公安工作的结果。因此，开展培训教育，重点是培养警察个体的高尚思想品德，并充分调动他们的积极性和创造性。其次，培训教育有助于每个成员精神品质的塑造，从而形成良好的警察工作环境。良好的精神品质是警察的基本素质，培训教育是养成途径之一。通过培育提高职业意识，包括职业道德意识和责任意识，从而有助于警察形成正确的人生观和世界观，以理智心态看待周围发生的事情，并能抵制和化解来自外部的诱惑，最终减少警察职业活动的违法、道德失范或失序现象的发生。再次，培训教育有助于警察职业伦理的建设，从而推动警察乃至影响整个社会的信息环境。加强对警察的道德意识和经济伦理的教育，可以使被教育者淡化那种企图借助外部非道德规范的行为来实现自身价值的意念，从而对自己的行为产生一种责任感。警察职业伦理精神不仅有助于调整群体与自己服务对象之间的关系，也有助

① ［英］伯特兰·罗素．社会改造原理．张师竹，译．上海人民出版社，2001：92.

于调整本行业内部成员之间的关系。培训教育的一个重要任务，就是对警察的思想观念和精神世界进行科学塑造和正确培养。概括起来，职业伦理精神的这些广博和丰富的教育内容包括：其一，提高警察职业认知。拥有专业知识是专业性的标志之一，这其中也包括对于警察职业伦理的系统知识。通过培训教育，使他们了解职业伦理精神培育的主要内容和意义，掌握基本的价值观念、原则、规范和评价标准等，具备明辨是非的能力，增强警察在实际工作中弘扬职业伦理精神和恪守职业道德的自觉性。其二，培养警察强烈的职业情感。职业情感是警察从事警察活动的价值导向，它主要表现为人的需要是否得到满足时的一种内心体验。职业情感可以使从业者通过内心体验对自己的职业行为作为迅速的反应和持久的定向作用，成为警察活动的一种深厚的内在动力。这种情感可以包括对职业活动的责任感、使命感、从事本职工作的荣誉感、团队成员之间的亲疏感以及对受众态度的冷热感等。这些情感浓缩成为警察的职业情操，对职业伦理精神的养成具有十分重要的作用。其三，锤炼警察坚强的职业意志。意志是人们在按道德原则和要求进行道德选择和行为发生时调节意识和克服困难的能力，是一种行为导向力。意志坚强的人能把职业使命与职业理想融为一体，实现职业精神内在规定的活动价值和行为意识；而一些意志薄弱的人却很难做到这一点。在职业教育中，让从警察了解职业活动可能面临的环境和可能面临的风险，有助于他们做好充分的心理准备，也有助于他们进行知识、毅力和勇气的储备和训练，形成排除干扰、战胜困难的能力。其四，树立警察坚定的职业信念。职业信念是职业认知和职业情感的结晶，是引领警察投入警察活动的方向盘。这种信念的确立，可以使从业者坚信本职业为社会服务的必要性及其服务原则的正确性，从而立志为公安事业而奉献。这种信念是比职业情感更为深远的行为动因和根据，是职业伦理精神品质的核心构成。因此，职业信念的确立是职业教育中最主要和最长久的任务之一。其五，培养警察良好的行为习惯。行为习惯是一个人由不经常的道德行为转化为道德品质的关键因素，是警察职业伦理精神的归宿。对于警察，要造就自己良好的职业伦理精神品质，就必须通过不断地实践，形成良好的职业行为习惯。实践出真知，习惯成自然，只有通过不断地实践，形成良好的职业行为习惯，使自己的行为在整体上表现出稳定的待征和一贯的倾向，才标志着良好职业精神品质的基本形成。因此，注重实践、注重行为习惯的培养，是职业道德教育中最关键也是最重要、最艰巨的任务。毫无疑问，这五项内容不仅仅是培训教育所应当完成的，培训教育仅仅是从理性上使警察具有上述能力，而更为重要的还需要从业者在实践中体验、在文化中熏染和在自省中感悟。因此，可以说，这些内容也是贯穿于整个警察职业伦理精神养成各个环节的主要任务。

（二）聚集公安文化传承，注重警察文化熏染

按照警察职业伦理精神继承与发展的思想积聚机制，警察职业伦理精神养成在本质上是文化的传承。文化是“指一个社会中的价值观、态度、信念、取向以及人们普遍持有的见解。”① 警察群体所共同持有的价值观、态度、信念等就构成了独特的警察文化，这种文化环境对每一个警察个体的熏陶，可以引导和催化警察职业伦理精神的养成。警察群体职业活动是警察职业伦理精神养成的小环境，即警察所处的具体的生活环境、工作环境、交际群落、人际关系及其道德状况等。可见，警察文化对从业者的职业精神的影响是十分重要、不可低估的。首先，人的社会性决定了精神的产生离不开一定的文化氛围。人是警察职业伦理精神的主体，人不能完全离群体而单独存在，是社会的人。亚里士多德

① 塞缪尔·亨廷顿．前言：文化的作用［M］//文化的重要作用—价值观如何影响人类进步．程克雄，译．北京：新华出版社，2002：3.

早就指出，“人类在本性上，也正是一个政治动物。”而在古希腊政治就是城邦国家，所以亚里士多德又说：“人类自然是趋向于城邦生活的动物”“凡是自外于社会的人，或者是自足而无需生活于社会的人，他必定或者是野兽，或者是神人”“人即使是生活的无需互助，也乐于共同的社会生活。”马克思指出，“人即使不像亚里士多德所说的那样，天生是政治动物，无论如何也天生是社会动物。”① 每一个人一旦降临到世界上，就置身于一定的社会文化之中，就被一张无形的文化网络所笼罩。这种文化既是前人实践的结果，也是后人从事实践活动的参照。可见，文化是哺育人、造就人的意识的基本支撑，文化是人的意识的发生的直接机制。依此类推，警察文化无疑是警察职业伦理精神生成的机制之一。其次，职业伦理精神的内容受一定文化的渗透、感染和导向。“一种文化一经创立，对于每一个个体来说，便逐步成为一种超我的力量，一种文化心态，一种集体无意识。它给每一个社会成员提供一种文化环境、文化氛围。”“我们并不是总能够选择适合自认为适合的职业；我们在社会上的关系，还在我们有能力对它们起决定性影响以前就已经在某种程度上开始确立了。”② 文化对于人的世界观、价值取向、思维方式和行为方式等都有着潜移默化的效果。不同的文化环境，孕育出不同个体意识和群体精神。正如西方的重利轻义观和我国儒家传统文化下造就的重义轻利观，都具有文化传统的影子，是不同文化的反映。警察职业伦理精神的内容也难以摆脱文化的束缚，唯有正视文化的价值，从中汲取优秀资源，才有可能建构出符合警察要求、适合新时代发展的精神内涵。从具体的机制看，警察文化的灌输是在警察的职业实践过程中，经潜移默化为自己的价值标准的结果；同时受警察文化熏陶，认同

① 马克思恩格斯全集：第3卷［C］人民出版社，1972：363.
② 袁贵仁：价值学引论，［M］，北京师范大学出版社，1991：82.

组织，进而产生荣誉感及使命感，自律而获得实践。再次，警察文化是体现个体人格的特殊样式。文化是人类创造性的生活方式和内在精神，这种方式和精神又是通过每一个个体的现实活动和自觉创造整合而成的。文化是群体存在方式和群体精神的总系统，但文化又是渗透在个体精神中，通过个体人格的特殊样式体现出来的。因此，有什么样的文化，便会产生与此背景相符合的人格样式。人格作为人的内在蕴含、内部世界，作为人的精神力量，能参与到人的实践活动中去。“人格意识一经形成，就成了主体内在而无形的调控力量，既规定着主体内在身心组织的发展方向，又规定着主体的外显形象。”① 警察通过自我意识感受、体验和审视自己的心理和行为，调节行为的对象、内容和关系，从而对职业活动产生定向、引导或者推动的作用。在警察文化的塑造中养成警察职业伦理精神，需要把握三个关键问题。其一，明确职业价值观。价值观是警察综合社会赋予警察的使命和警察应当承担的责任而形成的终极价值追求，直接影响警察个体的意识活动和价值选择。群体组织首要的也是最为关键的文化塑造机制便是确立核心价值观念，使警察活动有章可依、有理可寻。警察应当建立服务社会的认知，正视社会对警察的期望。警察则应当以道德的眼光审视自身，并认识到自律是警察整体共同承担的责任，共同塑造自律的警察文化。不仅要传播警察传播的社会主义核心价值观念，而且要用模范的行动实践警察传播的价值观念。在一定意义上说，职业伦理精神的培养，是以实践已经树立的职业精神为前提的，具有崇高职业伦理精神和人格魅力的警察，能够感召其他警察，被其他警察自觉效仿，对其他警察的成才起着强大的示范带动效应。其二，提升警察文化力。提升对警察发展的驾驭能力、科学管理能力、资源整合能力和人才集聚能力，从而引领警察的健康成长，是每

① 方世南，宁效兰. 意识新论［M］. 南京大学出版社，1992：219.

个警察的义务。通过坚持不懈的文化建设，能够更好地发挥文化启迪思想、陶冶情操、鼓舞人心的积极作用，营造良好的警察文化环境。发挥文化的建设作用，主要是通过正面引导和正面教育，形成健康向上的思想舆论环境；通过深入的精神文明创建和警营文化活动，形成优美丰富的文化生活环境；通过培养平等、协调、合作的和谐意识，形成团结互助的人际关系环境；通过倡导学习、进取、创新的精神，形成求知奋进的环境。公安机关可以不定期将职业伦理精神和职业道德面临的新情况、新问题以及典型事例，通过各种形式传播给警察，启发、诱导、激励他们从自己内心世界加强自身修养，遵守职业道德，改造自己的人生观和世界观，自觉抵制各种利益的诱惑，用职业伦理精神意识提升和规范职业行为。其三，培育成员忠诚度。系统论强调，整体的功能大于局部之和，当警察个体的价值观念和态度等达到一致时，其爆发出的职业能量也远远超出每一个个体。警察文化本身具有整合不同意识和多元文化观念的力量，在日常实践中，发挥警察文化的向心力和导向力，警察以身作则，率先垂范，在警察内部培育忠诚文化，通过各种规定和规则的引导，力求把职业伦理精神的形成和培养作为一种习惯，一种规则，让从业者形成强烈的规则意识。“组织透过忠诚进行一种长期、精巧的规训，就正面而言，这种自我管理方式将组织保持于稳定状态，更容易在默契中依组织目标完成工作。”①

（三）融入职业伦理实践，知行合一

警察职业活动是职业伦理精神的基础和最终归宿，是职业伦理精神意识的外化，是职业伦理精神本质的表现。职业伦理精神具有实践性，不能付诸实践的观念，是不能构成警察职业伦理精神的。就警察而言，

① 张文强．媒介组织内部权力运作与新闻工作自主封建采邑内的权力控制与反抗．新闻学研究，2002（73）．

培训教育和警察文化能否在警察职业伦理精神的养成中发挥作用，关键取决于实践，实践可以使警察充分体会和理解从事警察工作所担任社会角色的价值，而且，在实践中的体悟将使警察进一步内化和强化警察职业伦理精神，进一步巩固和提升符合社会要求的警察职业伦理精神。首先，实践是连接主客观的桥梁，是解决警察职业伦理精神内化与生成过程中主观与客观相统一的现实力量。从认识论的角度看，人的认识是客观现实在人脑中的反映，但不是所有的客观形式都能够反映到人的头脑中来，而必须是人所接触到的那一部分客观现实才能在人的头脑中形成一定的反映。即使是接触到的那一部分客观现实，如果离开了个体的实践，对个体往往不会产生太深刻的影响，至多是盲目的和自发的。从根本上讲，客观现实对人的影响必须借助于实践。只有当个体置身于实践活动，接触到环境中的各种现象，并与自己相连接才能形成一些直观的印象和看法。随着实践的深入，感性材料积累到一定程度的，才能够进入零星的认识阶段，形成一定的思想观念。马克思恩格斯认为，一定社会生活条件下的实践活动是个体道德内化的基础，道德的存在价值不是物质性的，而是精神性的，但又不是纯精神性的。它是以一种精神观念指导人们的行为，以形成某种正确行为方式为目的的精神活动。其根本目的是通过诉诸人的行为、人的实践活动以求得应有的社会效应。所以，警察对道德的把握、对价值观的建构只有通过带有精神性的实践活动这一途径，才能真正进入个体的思维领域，警察对价值观念和道德规范的内化作为实现社会效应的一种价值体现，只能在具体的实践活动中进行，这是由警察职业伦理精神形成的本质性特征所决定的。其次，实践是促进观念内化、检验和巩固的根本动力。警察职业伦理精神的内化、检验和巩固是一个由外而内、由自然到心灵、由客观到主观、由现象到本质、由意识到行为的过程。这个过程本身是一个充满无限矛盾、迂回斗争的过程。社会生活中真与假、美与丑、善与恶总是处于动态的矛盾对立斗争之中，不断地进行立着较量。良好的精神素质与道德品质追求是的真善美，而非假丑恶。警察不可能回避这些矛盾和冲突，只有在矛盾的解决和冲突的缓和中才能得以养成优良的精神品质。事实上，矛盾的最终解决不是依赖于头脑中的主观愿望，而是依赖于社会实践。当实践的需要与个体的品质之间出现差距时，个体就会暴露出动机、意志、信念和能力等方面的弱点和不足。这些弱点和不足，只有通过刻苦努力、积极实践，在改变外部环境的过程中，使个体的思想、情感和意志与客观现实的要求趋向一致，并随着实践活动的深入，促使个体不断地批判和否定有悖于实践的价值观念和道德准则，确立符合实践要求的观念和准则，进而推动实践活动的继续发展。在实践推动个体不断努力和进步的过程中，个体的道德自觉性、能动性和行为规范性就能逐步得到提高，精神境界的超越最终也是在实践中实现的。因此，实践是检验个体道德观念和道德行为的坐标，它不仅改变着外部的环境和事物，且也改变着自身的内在精神；不仅检验着个体价值目标的合理性与正当性，而且是使人的主观性与目的性付诸实践，使超现实的观念最终变成感性化的实际存在的现实力量；它既是改造世界的一种客观力量，也是改造人的一种客观尺度。再次，实践是个体价值观念内化和观念塑造的最终归宿。实践既是内化的起点，也是内化的终点。个体内化外在价值观念和道德规范，不是为了内化而内化，其目的是为实践服务，为社会稳定和社会发展的需要服务，同时也是为体追求自身价值和终极关怀的需要服务。如果说前两者带有明显的工具性色彩的话，那么后者就具有明显的主体性色彩；前者是工具性价值的体现，后者则是主体性价值的体现。工具性价值最终是为主体性价值服务的。这是内化的直接目的，也是内化的根本目的。理论只有联系实践，才能激发巨大的潜能。警察伦理实践是培训教育和警察文化的有益补充，也是职业精神养成中不可或缺的环节。“一个人如果仅仅学习、立志而不躬行，那么，他便只能知道为什么应该具有高尚品德和树立具有高尚品德的愿望，而绝不可能真的具有高尚品德；他便可能知道为什么应该做一个合乎道德的人和树立做一个合乎道德的人的愿望，而绝不可能真的成为一个合乎道德的人。”① 可见，良好的道德思想，如果不能付诸实践，都是一句空话，对于警察职业伦理精神培育与道德的学习，也必须与警察实践相结合，因为人对于职业的价值和职业规范的评价和理解与个体自身积累的社会经验密切相关的。只有理论与实际紧密相连、有机契合在一起，警察职业伦理精神的概念、理论才能被从业者接受，培训教育才能起到打好基础的作用。理论教育中的警察职业伦理精神具有抽象性，只有通过实践才能得以落实，才能将抽象的概念、理论与具体、感人的人物或事例融合在一起，从而有力地证明概念、理论，并强化其逻辑力量，付诸实际行动。最后，警察职业伦理精神的培育强调的是知行的统一，即强调认知和实践的相互促进。“认知”是对警察职业伦理精神的清晰明确认识，“实践”是对警察职业伦理精神的主动践行。一个正确的认识，往往需要经过由物质到精神，由精神到物质，即由实践到认识，由认识到实践这样多次的反复，才能够完成。因此，必须十分重视推进职业伦理精神向职业实践的转化。在警察职业伦理精神培育中，“认知”和“实践”是有机结合在一起的。一方面，“认知”离不开“实践”。强调的就是实践的重要性。对警察职业伦理精神的内涵及其价值等的认识，只有在警察活动中才能体悟，也只有在警察实践中才有可能注入更加丰富的内涵和活力。另一方面，“实践”离不开“认知”。知识经济时代的到来，使教育终身化成为必然。只有具备更新自己原有专业知识的能力、具备学习新知识的能力、具备综合各门学科知识的能力，才能保证与时俱进，才能在不断更新的知识体系中学会找寻自身生存与发展需要

---

① 王海明．新伦理学［M］．北京：商务印书馆，2006：650.

的信息，获得发展的策略和路径。同样的，对警察职业伦理精神的践履需要警察在观念上的认可、同化，惟有如此，警察才有可能在实践活动中自觉遵循道德规范和行为准则，也才可能为实现职业理想和信念而奋斗。通过理论与实践的有机结合，职业伦理精神的培育才能实现。“认知”和“实践”的有机结合，既是警察职业伦理精神养成的基本途径，又是检验警察职业精神养成实际效果的标准。评价个体职业伦理精神养成的水平，最重要的是考察其能否主动自觉地践行职业伦理精神。这种考察，不能仅仅关注其对于观念的认知程度，更要看其在职业活动中的敬业精神、工作态度乃至对公安事业的贡献。

（四）提倡道德主体自觉，自律自省升华

新时代警察职业伦理精神的塑造是一个连续、长期的过程，需要各方面的共同努力。但真正的警察职业伦理精神的培养，则更多是依赖个人发自内心的努力，即内在心理的自省去提升和巩固警察职业伦理精神的培养，这是警察职业伦理精神养成的主要目标和高级层次。应该说，自省与前面的环境熏陶是相辅相成的，唯有自省，才能夯实我们的内心世界，以自身的道德养成来培养我们的精神。职业伦理精神养成的终极目的是将服务社会的职业精神内化为警察的品质、物化为警察的职业实践行为，培育出警察践履职业要求的自觉精神和人生态度。过去乃至现在，职业伦理精神教育往往强调外在的他律是必要的，也收到了一定的效果。但是，要真正化为从业者的主动自觉行为，必须与自律结合在一起。因此，强化警察自身的角色认知，加强警察的自律更为根本和重要。警察职业伦理精神养成的着力点要放在引导警察的自我教育上。而以良好的行为和品质为目标的自我教育，既要为警察营造浓郁的职业伦理精神教育氛围，用公安事业的崇高、用警界先辈的伟大人格、用身边榜样的示范打动他们的心灵，激励他们；更要引导警察自觉地投身职业实践、投身社会，在服务社会中，理解公安事业的神圣与伟大，深化对警察职业伦理精神的认识和践履。警察的自律自省主要包括两个层次，其一是善于自省。道德的学习和提高是一个自我教育、自我监控、自我超越的过程。反躬自省是修养的重要方法。中国在古代所说的“吾日三省自身”就是指严格要求自己，经常反省自己的思想和行为是否符合道德的要求。警察职业伦理精神因为其远远高于一般社会成员的道德要求，所以就要加强自我反省在职业精神内化中的作用。自省，首先要严于解剖自己，善于认识自己，勇于正视自己的现实，客观地看待自己；其次，要敢于对自己的缺点和不足，开展积极的思想斗争，敢于进行自我检讨、自我批评；最后，还要有决心改正自己的缺点和不足、扬长避短、去恶扬善、在实践中努力完善自己的职业道德品质。其二，是慎独。“慎独”是中国伦理思想史上一个古老的、特有的修养方法。《礼记·中庸》说：“君子戒慎乎其所不睹，恐惧乎其所不闻，莫见乎隐，莫显乎微，故君子慎其独也。”意思是说，人的言行不能离开一定的道德原则，君子在别人看不见、听不见的时候，即独处的时候，总是非常谨慎的为人处事，因为隐蔽之处、微小之事最能看出人的品质、显示人的灵魂。所以，君子越是独自一人，没有监督时，越要小心谨慎，不做违反道德的事。慎独，强调了信念的作用，体现了严格要求自身的自律精神。当一个人独处时，他做了好事、坏事都没有人知道，行为的善恶和行为的选择，全凭良心评判和个人意志。这是对人的道德水平的真正考验，但是，经历这种考验，对于提高人的道德自律精神是大有益处的。“慎独”不仅是一种道德修养的方法，也是一种更高的精神境界。警察工作的职业特性决定了警察的很多职业活动是在个体独处时完成的，这就对警察提出了挑战。无论在警察职业活动内外，都能够在独处时，做出与有人在场监督一样的道德选择，这是警察职业道德修养、职业伦理精神内化达到一定程度才能有的境界。一个警察能不能经常接受这种考验并战胜内心冲突，是标明其警察职业伦理精神内化程度的一个标尺。对于警察来讲，慎独就是要做到独处时，仍然能够坚守自己的道德信念，严格按照警察职业道德规范办事，自觉抵制各种诱惑，“莫以善小而不为，莫以恶小而为之”，时时处处防微杜渐，自觉培养自我管理、自我控制、自我监督、自我约束的能力和习惯。当然，慎独不能脱离客观实践，必须与警察职业实践紧密结合，在职业活动中联系自己的言行，努力进行自我教育和改造，在改造客观世界的过程中改造主观精神世界。应当指出，无论是培训教育、警察文化，还是实践体悟、自律自省，一个共同的目标都是建构警察职业伦理精神，使之成为公安事业发展的引擎。而与此同时，这四种途径并不是相互割裂的，而是有机联系在一起的，是警察职业伦理精神培育养成机制中互为补充、相互协调的组成部分，各自在职业伦理精神的建构中发挥不可替代的作用。

第三章

人民警察职业伦理行为

人民警察伦理行为体现着其道德品质，人民警察道德品质是其伦理行为发展和积累的结果。人民警察伦理行为和道德品质相互联系，相互作用，共同构成人民警察职业伦理教育和道德修养的客观基础。因此，研究人民警察职业伦理行为的内容，对培养人民警察道德品质，进行人民警察职业伦理教育，提高人民警察道德水平，促进人民警察职业伦理建设，有着很重要的意义。

第一节　人民警察职业伦理行为界说

一、人民警察职业伦理行为概念及特征

（一）人民警察职业伦理行为概念

伦理行为，亦即道德行为，无疑是道德所规范的行为，是能够以道德来进行评价的行为，是具有道德价值的行为。约翰·哈特兰－斯温（John Hartland－Swann）一再说：“一类行为被一个社会称之为道德的，是因为履行这些行为被认为具有社会重要性，而忽视和违背这类行为将

给社会带来灾祸。同样的行为在另一个社会，既不被叫做道德的也不被叫做不道德的，是因为这些行为履行与否，都不被认为具有社会重要性。”① 行为的根本特征，众所周知，是受人的主观意识支配，行为是主体人受意识支配的实际反应活动。由此不难理解，伦理行为或道德行为的根本特征是受具有道德价值的意识之支配，伦理行为或道德行为是受具有道德价值、可以进行道德评价的意识支配人的行为。那么人民警察的职业伦理行为，就是人民警察在道德意识的支配下，在职业活动中表现出的有利于人民利益和公安事业的行为。

（二）人民警察职业伦理行为特征

首先，人民警察职业伦理行为凸显高度自觉性。由于人民警察的道德行为是在特定道德意识支配下的行为，因而其高度自觉性的特征是很鲜明的。这种高度自觉性，根植于对人民警察职业特点的正确认识，根源于对人民警察职业伦理根本性质的科学理解。同时，也是由人民警察较高的政治觉悟决定的，人民警察的职业特点决定了人民警察道德行为影响的广泛性和深远性。人民警察是国家机器的重要组成部分，是具有武装性质的治安行政力量，代表国家从事行政执法活动。因此，人们往往把他们的道德行为与官方道德水平密切联系在一起。这就必然造成人民警察有一种强烈的自我意识，这种自我意识，会成为一种巨大的自我约束机制，使人民警察能严格地要求自己，其道德行为当然要表现出高度的自觉性特征。

其次，人民警察职业伦理行为具备自愿选择性。基于道德主体对自己行为过程和行为结果的自觉认识，形成了人民警察的道德愿望、道德意志和道德动机。人民警察的道德行为，就是在其道德愿望、道德意志

---

① Tom L. Beauchamp, Philosophical Ethics [M]. NewYork: McGraw - Hill Book Company, 1982. 9.

和道德动机的支配下进行的。当然，由于对自己行为过程和行为结果的认识不同，及其价值取向不同，每个警察所选择的道德行为是有区别的，但不管哪一种道德行为，都是人民警察自愿选择的结果。我们之所以强调人民警察必须对自己的言行负责，社会舆论之所以要谴责那些有悖德行为的人民警察，就因为他们在选择道德行为时，是自由自愿的。如果人民警察在其行为选择中没有自由意志可言，那就不能要求他们对自己的言行负道德上的责任，也就没有理由谴责他们的悖德行为，因为在不可抗拒的外力作用下而产生的行为不具有道德上的意义。当然，人民警察在道德行为选择上的自由不是绝对的，而必然要受社会各种因素和条件的限制。马克思主义认为，自由是对必然的认识和对客观世界的改造，超越必然规律的自由根本就不存在。人民警察选择道德行为必须以对自己行为后果的充分认识和估计为基础，其本身就是一种合目的、合规律的自由选择。如果明明知道某一行为后果将有负于公安事业，还硬要加以选择，这本身就是一种不道德的行为。所以，人民警察选择道德行为决不能超越客观规律，违背客观条件，否则，必然受到惩罚。从人民警察职业本身的特点看，它要受到严格纪律的限制。人民警察是人民民主专政的工具，其职业活动又有很强的战斗性，为了保证顺利完成各项职能任务，公安机关制定了严格的政治纪律、组织纪律、工作纪律和群众纪律等。其中，政治纪律强调一致性，组织纪律强调服从性，工作纪律强调唯实性，群众纪律强调廉洁性。人民警察选择道德行为，必须限定在这些法律允许的范围之内，超越这些纪律进行道德行为选择是不允许的。这说明，人民警察道德行为的自愿选择性，绝不是建立在纯粹自由意志基础上的。

最后，人民警察职业伦理行为有可评价性。对人民警察道德行为的评价，是依据人民警察道德原则和规范，对其行为进行的善恶判断。如果一个人民警察在实际工作中，能自觉地遵守这些原则和规范，积极努力、任劳任怨地为此奋斗，他的行为就是善的和高尚的道德行为，因而会受到人们的尊重，他们自己也能从中体会到其行为的道德价值。相反，如果一个人民警察视自己的职业工作为儿戏，大搞以权谋私、不负责任、斤斤计较个人得失，他的行为就是恶的，就是不道德的行为，因而会受到人们的谴责。可见，人民警察的道德行为是能够依据其道德原则和规范进行善恶判断的，具有可评价性。人民警察道德行为选择是道德活动的一种形式，它是指人民警察在职业活动中，遇到自身利益与他人利益或社会利益发生矛盾而面临几种行为方案时，按照自己秉持的道德信念所做出的行为决定。人民警察道德行为选择是一个复杂的心理活动过程，它包括人民警察道德动机的确定，道德目的的端正，以及行为手段的采取等内容。人民警察道德行为的动机，是指人民警察在趋向一定道德目的时所具有的主观愿望或意向。当一名人民警察面临几种可供选择的行为方案时，行为动机的确立往往是道德行为选择的关键，它是道德行为的开端，是激励人民警察实现道德目的的内在动因。人民警察道德行为动机的确立首先是一种思想斗争过程。一个警察在职业活动中，当面临具体的行为选择时，头脑中会出现多种动机，有道德的动机和不道德的动机，主导动机和辅助动机等。就是说，促使行为发生的动机并非是单一的，而是多元的。这些动机之间会展开斗争，其中一个动机终究会占据主导地位，成为支配主体行为的动机。人民警察道德行为动机的斗争，就其内容说，不外有两种情况：一种是利己动机与有利于他人、有利于公安事业动机之间的矛盾和斗争，这是两种道德体系的根本对立的道德观念的斗争。人民警察道德要求每个警察都要使有利于他人、有利于公安事业的动机占主导地位，努力克服利己动机。另一种是有利于他人的动机与有利于公安事业的动机之间的矛盾和斗争，在遇到这种矛盾时，人民警察道德要求每个警察要使有利于公安事业的动机成为主导动机，因为尽管有利于他人的动机也是道德的，但相比之下，有利于公安事业的动机具有更大的道德价值。人民警察在进行行为选择时，不同动机之间的斗争过程，就是人民警察的思想斗争过程。在警察道德领域开展思想斗争，努力克服不道德的动机，使道德的动机成为占主导地位的动机，从而支配他们选择道德的行为，是人民警察道德所要求的。人民警察的行为目的与行为动机不同，行为目的是指人民警察计划要达到的行为结果。对一名人民警察的某一行为来讲，目的只有一个，而动机则可以是多元的。比如，一名刑警队长积极参加案件侦破，努力提高办案的速度和质量，严格要求部属，并积极帮助他们提高业务水平，其目的都是为了搞好公安事业。但其动机可能出于对人民的热爱，尽快为受害人申冤，对同志关心爱护，但也可能是为了立功受奖，还可能两者都兼而有之。道德目的的性质是由其主导动机决定的，因此，在存在多种动机的情况下，要判断行为目的是否道德，就要看其主导动机如何。上面所举几种动机，若搞好公安事业的目的是在第一动机指导下确立的，就是道德的。行为手段是人民警察为实现行为目的而采取的方式和方法。人民警察道德动机的确立对其道德行为是至关重要的，但采取适当的、有效的、具有道德性质的行为手段同样是不可忽视的。目的与手段的关系是辩证统一的，目的对行为过程起支配作用，手段为目的服务，并受目的制约。一般讲，要实现合乎道德的行为目的，必须采取相应的合乎道德的行为手段。如果只有合乎道德的行为目的，而采取了不道德的行为手段，则行为目的必然难以实现。这说明，手段对目的也有反作用。在目的与手段的关系问题上，必须坚决反对为了达到目的而不择手段的目的决定论。这种观点认为，只要目的是崇高的，合乎道德的，那么，采取任何手段都是无可指责的。在职业活动中，有的干警为了达到破案的目的，大搞刑讯逼供，有的干警为了搞好治安管理，乱扣乱罚，造成了极坏的影响，都是受了这种错误观点的影响。在持这种观点的干警看来，只要以公为目的不是为了个人利益，采取任何不道德的手段都无关紧要，这是完全错误的。实际上，即使行为目的是道德的，只要采取的行为手段不道德，那么该行为就不可能是道德的。人民警察道德认为，我们在进行道德行为选择时，应该将目的和手段统一起来，既要有正确的道德目的，又要善于采取符合道德的行为手段。对一名刑警来说，既要有为搞好公安事业而侦破案件的出发点和良好愿望，又要采取重证据、重调查研究、严禁逼供符合道德要求的手段。要使手段正确地体现目的，更好地为目的服务，这样造成的行为结果才可能是道德的。我们判断一名警察的行为是否道德，必须既分析其目的，又考查其手段，把两者有机地结合起来。就是说，道德行为选择和道德行为评价也是辩证统一的。警察在进行道德行为选择时，不可避免地会发生诸多矛盾。这些矛盾的产生，既有客观方面的原因，也有主观方面的原因。实践证明，要解决好这些矛盾，必须正确处理以下几个方面的关系：第一，社会、集体、个人之间的关系。每个警察都生活在一定的集体当中，生活在广泛的社会联系之中，因而不可避免地会发生如何处理个人同集体，个人同社会的关系问题。集体主义的道德原则告诉我们，正确处理这种关系的办法是，从人民群众的根本利益出发，坚持集体利益、人民利益和社会利益高于个人利益，个人利益要无条件地服从集体利益、人民利益和社会利益，在保证集体利益、人民利益和社会利益的前提下，要把集体利益、人民利益、社会利益同个人利益结合起来。正因如此，有些行为尽管从形式上看是有道德价值的，但若以小损大，就会成为不道德的行为。人民警察履行职责，完成职业任务的一切活动，都必须依照国家的法律规定，严格地在法律允许的范围内进行。随着我国民主化、法制化建设不断完善，对人民警察职业活动的法律要求越来越高。如果无视这一客观现实，在履行职责的过程中，为了一己私利而于法律相违背，在实际上就损害了集体利益、人民利益和社会利益，因而会成为不道德的行为。所以，人民警察只有正确地处理个人同集体，个人同社会之间的关系，才能使自己的行为选择具有道德价值。第二，要处理好眼前利益与长远利益之间的关系。在人民警察的道德生活中，会经常碰到眼前利益同长远利益之间的矛盾关系。处理这种关系的原则，应该是眼前利益服从长远利益，在保证长远利益的前提下，把眼前利益和长远利益结合起来。有些行为，如果单从眼前利益看，似乎是符合道德要求，具有道德价值的行为，但从长远利益看，将会产生很大的危害。比如，有的干警为了朋友的事而放下手中的工作，四处找关系、挖门子，如果单从助人的角度看，是有道德价值的，但从长远利益看，既影响了本职工作，又损害了人民警察的形象，因而就成为没有道德价值的行为。所以，人民警察决不能以眼前利益为标准去选择自己的行为，而必须对眼前利益和长远利益进行辩证的分析，正确处理两者的关系，这样才能使自己的行为选择符合道德要求。第三，要把握住利益价值和道德价值之间的关系。利益价值与道德价值之间的关系，更是人民警察在行为选择中必须处理好的一种关系，否则，会对其道德生活产生不良影响。一般说，人民警察行为的利益价值与其道德价值是一致的，但是在不少情况下也会发生矛盾。比如，一名干警发扬勇于献身的精神，抢救一个落水老人，老人得救了，自己却牺牲了，如果单从利益价值上看问题，会得出得不偿失，不宜提倡的结论。而从道德价值上看，这种舍己救人的高尚行为，不仅以模范行为树立了人民警察的高大形象，而且对整个社会道德水平和道德境界的提高都会产生巨大的影响，这对人民警察队伍建设和社会主义精神文明建设所起的作用，是无法用物质价值来衡量的。所以，当利益价值与道德价值两者之间发生矛盾时，人民警察应当毫不犹豫地选择那些具有道德价值的行为，这是我们处理利益价值和道德价值之间关系的一条原则。对人民警察来说，只有正确地处理好这种关系，提高对高尚行为道德价值的认识，才能做出正确的行为选择。

二、人民警察职业伦理行为形成

道德行为的产生是道德反应、道德判断、道德激励和道德实践四个要素、四个阶段整合完成的，道德心理反应模式是整合过程中的机制，道德理性是整合过程中的框架和灵魂。

（一）道德反应。道德反应就是人对客观世界做出的道德回应和道德解释。道德反应与一般的反应不一样的地方在于道德反应是“同情式的反应”。这种同情式的反应在康德看来是人的道德责任和义务的反映，在边沁、密尔看来是人类总体幸福和快乐的反映，在罗尔斯看来是人类的公平正义的反映，在马克思看来是人的本质和阶级本性的反映。“同情式的反应”从伦理学的角度看有两个特点：其一是人的痛苦大于快乐的反映；其二是人的伦理本性的反映。当人需要做出道德反应时，通常是与对社会的道德规则的遵守和不遵守的感觉结合在一起的，遵守社会的道德规则往往意味着个人的自我利益的损失和牺牲，不遵守社会的道德规则虽然不存在个人的自我利益的损失和牺牲，但是此种反映已经偏离了社会道德的规范，会引起人的内疚、后悔、歉意等痛苦的情感。

（二）道德判断。道德判断的作用就是把前一阶段出现的冲动引导为道德冲动，沃尔诺克曾指出道德判断的本质在于确立道德的尺度和标准。[1] 道德判断的尺度和标准有两个：其一，社会的道德规则；其二，人的认知水平。社会道德规则是人判断是非、善恶、美丑的原则，康德把这个原则概括为人的义务与人的权利的结合，表现为理性颁布的绝对命令。罗斯把这个原则概括为表面义务与实际义务的结合，表现为道德

① ［美］彼彻姆. 哲学的伦理学——道德哲学导论［M］. 雷克勤，郭夏娟，李兰芬，沈钰，译. 北京：中国社会科学出版社，1995：35 - 36.

直觉。边沁·密尔把这个原则概括为“最大多数人的最大幸福”，表现为趋乐避苦。罗尔斯把这个原则概括为自由平等，表现为无知之幕背后的平等选择。马克思把这个原则概括为实践，表现为以“真实的共同体”代替“虚幻的共同体、冒充的共同体”。

（三）道德激励。道德评价只是告诉我们什么样的冲动是道德冲动，还没有告诉我们怎样去把道德判断里包含的道德理性付诸实施。道德激励扮演了把道德理性转化为道德行为的角色。道德激励包括道德需求的出现和个体满足道德需求的策略两个方面。这两个方面都与人对道德需求的选择和对道德结果的认识有关联。人面对环境和刺激可以进行多种多样的选择，人的选择也面临着多种多样的后果。在道德激励下做出的选择，往往意味着人把道德的价值看得高于其他方面的价值，也意味着人把道德的观念看得高于其他观念。道德价值和道德观念所以高出其他价值和观念，主要有以下有代表性的观点。其一，人性说，人性的利他倾向是压倒其他倾向的主导倾向；其二，性格说。人的性格中的害羞、担心和羞耻感强迫人按照道德规则生活；其三，行为说。人通过接受社会教育和训练，特别是对道德模式的学习，进一步认识到道德行为包含的道德价值和道德观念的作用；其四，激励说。在公正和谐的社会里，人的道德选择被社会所奖励，不道德选择被社会所谴责和处罚；其五，身份说。在一个自由和民主的社会里，人的自我意识和自我观念受到保护，人有做人的尊严，人敢于坚持道德的理念，敢于实践道德的价值，敢于维护道德的权威；其六，理解说。在一个成熟的公民社会里，法制健全，人人都把道德责任视作自己的义务。人们在实现道德的价值的过程中所做的牺牲为全社会所理解和认可。

（四）道德实践。道德实践就是把经过道德判断所选择的道德行为转化为道德实践，道德实践的效果的“标杆”作用和“蝴蝶”效应是从对社会的影响方面产生的。道德行为的实施者虽然可以获得内心的快乐和满足，但是其个人所付出的很可能是自我的奉献和自我利益的损失。因为社会和他人得到的帮助和受益，很大程度上是道德行为实施者的奉献和牺牲所致。不论道德实践的结果是什么，道德行为实施者的精神境界都令人刮目而视。原因是在这个阶段，人不会满足于以道德的纯粹理性的方式观察、认识和解释世界，而是要以道德的实践理性的方式认识、把握和改造世界，人此时站在理性至上的起点上，成功地构建了一个完整的心理反应模式。道德行为的产生就是道德反应、道德评价、道德激励、道德实践互相衔接、互相促进、不断发展的结果，是一个心理反应模式连续的成功的构建和道德理性的支配地位的最终确立。贯穿于这个过程的是对存在于自我里的自私、功利、野蛮、粗俗等不文明、不道德因素的消解，是各种“私我”向社会道德规则确立的“公我”的回归。

第二节　人民警察职业行为中的伦理困境

随着当今伦理学的发展，对于伦理困境问题的学术研究不断走向成熟。然而，将伦理学学术成果与警察职业伦理建设相联系的研究却少之又少，而将其运用于警察职业伦理实践更是极为稀缺。

一、人民警察职业行为中的伦理困境具体表现

人民警察职业行为中伦理困境问题主要表现在警察实施警务行为中人民警察道德价值体系内不同价值量之间的冲突，具体表现为执法效果的大善与小善、警察职责的高层次义务与低层次义务之间的冲突。在警务活动中如何解决警察职业行为中的伦理困境，对加强公安机关执法效果、促进人民警察职业伦理建设具有重要意义。

（一）执法制度化与人性化的抉择

人民警察依照法律、法定程序开展一切警务活动，力求在公安工作的每个环节上体现公平正义。但是，在实际执法过程中，一些特殊情况和突发状况不可避免，机械执行法律规范来解决问题似乎过于冷酷和死板，而作为有思想的执法者，往往会对此产生特殊的个人情感并渗透于执法中，这又使执法活动缺失应有的公平性。如公安机关查获违法嫌疑人，依法应予行政拘留，但发现嫌疑人独自照顾年老卧床的母亲和年幼的女儿，如执行行政拘留，老人及幼儿可能疏于照顾发生意外，是否予以行政拘留处罚面临两难抉择。绝对的制度化与绝对的人性化皆不可行，在执法中如何实现执法效果与道德效果两者统一，的确是一个伦理困境问题。

（二）警察公权力与私权利的抉择

“立警为公、执法为民”是人民警察的职业道德要求，人民赋予公安机关依法行使警察权的权力。《人民警察法》规定，遇到公民人身财产安全处于危难情形时，人民警察负有立即救助的法定义务，如果不能见危相救，不仅要受到道义谴责，而且还要受到相应的法律制裁。但是，实际警务活动开展过程中，警察自身合法权益无法得到有力保障，流血流泪、英勇牺牲的同时还要应对各类诬陷投诉、新闻炒作、暴力袭警等事件。警察执法应该打不还手、骂不还口吗？诸如此类的道德两难问题正在不断拷问着民警的执法处事能力，公权力和私权利交织一起产生伦理困境。

（三）警察法定职责与社会角色泛化的抉择

随着公安工作由传统的管理型向服务型转变，警察社会公共服务职能的重要性日益增强，但当下警察社会服务职责却不断泛化，警务活动被无限延伸至社会生活的方方面面，牵制了大量警力，增加了公安工作压力，弱化了公安机关打击惩治犯罪、维护社会稳定的基本职能。如何解决警察被当作“万能膏药”的职能泛化，应是当下解决警察伦理困境问题的重点之一。

二、人民警察职业伦理困境产生的原因

职业伦理困境的实质在于职业实践活动过程中由于道德两难问题选择而产生的困境。道德两难选择受客观社会历史条件、多元化社会价值等多方面因素影响，其原因主要有外部社会环境的复杂性、内部组织管理的缺陷方面。

（一）外部社会环境的复杂性

1. 法律与道德的矛盾。法律与道德是辩证统一的关系。社会最理想的状态是法律与道德和谐推动社会长治久安，但在实际生活中，两者间的冲突不可避免。法律与道德发展的不同步性和社会价值体系的多元化发展，使法律与道德产生不可避免的冲突。两者的冲突，在公安工作中的具体体现即为一种警察职业伦理两难问题。如何实现执法效果与道德效果、执法手段与道德手段的平衡统一，在实现公平公正的制度化执法规范的前提下，尽可能彰显人性化的道德追求，也正是当下公安工作亟须解决的道德困惑。

2. 社会舆论干预执法。自媒体时代，以网络为代表的新媒体迅猛发展，大众传媒以其通过考评社会道德现象，向人们传递着真、善、美的道德价值标准，同时，人民警察作为公权力的执行者，成为公众关注的焦点，人民群众的知情权、言论自由权、监督权等权利意识、监督意识不断提升，警察执法活动受到舆论及媒体监督是大势所趋。正面、客观的社会舆论引导促进警察执法公平正义，但是传媒与舆论有时会随着利益驱使或信息不对称，采取不适当的放大效应，进行不客观、不公正

的道德评判，甚至会被别有用心之人歪曲利用。如一些新闻媒体缺失职业道德，出于商业利益需要而捕风捉影、断章取义，新闻炒作，传播不实信息，部分受众判断能力较弱，人云亦云、跟风起哄，一些个人及群体借机宣泄仇警的社会负面情绪，影响公众舆论对人民警察及其警务活动的社会道德评价。社会舆论的一些不理性因素，加重了警察执法中的两难选择，使得一些民警的职业道德信念产生波动，在执法中诸多忌惮、百般无奈，甚至以“牛皮糖”的弹性执法迎合所谓的“民意”，陷入执法管理两难境地。

（二）内部组织管理的缺陷

1. 警察合法权益缺失制度保障。人民警察是社会秩序的维护者，公安工作的能效与人民生活、法治建设、国家稳定息息相关。警察具有崇高的社会价值，只有完善民警执法权益，防止不法侵害事件，才能最终保障国家长治久安。但当下法律法规对警察执法权益的保护极为欠缺，主要体现在三方面：第一，我国现行法律就警察在执法过程中受到不法侵害而专门制定的处罚条款还不完善；第二，对于民警使用警械和武器进行正当防卫的相关规定过于笼统、模糊，造成民警产生“有枪不愿带、带枪不敢用、用枪自己栽”的矛盾心理；第三，警察维权建设不够完善，维权部门形同虚设，没有发挥实际作用。法律制度的缺失阻碍民警大胆执法、大胆做事，严重挫伤了民警的工作积极性，为其带来巨大的心理压力，考验了民警认识矛盾、分析矛盾、平衡矛盾、解决矛盾的能力。

2. 警察职能泛化。当前我国警察职能泛化，非警务性活动消耗了基层公安机关的大量警力。非警务活动小则如处理群众生活中琐碎小事、民事纠纷，大则如配合城管、工商、文化、卫生等种政府部门进行征地拆迁、税款征收、市容整顿等执法活动，警察权力正向“无所不管”的趋势发展。“有事找警察、警察全包干”的普遍思想，形成了警察不做就不作为的社会共识，严重影响了警察的正当权益，激化了警民矛盾，弱化了警察打击犯罪、维护社会治安的职能。社会各界对警察的高期望值和实际有限的警察资源，使公安机关行政管理工作陷入“越位”与“缺位”的矛盾。

三、人民警察职业伦理困境中的行为选择

现实中，人民警察经常处于价值选择的困境之中，有时这种选择不是简单的善恶之间的选择，而是在多种善之间、多重义务或责任之间的抉择。在警务执法领域中伦理困境往往与职业行为选择伴随在一起，也就是说，一旦人民警察的职业活动陷入伦理困境，必然涉及职业行为的选择。那么，在现代社会中，人民警察如何在职业伦理困境中做出最佳的行为选择，从而正确履行其责任，成为实践中一个相当困难的问题。

（一）伦理自主性——职业行为选择的前提

伦理困境或冲突是人民警察在处理与组织关系中常常会碰到的，人民警察该如何消解这些困境和冲突呢？一方面表现为，人民警察服从于其所在组织，另一方面表现为，人民警察会反抗组织决定。这一分类方法就体现成员和组织关系的实质来说，显得有些简单。如果组织的价值取向是符合伦理道德规范的，并且组织的指令和目标也是合理的，那么，就应该服从组织，然而，如果组织的目标是错误的，其价值取向也是不道德的，我们就应当鼓励个体去对抗组织，这也就是我们接下来要探讨的人民警察的伦理自主性。警察的伦理自主性可以定义为，作为管理主体的人民警察，在职业实践的过程里是具有独立意识的个体，当其面临各种伦理困境时，能够独立的依据伦理价值取向来做出判断和行为选择，同时承担选择所带来的客观责任。伦理自主是指当人民警察陷入

伦理困境时的一种自觉、自主的选择，是一种具有责任感的行政行为，这就要求人民警察个人内心的道德责任感与敢于做出行为选择的道德勇气，最终的价值取向只可以是对人民利益负责。从这一角度出发，个体的伦理自主性是一种个人道德观，可以看作是一个人的道德底线与行为的最高指向的统一。如果我们将个人伦理自主性的发生过程推进到更广阔的背景下来看，会发现不只有不道德的组织，还存在不道德的上级，人民警察和上级的冲突会多于他们和组织的冲突。这就意味着，当人民警察发现组织的目标偏离甚至严重偏离法律法规的要求，有公共利益会被私人利益所取代的事实发生时，那么，做出反对组织的不合理、甚至不合法的行为被视作是一种负责的行为选择。那么，要想在职业实践中消解伦理困境，不仅要求利用好外部控制资源法律、组织制度和规章，更需要人民警察自身去积极利用伦理自主性内部控制来抵制组织或上级的不负责任的行为。

（二）利益——职业行为选择的关键

职业伦理困境是职业行为选择中会遇到的特殊情形之一。也就是说，人民警察必须在相互冲突的伦理要求之间做出选择，选定其中一个职业伦理要求，并按照这一伦理要求进一步消解面临的矛盾，从而完成职业价值目标。很明显，要在职业伦理困境中做出伦理选择是困难的，这就要求人民警察要清楚了解职业伦理准则的价值内涵，还要具备面临各种可能出现的职业伦理困境时的选择能力。人民警察要走出职业伦理困境，首先要能够正确的认识和评判职业伦理困境中的功利价值问题，其次要能够对职业伦理价值建立起等级次序，同时要认可公共利益永远高于个人利益，还要能认识到采用职业伦理价值次序做出判断时务必处理好相对性与绝对性的关系。人类社会产生的第一种价值形式就是我们这里所提到的功利价值。正如马克思指出的那样，使用价值的大小往往取决于物的效用。从这一角度来分析，人民警察在做出每一个具体的职业行为时都应该选择某一功利价值作为自身的行为选择依据。这就是职业行为选择中的功利价值的普遍性和特殊性的辩证关系。其中，特定的功利价值问题是起决定作用的，它是做出职业选择的依据，更是在职业伦理困境中做出职业行为的实质。正确认识职业行为选择中目的与手段的关系行为的做出是与其目的相联系的，职业行为主体的责任确定了其行为所要实现的目的。在面临职业伦理困境时做出行为选择，往往会使人民警察认为解决伦理冲突就是做出职业行为选择，就是选择一个方案而放弃另外一个方案。尽管在人民警察做出职业行为选择时都应该有所侧重，但是并不是说所有的职业行为选择都是在冲突或者矛盾下做出的，并不是一定要牺牲某种伦理价值。最后，在讨论这个问题时，职业行为选择的目的和手段之间的关系需要进一步分析。就职业行为选择的目的和手段的关系，理论界存在两种相悖的看法，“目的论”伦理学的学者认为，目的可以使手段正当化。也就是说，目的本身的性质与手段的性质没有本质联系，无所谓“卑鄙的”或者“伦理的”手段。要达到职业目的可以忽略职业手段的性质，职业目的本身就已经说明可以采用任何一种手段，好的目的可以证明一切手段。这一理论只关注了手段的外在效果，而忽略了手段的内在伦理。“义务论”伦理学的学者认为，只要行为或者手段是符合伦理、正当的，那么就无需考虑这些手段或者行为是出于什么目的或者后果会怎样。“义务论”伦理学是反对暴力和强权的，将这些都归为恶的、不道德的手段，同时提出“勿用暴力抗恶”。马克思主义伦理学认为，目的与手段是不可分割的并且会相互制约。职业活动的目标，在整个职业实践过程中有着指导意义，在这个层面上来看，目的决定手段，手段又受目的制约。目的和手段作为伦理选择中的两个相对独立的方面，其各有善或者恶的特性。一般情况下，要达到合乎伦理道德规范要求的目的，就应该采用合乎伦理道德规范的手段。另一方面，手段也可以对目的产生制约性，如果一旦采用不合乎伦理道德规范的手段，那么其要达到的目的也很难是正当的，所以，应抵制选择手段的无原则性。另外，不道德的手段可以揭示出，看似道德的目的只是表面现象，往往在这些表面现象下隐藏着真实的不道德的目的。例如在现实中，有少数人民警察为了追求个人私利，将“道德的目的”为掩护，来掩盖其在不道德手段中所包含的真实目的。在职业里，手段和目的的关系体现在，职业目的的伦理性可以由职业手段的价值来决定然而职业目的并不能用来证明职业手段的正当性。有观点认为职业目的可以证明职业手段，是将职业目的与手段客观上不具备的一定特性分别加之于二者之上。从职业行为的角度来看，这是用职业目的崇高来掩盖职业行为中不合乎伦理规范的方面。职业实践活动已经反复证明，选择的职业手段如果和最终的职业目的不相符，那么就很难达到事前料想的结果，甚至还会出现严重偏离职业目的本身的价值事实。另一方面，职业手段的伦理价值要取决于职业目的的伦理性质，还与职业手段价值的自身特征有关，例如要以职业手段的客观性等因素为前提条件。在职业伦理学领域，职业手段与职业目的是可以相互转化的关系，也就是说，换一种情景的话，一个职业目的也可以起到职业手段的作用，反之，职业手段在新的情况下，也可能成为职业目的。将某一职业手段只与最近的职业目的来对比，进而确定该手段的必要性是有欠缺的，因为，当这一最近的职业目的达到，它有可能转化为实现下一职业目的的一个职业手段。这就需要人民警察在选择职业手段和确定职业目的时，要使目的和手段之间保持一贯性。如果要通过某一职业行为来实现的职业目的是要以牺牲下一个阶段的职业目的伦理价值为条件，那么，我们就可以认为实现这一职业目标的手段是不合乎伦理道德规范的，必须予以否定。在职业伦理困境中，要做出行为选择应当注意职业手段必须是真正为实现某一职业目的，且手段的有效性不能有悖于职业目的的伦理性。

（三）职业伦理妥协——职业行为选择的正确途径

在职业伦理妥协方面的研究，国内学者王伟的论述具有代表性，他将职业伦理妥协界定为所谓利益冲突中的公共职业选择的伦理妥协，是指国家公务员在利益冲突的境遇下进行公共职业伦理选择时，不得不放弃或牺牲某些公共职业伦理价值或社会利益准则，以维护更高的公共职业伦理价值或社会利益价值。他认为在一定的限度之内，伦理妥协是有其存在意义的。面临职业伦理困境时做出妥协性的伦理选择，应该是选择“迫不得已的手段”，也就是说，如果不选择该手段就无法解决伦理冲突。江作军认为，职业伦理妥协是职业主体处于善善同类性质的两难困境时进行道德选择的一种特殊形式。作为一种特殊的职业伦理选择模式，职业伦理妥协在善善同类性质的选择之间做出才具有合理性。职业伦理困境中的职业伦理妥协，可以从不同角度做出划分。从伦理学角度来看，可以从善恶对立展开分析和研究。由于职业活动是一种关系性活动而不是割裂开的个人活动，并且是代理整个公共利益的活动，那么，其善恶就应由所实现的公共利益的程度来判定，而不应仅考虑人民警察的内在伦理动机。另外，从事物发展的长期性来看，动机终会在未来某一行为后果中显现出来。因此，可以认为，实现或者维护社会公共利益的职业行为和后果就是善，破坏或危害社会公共利益的职业行为和后果就是恶。可能的“伦理妥协”是为了在公共职业伦理冲突即不同的公共职业价值选择中，追求“最小的恶”。“在职业伦理学中，‘伦理妥协’与‘最小的恶’是相通的”“最小的恶”的存在，一方面反映了公共职业过程中利益冲突和伦理冲突的客观性并以“最小的恶”的形式特殊地反映出来，另一方面也表明了在职业伦理冲突中伦理妥协在原则上是被允许的。需要引起注意的是，职业伦理妥协是职业行为选择中最为复杂与微妙的行为。在具体的职业行为过程中，必须理性确定和遵守职业伦理妥协的限度，只有在必须选择“迫不得已的手段”和可能实现“最小的恶”的情况下，伦理妥协才会在实现职业目的的过程中，最终表现出是有道德的。

第三节 人民警察职业行为伦理困境的消解

一、强化职业伦理价值基础的培养

(一) 明晰人民警察的价值优先性排序

伦理困境并非始于职业领域，在人类的伦理价值体系建立起来的初期，就出现了伦理困境的问题。随着伦理困境的出现，人类也一直在为消解这一困境而思考努力。就人类在面临伦理困境时，如何做出有效、合理的行为选择，很多伦理学家都对这一问题展开研究并提出相应观点。康德就提出人类的生活应该依照特定的道德法规来展开。也就是说，康德认为道德法则不仅可以看作是人与动物的根本区别，更是人类的价值所在。康德从人的理性出发展开大量论证，提出了很多道德法则，这些法则既有客观必然性，也有普遍有效性。存在主义的代表人物、法国现代著名思想家萨特在他的著作《存在主义是一种人道主义》中，举例说明伦理困境中的行为选择问题。萨特指出，每个人都可以自由的选择生活方式和存在方式。人们在做出行为时，只需要根据自己的意志来做出行为选择即可，至于当面临伦理冲突时，如何做出选择的问题，是没有标准答案可言的，也无须去寻求答案。境遇伦理学的著名学者弗莱切尔认为，一切事物的正当与否，均由境况来决定。在一定境况之中，应当去遵守符合仁爱要求的道德规则如果这些道德规则不符合仁爱的要求，就应该将其摒弃。西方伦理学家的各种思想和观点都是在特定历史条件与社会背景之下产生的，也就是说在当时的历史条件下有其合理性，但也不可避免有其特定时期影响的局限性，因而要有选择的去借鉴。具体到职业伦理领域来看，要使人民警察能够在面临伦理困境时做出恰当的行为选择，首先应当加强其各种行为选择的伦理价值分析，并建立起职业伦理价值的等级次序。通过分析职业伦理困境的产生原因，我们不难发现其实质是面对多种以竞争性价值为基础的行为难以选择取舍，那么，我们可以认为要想消解这一职业伦理困境，首要把握好的问题就是确定哪种价值优先，同时建立起合理的价值排序。人民警察的核心价值就是要使人民利益最大化，所有其他的义务和价值都应当服从于这一最基本准则。作为人民警察要使自己的职业行为符合警察这一职业角色，并应时刻审视自己的职业良知是否合乎职业伦理规范，是否能清晰的理解职业的目标并为之而努力。建立起职业伦理价值的等级次序，能够使人民警察在面临职业伦理困境时做出正确选择，例如，当他面对自己的直接上级有侵犯群众利益的职业活动时，能够选择遵从职业道德操守和职业良知，进而选择检举或者其他方式来维护群众利益。认清和消解在职业活动中面临的职业伦理困境的根本办法，就是要客观的分析职业的伦理价值目标及社会环境，明晰各种利益价值之间的关系与层次，以及人民警察应当追求的最终目标。根据具体情境，人民警察运用其自身已建立起来的伦理价值排序框架，做出符合公共利益的伦理行为选择，使这些行为能合乎伦理道德要求，并能反映公众利益和效率价值。

（二）整合公安机关组织规范和建设组织伦理

每个组织都是由很多个体组成起来的，不同的组织其内部结构也都有着特殊性的，管理一个组织犹如管理一架机器。组织内的各个“零件”都要按照特定的规则去运作，才能保证组织系统的正常运转。就职业组织而言，各种组织制度和规范不但是技术性的，也应具有伦理性。这是因为，一项制度一旦具有伦理性和人文性，就可以充分调动起来人民警察工作中的积极性和主观能动性，使其在具备良好的职业素养的同时，更能在提高职业组织效能的方面发挥其创造潜力。人民警察在职业实践活动中的重要依据之一是其所处组织的规范，因而，它会对警察的职业行为产生很大影响。职业组织的伦理规范也是职业实践的保障，对警察的行为也会产生较强的约束力。正因如此，公安机关要注重职业系统内部的职业伦理建设，强化警察的责任意识，培养其职业伦理观念，规范其职业伦理行为。通常人们都比较注重使警察个体的职业行为符合伦理道德要求的方法上，而往往忽视组织的作用。然而事实上，对于消解职业伦理困境及责任冲突，组织制度是十分重要的一环。没有完备的组织制度作为保障，警察个体的职业行为选择的主观能动性就会大打折扣。组织要有统一的思想，组织的文化建设是不可或缺的组成部分。职业组织的组织文化建设，首先要以为人民服务为宗旨，进而结合各自部门、地区的实际，调动警察的积极性和开拓性，围绕职业伦理来建设具有自身特点的组织文化。有了组织文化，可以帮助成员树立共同的工作目标与服务理念，从而可以整合组织的职业伦理规范，对警察走出职业伦理困境具有指导作用。在一个职业组织内，只有通过全体人员的共同努力才能建立起来符合组织伦理价值的职业组织文化来。在这一过程中，作为组织的领导，首先要认识到自身在组织文化中的伦理模范作用，也就是说，组织中领导的职业行为对其组织成员会产生比其言语更大的效用，具有责任感的领导会使其行为符合组织的价值目标，在遵循组织的职业伦理规范的同时也能够引导成员遵守伦理规范。现代管理理论强调以人为本，强调在组织的管理中要取得良好的效用，就必须建立起人性化的，能调动成员工作积极性且能保护其个性的管理方式，更多地去关注和满足成员精神层面的需求，包括信任、理解、尊重等方面，使组织成员之间建立起和谐发展的关系。尤其在职业组织中，好的工作氛围至关重要，不仅能调动起人民警察的工作积极性，更能使成员之间建立起协调的关系，这样才能保障职业组织效能的最大化。

（三）保持警察个体的伦理自主性

正如之前提到的，警察个体选择某种职业行为的前提是他有做出这个选择的自由，并且，这一自由是以人类的伦理道德存在为基础的。这就是说，只有当警察具备伦理自主性，才会对职业关系、职业活动、职业决策等方面做出综合的伦理道德评价，才能依此做出某种职业行为选择。反过来看，假如警察失去了伦理自主性，仅仅作为一种执行命令的“工具人”而存在，或者说，没有自由意志和独立判断的能力，只会以指令行事，那么，这样的警察就是没有职业行为选择自由的，即便他做出选择，也只是选择了服从指令。警察应该能够运用自身的职业伦理价值观，对各种职业关系与职业行为的伦理正当性及价值合理性做出自身的判断和评价。进而，人民警察有权依据正当的伦理准则来选择某种职业行为。人民警察的伦理自主性，能使他在面对职业管理中出现的伦理困境时，具备行为选择的能力和自由，但也使人民警察同时负有相应的伦理责任。因而，我们说在职业管理中，警察要有独立的伦理自主性，以公共利益的实现为最终目标。

（四）加强警察职业伦理教育，健全其职业人格

加强对人民警察职业责任伦理的教育，培养人民警察的职业伦理意识，并清晰界定人民警察的角色，是消解职业伦理困境的必要因素。这要求人民警察以职业伦理主体的姿态出现，坚持职业伦理的价值取向，并投身于职业行为的全过程之中，合理、恰当地处理职业伦理关系。其

中最主要的是，人民警察在面临职业伦理困境时，能够清晰的认识到职业伦理困境的功利价值，也就是要建立起职业伦理价值的等级次序，将公共利益置于个人利益之上，将维护是实现人民群众的最大利益作为自己职业行为选择的出发点和归宿。在做出行为选择时，还要认清职业活动中目的与手段的关系，也就是说，职业手段的有效性原则不能和公共职业目的的伦理性原则相悖，必须是为真正实现这个职业目的而选择该手段。

二、加强职业伦理制度的建设

加强职业伦理制度建设是进一步推进人民警察职业伦理价值观塑造的重要外部途径，这是因为，加强职业伦理制度建设，有助于树立合理的职业伦理原则和职业行为规范。具体来看，加强职业伦理制度建设，需要从以下几个方面入手：

（一）建立警察执法权益保障的职业伦理制度和机制

健全、完善相关法律法规，加强警察合法权益保障。对于警察在依法执行警务活动过程中人身权利受到侵害的现象，制定专门性的处罚条款，对殴打、诬陷、恶意投诉、辱骂民警等不同程度妨碍警察公正执法的行为，制定不同的处罚标准，使警察维权真正有法可依。

对于民警合理使用警械和武器协助执法或进行正当防卫的行为，予以明确的法律支持和规范，提高民警的正当防卫意识。同时，要完善公安民警维权制度，对侵权案件及时查处、严格追究。公安机关要针对暴力抗法、伤害民警的违法行为予以严厉查处，做到敢为民警说话，关心民警心理健康，努力调动民警工作积极性。落实警察执法权益制度保障，有利于提高民警执法的积极性，缓解民警的心理压力，使民警更加果断、有底气地面对执法中的棘手问题，既能实现执法效果最大化，又能保障民警自身合法权利，减少执法中的两难矛盾。

（二）健全职业伦理监督机制

在我国，警察的监督是指依法享有监督权的主体，通过法定形式，依法定程序对警察公务行为的合法性和合理性进行综合管理的过程。对人民警察的监督主要包括政治监督、职业监督以及伦理监督。加强人民警察伦理的监督机制建设是人民警察伦理制度建设的重要组成部分。建立完善的人民警察伦理监督机制是顺利实施警察制度的重要保障。当前，我国在人民警察监督制度上已经取得了不小成就，已经建立起了一个由组织内部监督、国家机构监督、舆论监督等主体组成的监督体系。人民警察监督体系在抑制腐败、维护社会稳定等问题上起到了很大的作用，伦理监督机制作为人民警察监督制度的组成部分，也已有了很大的发展。但是我们在看到这些成果时，也要看到我国人民警察伦理监督还是有不足之处。目前，我国人民警察的伦理监督机制还有以下一些问题：其一，从我国整个监督体系来看，虽然监督的主体很多，但是在具体的监督过程中，常常出现无权监督、无法监督或监督缺位等现象，这都是由于隶属关系、平行关系、利益关系等因素的影响。其二，我国人民警察的伦理监督，较为偏重于事后监督。也就是，当人民警察出现职业伦理失范之后才会去调查，事前防范和事中监督较为欠缺。另外，监督缺乏双向性，往往只是上级对下级的监督，而下级主动监督上级的现象很少。其三，目前，我国很多人民警察尚未建立起职业伦理监督意识，他们将伦理问题当作私人问题，缺乏主动接受伦理监督的意识，只重视政治监督和职业监督，而轻视伦理道德监督。这些问题使对人民警察伦理道德的监督效用降低很多，同时也阻碍了人民警察伦理制度的建立。

加强人民警察伦理监督机制需要建立起法制完备、民主健全且兼具多重功能的监督体系和网络。要加强伦理监督的力度和效度要从以下几个方面着手：首先，要加强伦理监督意识，但伦理监督意识不能单单靠人民警察自身形成。既要培养人民警察主动自觉地接受监督的意识，特别是能接受来自社会舆论的公众监督，还要培养公众去监督人民警察的使命感，全面提高监督意识。其次，强化有关的监督机制，在制度上保障各个监督主体对人民警察的监督作用。只有理顺各个监督主体之间的关系才能强化人民警察的伦理监督机制，这是因为，我国的监督主体以多种形式存在，而监督机构设置复杂，只有处理好政党监督、职业机关监督、司法机关监督之间关系和职责才能更有效地开展人民警察伦理监督工作。同时，也要注重发挥好公众和社会舆论的监督作用。常常说舆论是喉舌，那么加强新闻舆论对人民警察的监督可以起到很好的作用。再次，增加人民警察的职业工作透明度，使各个主体更加便于对人民警察实施监督。警务公开可以作为对人民警察伦理监督机制的一个重要组成部分，进一步加强警务公开，可以使各个监督主体更好地行使监督职责。最后，建立健全伦理监督的激励、惩处制度。对人民警察的伦理监督既要重视对监督主体权利的保障，也不能忽视对监督客体利益的维护，使激励和惩处都能够有章可循。

（三）健全职业问责制

一般看来，人民警察的责任被分为以下四个层面：第一层是刑事责任，第二层是职业责任，第三层是政治责任，第四层是道义责任。通常所说的引咎辞职是指人民警察由于自身或者其下属的工作失职或出现错误，导致公共利益被损害，引起公众不满，基于此而辞去职务的情况。学者毛寿龙从形态角度将职业问责制分为两大类，一类是职业性的问责，另外一类是程序性的问责。职业性问责的实施，可以看作是责任政府建立起来的标志，然而要想使责任政府稳定和高效地运转下去，就需要程序性问责的保障。程序性问责能够使政府责任制度的法律基础更加完善，并且有了程序性的保障，能够令公民在面对责任时更加平等。梁妍慧教授将问责制定义为能够对政府及其公务人员的职业行为和产生的后果追究责任的制度。实质就是通过对政府和公务人员的责任约束，来规范和限制其职业行为，达到为公共利益服务的目的。因此，建立起人民警察的职业问责制是消解职业伦理困境的重要途径之一。从职业伦理的角度来分析，引咎辞职可以对职业伦理困境中的责任冲突起到有效的制约，也就是说，人民警察要对自己的职业行为后果负有伦理上的责任，受到其职业良心的责问，必须对公众对其工作的质疑和问责做出及时回应，如果不能对问责做出合理的解释，就需要退出现任的职位。因此，我们可以认为建立起完善有效的职业问责制，对职业伦理困境的消解会起到积极的作用，使那些面临职业伦理困境的人民警察在做出职业行为时会受到控制和约束，从而才能选择能够实现公众利益最大化的职业行为。

职业伦理困境的出现是难以避免的。而要消解职业伦理困境，不仅需要完善加强外部控制资源，还需要人民警察积极运用自己的伦理自主性抵制不道德的组织或上级的不负责任的行为，而伦理自主性的获得则需要通过多方面内部控制资源来培养人民警察个体去具备这一自主性。人民警察在面临具体的职业伦理困境时，要尽可能多地发挥自己的伦理自主性，就实际情况找出更多相关的符合职业伦理要求的可供选择的行为方案，以便最终选择出最恰当的职业行为，也只有在这一方法指导下的行为才是负责任的，才可能是最合乎职业伦理规范的职业行为。

第四章

人民警察执法伦理

公安机关作为国家治安行政管理和刑事执法的专门机关，拥有国家法律赋予的行政和刑事执法权。公安机关的基本活动是执法活动，警察的基本行为是执法行为。警察执法是整个警察工作的核心，是全面依法治国建设的重要组成部分。因此，探讨和研究人民警察执法伦理，直接关系到新时代中国特色社会主义法治建设，影响到国家的安全、社会治安秩序的稳定。

第一节　警察执法的伦理意蕴

一、警察执法的特征及其要求

人民警察依据宪法、法律和行政法规、规章，干预社会行为，调整社会关系，以维护国家安全和社会治安秩序，管理国家社会公共事务的行为。因此，警察执法包括了行政执法和刑事执法两个方面内容，具有以下特征。

（一）主体的特定性。警察执法，简言之就是警察机关和人民警察依照法律规定，以强制力来维护国家安全和社会治安秩序的行为。警察执法行为的主体只能是国家法定的专门用以维护国家安全和社会治安秩序的警察机关及其警察人员，除此，其他任何机关、组织和个人都无权行使警察职权，代替警察进行执法。

（二）行为的强制性。警察是具有武装性质的国家刑事司法力量和治安行政管理力量，依法享有对人身、财产的强制权。警察执法是警察权力在执法过程中运用与实施。任何国家权力的运用与实施都具有强制性特征，但警察执法则具有明显不同于其他国家权力运用与实施的强制性。警察执法行为的强制性，可以表现为警察机关或警察人员以国家法律的约束和强制力为支撑，以暴力为后盾，可以采取行政的、刑事的强制手段和措施，特别是对违法犯罪嫌疑人可以采取人身自由方面的强制，当事人只能服从，承担义务。

（三）程序的法定性。警察执法，涉及对公民个人自由和权利的限制，只有经过法定的程序才能保证警察权力行使的正当性。因此，警察执法只能在法律界定的范围内进行，必须严格地遵循法律的要求，依照法律规定的步骤、方法、方式和期限执法，绝不允许违反法定程序，超出法律许可的范围，否则，则构成违法行为。法定程序，不仅有利于保障当事人的合法权益，也有助于警察公正地执法。法定的程序是对警察执法权力行使的一种法律限制，对于防止警察权力的滥用和扩张，具有十分重要的作用。警察在执法过程中，只有按照法定程序，严格的依法执法，才能保证执法质量，并最终使实体法得以实现，使社会的正义得以实现。如果，警察在执法中不严格遵循法定程序的要求，就会在执法过程中出现这样或那样的偏差，不仅不能保障受害人的合法权益，甚至还会严重影响裁定或审判的结果，使社会的正义无法得以伸张。因此，警察在执法过程中，必须强化执法程序意识，严格依法执法，这是警察公正执法的重要内容和重要保证。

（四）手段的多样性。警察执法的手段包括了行政的和刑事的手段，具有丰富多样性。例如警察行政执法手段有行政处罚：具体包括警告、罚款、吊销许可证、执照等证件、责令停产停业、行政拘留等，行政强制措施具体包括限制人身自由权利的强制措施，有劳动教养、收容教育、强制戒毒、强制治疗、强制约束等，强制财产权利的强制措施，有查封、扣押、冻结等。可以看出，警察执法手段不仅包括了一般行政部门具有的许可、取缔、警告、罚款、责令赔偿等手段，还可以依法采取其他行政机关不能采取的执法手段，并且这些行政手段灵活多样。如治安行政处罚中的拘留、强制措施中的收容教育、强制戒毒等限制人身自由的执法手段。警察刑事执法的手段更具有多样性，包括了侦查具体包括现场勘查、询问证人、讯问犯罪嫌疑人、控制赃物、鉴定、通缉、追缉、辨认、技术侦察电子侦听、监听、监控、秘密拍照、录像、秘密检查、秘密获取物证等、预审、刑事强制措施拘传、取保候审、监视居住、刑事拘留、逮捕、搜查、扣押、押解等、刑事执行、盘问检查、留置审查和武器、警械使用等方面。

（五）范围的广泛性。行政执法的范围包括了治安管理、户籍管理、出入境管理、消防管理、危险物品管理、特种行业管理、集会、游行、示威活动管理、道路交通管理、计算机安全监察等方面。刑事执法的范围包括了执行刑事法律、法规、侦破刑事案件、参与刑事诉讼、惩罚、预防违法犯罪等方面。警察执法涉及社会生活的方方面面，与社会上各行各业、各种各样的人打交道，可以影响到每个公民、每个家庭、每个组织，乃至全社会，其影响力可以辐射到政治、经济、文化等各个方面。

（六）关系的相对性。警察执法是警察依照法律的规定对当事人行使执法职权的行为，警察主体和当事人在警察执法的行为过程中，双方构成了法律关系。一方面，警察主体必须依法对当事人行使执法职权，另一方面当事人若对警察主体做出执法行为不服，可以依法提请复议或诉讼。这样，当事人则成为提请复议或诉讼的主体，警察机关或警察人员则成为被复议者或被告。这种从执法上的不平等关系到平等关系的转换，反映出警察执法关系上的相对性。

（七）法律授权内的自由的裁量权。裁量的自由性是指警察具有自由裁量权，在这里“自由”是相对的。自由裁量权是指警察在执法过程中和法律授权的范围内，可以依据立法目的和公正合理的原则，自行判断、自行选择和自行决定而做出的公正而适当的具体行政和刑事行为的权力。自由裁量权是一种将实施时间、方法和程度的裁量让渡于决定者的权力，其表现形式主要有对事实性质认定的自由裁量对处罚种类和幅度的自由裁量对判定情节轻重的自由裁量对行为方式选择的自由裁量对行为时限的自由裁量对决定是否执行的自由裁量等。自由裁量权是警察履行职能的必需，是法治的必然要求和补充，也是提高执法效率必不可少的条件，在现代国家，自由裁量权已成为执法活动中广泛存在的事实。

二、警察执法伦理本性

执法就是法律的执行，是国家机关执行法律、适用法律的活动。执法包括作为依据的法律、执法主体、执法对象和执法手段四个因素。整个国家的执法可以分为公安机关的执法、司法机关的执法、检察机关的执法和工商税务等部门的执法。这些不同的执法不仅执法主体不同，而且所依据的法律、执法对象、执法程序和执法手段也各有区别。警察执法是指公安机关及其警察依据法律规定，运用强制性执法手段执行和适用法律以维护公共秩序和公民权利的活动。同其他执法一样，公安执法包括作为依据的法律、执法主体、执法对象和执法手段四个因素。警察执法的主体是公安机关及其派出机构和警察，它所依据的法律既有宪法，又有多种多样的规定权利义务的实体法和规定执法程序或者步骤的程序法，其执法对象是违法者包括被羁押的人，那些实施了损害国家利益或者他人利益的行为，但法律对此尚未做出规定的行为者不能成为执法对象，其执法手段虽然是强制性的，但必须是法律所规定的手段，凡是采取法律所规定外的手段都是非法手段。

（一）警察执法伦理本性理论诉求

那么，公安执法有没有伦理本性呢？对此，人们有着不同的看法。对公安执法有没有伦理本性，人们没有专门的论述，而其看法可以从他们对国家或者政府有没有伦理本性的阐述中反映出来。就国家或者政府有没有伦理本性而言，人们形成了三种观点。第一种观点认为国家或者政府是没有伦理本性的。无政府主义者与手段决定论者是持这种观点的代表，无政府主义者认为国家或者政府是以剥削、奴役、镇压、战争等为根本内容的，而剥削、奴役、镇压、战争是同人的本性相对立的，是同道德或者人道背道而驰的。他们从其所主张的国家或者政府没有任何的伦理本性出发，反对任何国家、政府、法律、权威和奴役。托尔斯泰等手段决定论者认为，如果一个主体所采取的手段是不道德的，即使其目的或者动机是合乎道德的，那么，这也是不道德的。而国家或者政府是以暴力、强制、战争为其根本内容和主要手段的，由于这些手段在道德上是不合理的，因而国家或者政府本身是没有伦理本性的。第二种观点认为国家或者政府虽然并不固有伦理本性，但它可能实施道德行为。古典自由主义是这种观点的代表，在古典自由主义者看来，国家或者政府都是对个人自由的强制，本质上是恶的。然而，他们又认为，国家或者政府是必不可少的，它是组织和调整社会生活的一个必不可少的因素和必要的方式。古典自由主义与无政府主义有一个重要的区别，如果说无政府主义者认为国家或者政府天生邪恶的，因此要防止它的任何作为的话，那么，古典自由主义者则认为国家或者政府存在某种恶，因此既要让它有所作为，但又要对它予以严格的限制，使其“恶”的本性没有表达和释放的可能。从认为国家或者政府不固有伦理本性的观点出发，古典自由主义者设计了一套权力控制的内部系统和外部系统。权力控制的内部系统就是立法权力、司法权力和行政权力的相互牵制、相互制约权力控制的外部系统则是由人民主权与根据人民的同意进行统治所构成的系统。第三种观点认为国家或者政府本身就是一个伦理实体，它本身就固有伦理本性。黑格尔式的国家主义者以及罗尔斯等新自由主义者是这种观点的代表。黑格尔认为，国家是一个伦理实体，它是从家庭和市民社会发展而来的，它克服了家庭和市民社会的伦理缺陷，保留了家庭和市民社会的合理因素，使正义或者公正能够得到有效实现。作为伦理实体的国家正义是一种“要求从主观利益和主观形态下、以及从威力的偶然性下解放出来的正义，这就是说，不是要求复仇的而是刑罚的正义。在这里首先存在着对这样一种意志的要求，即虽然是特殊的主观意志，可是它希求着普遍物本身。”① 即国家的伦理本性所追求的不是彼此有所不同的个人的正义，而是一种普遍的正义。我们认为，国家或者政府是有伦理本性的，但这种伦理本性并不是古典自由主义者所认为的只是限制国家或者政府行为时所表现出来的合道德性，而是其本身所固有的。国家或者政府有伦理本性，意味着警察执法也是有伦理本性的。

首先，警察执法是维护公民权利的方式。公民权利是一个与人权既有相同之处又有不同之处的概念，它是一个政治法律概念，它是一种由法律所规定的权利。可是，有人认为，法律是统治阶级的意志的表达，而非是普通公民的意志的表达。既然如此，那么，法律所规定的权利就只能是统治阶级的权利，而不可能是普通公民的权利。在此前提下，警

---

① 黑格尔：法哲学原理［M］. 范扬，张企泰，译. 北京：商务印书馆，1961：108.

察执法所维护的只是统治阶级的权利，而不可能是全体公民的权利。果真如此，警察执法也就无所谓有伦理本性了。如果这种看法仅仅是限于专制的阶级社会，那么，它是有道理的，但是，如果将其普遍化，认为民主社会也是如此，那就不合理了。在民主社会里，尽管法律有许多缺陷，尽管有人也有如下疑问所立的法究竟是强者的法还是弱者的法，是为强者服务的法还是保护弱者权利的法，但是，可以肯定的是，民主社会的法律绝对不是诉诸少数人的权利的法律。之所以如此，是因为，在民主社会里，所有公民或者直接或者间接地参与了国家法律的制订，所有公民所立的法律应该肯定公民的合理要求，应该是正义的法律。所以，黑格尔说："法和正义必须在自由和意志中，而不是在威吓所指向的不自由中去寻找它们的根据。如果以威吓为刑罚的根据，就好象对着狗举起杖来，这不是对人的尊严和自由予以应有的重视，而是象狗一样对待他。威吓固然终于会激发人们，表明他们的自由以对抗威吓，然而威吓毕竟把正义摔在一旁。"① 只有出于公民的自由和意志的法律才是真正地反映了公民权利的法律。由于有这样的法律，每个公民及其权利"都拥有一种基于正义的不可侵犯性，这种不可侵犯性即使以社会整体利益之名也不能逾越"。② 警察执法并非是随心所欲的执法，而是规范化的执法，是依据法律规定所进行的活动。由于法律反映了公民的权利，因此，规范化的警察执法就能够维护公民的权利，能够为公民讨回公道，并对损害他人权利的人予以惩治。

其次，警察执法是实现公共利益的手段。其实，警察执法应该是实现公民权利与实现公共利益的统一。问题在于公共利益究竟是什么呢？人们对此主要有四种不同的理解：第一种是个人主义者、自由主义者的

---

① 黑格尔．法哲学原理［M］．范扬，张企泰，译．北京：商务印书馆，1961：102.
② 约翰·罗尔斯．正义论［M］．何怀宏，等译．北京：中国社会科学出版社，1988：1.

理解。他们从自己所持的社会观出发，认为个人是唯一真实的存在者，社会只是个人的总和。正因为如此，个人利益就是唯一真实的利益，公共利益在其实质上只是个人利益，而不是超出或者不同于个人利益的别的什么利益。当然，他们也承认存在着不同于私人利益的公共利益。在罗尔斯看来，这种公共利益的“标准的例子是保卫国家免受那种不正当的外国入侵”，所有公民都必须维护此种利益，他甚至认为，社会或者国家对那些躲避履行该种职责的“逃票乘客”使用强制手段以迫使他们承担这种责任是完全合理的。第二种是卢梭式的理解，卢梭认为，人作为自然人，具有生存本能，这种本能表现为个人对自己生命的关心和保存，这即是自爱。自爱只表明具有自然本性的、孤立的个人对自己的关系，意味着个人必须追求个人利益，也意味着个人利益的合理性。然而，人又是社会人，每个人都是依赖于社会关系而存在的。作为社会的人，就必须他们所订立的公约“我们每个人都以其自身及其全部的力量共同置于公意的最高指导之下，并且我们在共同体中接纳每一个成员作为全体之不可分割的一部分。”① “公意”就是公共意志，它既不同于倾向于个人利益的“私意”即个别人的意志，又不同于倾向于特殊利益的“众意”即众人的意志，而是倾向于公共利益的。所以，卢梭写道“众意与公意之间经常总有很大的差别公意只着眼于公共的利益，而众意则着眼于私人利益，众意只是个别意志的总和。但是，除掉这些个别意志间正负相抵消的部分而外，则剩下的总和仍然是公意。”②这就是说，在卢梭那里，公共利益既不与个人利益根本对立，又不与个人利益完全等同，也不是所有个人利益的总和，而是使所有个人结合起

---

① 卢梭．卢梭文集—社会契约论［M］．李常山，何兆武，译．红旗出版社，1997：33－34.

② 卢梭：卢梭文集—社会契约论，［M］，李常山，何兆武，译．红旗出版社 1997：55.

来，组成道德共同体，一起过社会生活的利益。第三种是将公共利益定位在狭隘的群体利益之上。这样的社会群体利益可以指阶级利益、政党利益、民族利益、国家利益乃至宗教共同体的利益，其中，尤为突出的是剥削阶级将其阶级利益当作公共利益来对待。第四种是共同体主义者式的理解。在共同体主义者看来，个人是生活于共同体之中的，是以共同体的成员身份而存在的。共同体是多种多样的，各有其特性和生活方式。正是这种不同的特性和生活方式被共同体一主义者视为“共同的善”、公共利益。这种共同的善或者公共利益是每一个共同体成员所认同的，它基于共同体成员们的共同需要而形成，同时又表现着共同体成员们的共同需要和一致偏好。就此而言，共同体的公共利益就是共同体成员的个人利益，追求“共同的善”就是实现共同体成员的个人利益，共同体成员的个人利益是与共同体的公共利益结合在一起的，而且某一成员的个人利益也是与其他成员的个人利益相一致的，他所追求的利益非个人所有，而是大家共同拥有的利益。在公共利益的本质和构成问题上，大体上同意卢梭的看法，但不同意卢梭关于公共利益是个人利益之间“正负相抵消的部分而外”的那个东西的观点。在我们看来，公共利益限于公共生活领域，它是在性质上和内容构成上不同于个人利益的利益。如果说心理学家马斯洛所揭示的人的五个层次的需要是个人利益的某种表现的话，那么，公共安全、公共秩序、罗尔斯所说的“良序社会”及亚里士多德所说的“最高的善业”等就是公共利益的具体内容。为什么公共利益必须依靠警察执法的保障才能实现呢？众所周知，每个人都是千方百计地、矢志不移地追求自己的私人利益，每个人对私人利益的追求或者是正当的，或者是不当的。正当的利益追求是既不会损害他人利益也不会损害公共利益的，而不当的利益追求可能给公共利益带来两个问题，其一是在全心全意地追求个人利益时不履行对公共利益的责任，即享受了公共利益的人而想方设法地逃避应该履行地对公共利益的义务；其二是追求个人利益时有意或者无意地损害他人利益或者公共利益。要预防和禁止这两种情况的发生，依靠未经授权的自发力量既包括个人力量又包括某些社会群体的力量是行不通的，一是这些自发力量有限，且其行为往往容易情绪化，可能在维护公共利益的同时会对其造成损害；二是可能会导致个人与个人之间、群体与群体之间的相互报复。为了避免这种情况的出现，更好地实现公共利益，就需要一种强有力的力量。这种强有力的力量不能只是霍布斯所期望的“利维坦”，而应该是经常地起作用的、且以规章制度为依据的制度化力量，警察执法就是这样的力量。它以法律规范体系为依据，而合理的法律规范体系所蕴涵的“终极的目的仍是人类社会的利益和幸福，所有这些规则都公开宣称以达到这个终极目的为其结果”。① 在此意义上，公共利益成了警察执法的价值取向，成为了衡量警察执法的标准和原则。正是因为警察执法能够让那些享受了公共利益的人履行应尽的义务，能够有效地预防个人与个人之间、群体与群体之间因不当的对待而导致的相互报复，因此，警察执法就能够强有力地保证公共利益的实现，其活动也就具有正义性。

（二）警察执法伦理本性的确定

警察执法本身具有伦理本性，这一点是确定无疑的，至于这种伦理本性是何种性质的，它却不能由警察执法本身来决定，而只能由别的因素来确定。这就在理论上要求我们在回答了警察执法具有其伦理本性之后，必须回答接下来的一个问题，即警察执法的伦理本性来源于何处，其伦理本性是由哪些因素所确定的。在我们看来，警察执法的伦理本性是由警察执法所依据的法律的性质、权力的性质和执法主体的道德自主性三个因素共同确定的。

---

① 大卫·休模．道德原理探究．王淑芹，译．北京：中国社会科学出版社，1999：25.

首先，警察执法的伦理性质由法律的性质所决定。警察执法是一个运用、执行法律的过程，因此，它具有什么样的伦理性质是与法律的道德性质相一致的。如果警察执法所依据的法律是一种良法，是一种具有道德合理性的法，那么，警察执法就具有“善”性。如果它所依据的法律是一种“恶法”，那么，警察执法就具有“恶”性。由于警察执法既不同于立法，不是一个根据实际情况而制定相关法律条文的过程，又不同于司法，不是一个可以适度地根据实际情况来修改法律条文的过程，而是一种严格地依据法律条文所进行的活动，具有“照章而行”的特点。因此，警察执法的伦理性质由法律的道德性质所决定的问题，就转换成了这样一个问题，即何种道德性质的法律能够现实地存在。更确切地说，现实社会生活中是否只存在“善”法而不存在“恶”法。这个问题严格说来不是本文所应该探讨和回答的，正因为如此，在此只给出如下的结论，非法治社会或者专制社会既可能存在“善”法也可能存在“恶”法，而法治社会则只允许存在“善”法而不允许存在“恶”法，法治社会赋予了公民不服从“恶”法的权利，而专制社会中的公民却不得不服从“恶”法。正如亚里士多德所指出的“法治应该包含两重意义已成立的法律获得普遍的服从，而大家所服从的法律又应该本身是制定得良好的法律”①。这就是说，在专制社会里，警察执法的伦理性质具有双重性，既可能是善的又可能是恶的，而我国法治社会中警察执法的伦理性质应该是善的而不能是恶的。在此意义上，我们反对实证主义法学家所主张的恶法亦法的观点，并坚持以警察执法所依据的法律是“善”法为本文全部观点的一个逻辑前提。现在的问题是善法所内含的那种道德究竟是什么，法律本身的合理道德基础是什么。在

① ［古希腊］亚里士多德：政治学［M］．吴寿彭，译．北京：商务印书馆，1965：199.

我们看来，法律本身的合理道德基础既不是自然主义法学家所主张的那种抽象的、永恒不变的并被最终确定为自然权利的道德，不是道义论者所主张的那种道德，又不是功利论者所主张的那种道德，而是既重道义又重功利的道德。正如英国政治学家·柏克所说“法律有两个基础，且只有两个基础。它们两者都是法律赖以存在的条件，无此条件，任何事物都不能赋予法律以效力。这两个基础就是公平与功利指‘普遍的公众的功利’”。① 这就是说，人们在设计法律的时候应该既考虑道义的方面，又考虑功利的因素，不可只考虑其中的一个方面。如果偏重于其中的一个方面，那么，人们所立的法律不只是在道德上存在问题，而且它将导致社会发展偏向于某一个方向，不但会引起严重的现实问题，还会对未来社会造成难以估量的消极影响。法律内含的功利因素，并非是立法者所凭空想象的那种功利，而是从公民的真实需要、真实的公共利益出发的功利，只有以此为出发点和归宿的法律才是真正地维护和实现公共利益和公民利益的法律。所以，洛克指出“这些法律除了为人民谋福利这一最终目的之外，不应再有其他目的。”② 法律内含的道义因素，就是人们常说的正义。正义既可以分为实质正义和形式正义，又可以分为分配正义、矫正正义和程序正义。在这些不同的正义之中，人们往往偏重于实质正义、分配正义，认为它们更明显地体现法律的道义性。至于法律的实质正义、分配正义究竟是什么，不同的人有不同的观点。古典自由主义者认为法律的实质正义、分配正义是自由，如洛克认为，“法律按其真正的含义而言，与其说是限制，还不如说是指导一个自由而有智慧的人去追求他的正当利益，它并不在受这法律约束的人们

---

① ［英］埃德蒙·柏克：自由与传统——柏克政治论文选［M］．北京：商务印书馆，2001：285.

② ［英］洛克：政府论下篇［M］．叶启芳，瞿菊农，译．北京：商务印书馆，1964：89.

的一般福利范围之外作出规定。假如没有法律他们会更快乐的话，那么法律作为一件无用之物自己就会消灭，而单单为了使我们不致坠下泥坑和悬崖而作的防范，就不应称为限制。所以，不管会引起人们怎样的误解，法律的目的不是废除或限制自由，而是保护和扩大自由。……自由是在他所受约束的法律许可范围内，随其所欲地处置或安排他的人身、行动、财富和他的全部财产的那种自由，在这个范围内他不受另一个人的任意意志的支配，而是可以自由地遵循他自己的意志。"① 罗尔斯、德沃金等人认为法律的实质正义、分配正义是平等。对于平等的具体内容是什么，他们彼此之间又有分歧，如罗尔斯认为是人们在基本权利与非基本权利方面的平等，是平等的自由、平等的机会和平等的待遇当然，这种平等的待遇并非中国式的平均主义，而是国家或者政府对"最少受惠者"的惠顾，而德沃金则认为平等就是国家各种权力机构对所有公民的平等对待。功利主义者认为法律的实质正义、分配正义就是功利，如葛德文强调"正义这个原则本身要求产生最大限度的快乐或幸福。"②

其次，警察执法的伦理性质由权力的性质所决定。警察执法是一个执行法律的过程，同时也是一个运用权力的过程。既然如此，要确定警察执法的伦理性质，就必须了解权力的性质。那么，权力是什么呢？哈耶克说，权力是一种支配关系，其实质是自由。他指出权力有两种含义："第一种含义是支配物质财富的权力，因而拥有这种意义上的巨大权力是可欲的。第二种含义是支配他人行为的权力，因而拥有这种意义

① ［英］洛克：政府论下篇［M］．叶启芳，瞿菊农，译．北京：商务印书馆，1964：89.

② ［英］威廉·葛德文：政治正义论［M］．何慕李，译．北京：商务印书馆，1980：11.

上的权力是应当受到谴责并加以反对的。”① 在他看来，权力只有政治权力与经济权力两种。实际上，人类社会的权力是多种多样的，主要有政治权力、经济权力和宗教权力。

具体就人民警察执法而言，警察执法包括公安机关和警察的执法，实际上就是行使公共权力、行使法律所赋予的权力，就是代表国家执行法律。行使法律所赋予的权力，意味着公安机关和警察的权力是一种受限制的权力，代表国家执行法律，意味着公安机关和警察的职责在于用法、执法。警察执法中的权力是一种特殊的支配能力和影响能力，是公安机关和警察所拥有的法定的权力。具体来说，它包括治安行政管理权、行政强制措施权和行政处罚权，强行带离现场、依法拘留和采取法律规定的其他措施权，盘查权，使用武器、警械权，搜查权、执行逮捕权和其他刑事强制措施权，优先乘坐公共交通工具权、有限使用单位或个人的交通工具、通讯工具、场地、建筑物和有优先通行权，约束权，交通管制权，技术侦察措施权，现场管制权，以及人民警察依法拥有的其他权限。由于这种权力是公安机关和警察所独享的，因此，在某种意义上，该权力又转化成了公安机关和警察所拥有的权利。正是因为这种权力内含着这一方面，因而，有的公安机关和警察往往只将其当作权利来看待，而忘记了权力的根本性质，忘记了行使权力的义务性，从而出现警察执法中不应该出现的现象。这种不应该出现的现象或者警察行使权力的负效应，主要表现在三个方面：一是执法具有随意性，如超越权限乱罚款，乱收费，乱扣押，随意使用自由裁量权“以罚代刑”“以罚代拘”。二是插手经济纠纷或争夺管辖权，有的公安机关或者警察为了谋利，非法插手经济纠纷，甚至将当事人作为人质强行索取钱财。三是

① 弗里德利希·冯·哈耶克：法律、立法与自由，第二、三卷［M］．邓正来，张守东，李静冰，译．北京：中国大百科全书出版社，2000：385－386.

办“关系案”“人情案”“金钱案”。这些做法都违背了权力的根本性质，违背了行使权力的义务性。公安机关和警察执法是法律赋予的权力，因而是应该行使的职权，是非如此不可的行为，是必须履行的义务。如果不如此作为，那么，公安机关和警察执法就同自己的身份不相称，就同法律和道德不相符。因此，公安机关和警察行使权力的义务性，就表现在其必须执法上，它表现在维护公民的权利和公共利益上。某一公安机关和警察如果不维护公民权利和公共利益而只保护自己的利益，或者放任那些损害公民权利和公共利益的行为，那么，这一公安机关和警察就没有尽到自己的义务。

再次，警察执法的伦理性质由执法主体的道德自主性所决定。警察执法虽然是依据法律的，但是，法律也强调在合乎法律和一道德的前提下发挥公安机关和警察的主动性，而且“有许多事情非法律所能规定，这些事情必须交由握有执行权的人自由裁量，由他根据公众福利和利益的要求来处理。”① 这就是说，公安机关和警察拥有自由裁量权，在执法过程中可以进行某种选择。“自由裁量权”是法律所赋予国家机关及其工作人员在法律法规限度内，根据实际情况，自主地选择并合情合理地进行某种活动的权力。在我国的行政法中，一般将行政自由裁量权定义为行政机关在法律明示授权或默许的范围内，基于行政目的，经自主选择而采取一定行政措施、进行一定行政行为的权力。公安机关和警察也拥有自由裁量权，它是指警察执法主体在法律法规限度内，根据实际情况自主地选择并合情合理地进行某种活动的权力，它不同于司法审判中的自由裁量权。尽管它们都是法律所赋予的权力，但是，司法审判中的自由裁量权不只限于在法律法规所规定的范围内，司法主体甚至还拥

---

① ［英］洛克：政府论：下篇［M］．叶启芳，翟菊农，译．北京：商务印书馆，1964：99.

有根据实际情况而制订法律并依据此法律进行裁决的权力。而警察执法中的自由裁量权却只能限于法律法规所规定的范围，具体表现为警察执法主体自主地决定执法的时间、地点、范围、种类、幅度、方式等方面的权力。因此，警察执法主体需根据具体情况和自己的判断做出处罚。由于法律赋予了警察执法主体根据法律规定、具体情况和自己的判断做出决定的权力，因此，自由裁量权容易被警察执法主体所滥用。法律将自由裁量权赋予警察执法主体，其目的是为了让警察执法主体更好地执行法律，而不是滥用自由裁量权。法律将自由裁量权赋予警察执法主体时，实际上隐含着这样一个前提，相信警察执法主体具有良好的道德素质，能够充分地发挥自己的道德自主性，能够真诚地执行法律。

警察执法主体的道德自主性，具体表现在两个方面：其一是公安机关与警察在行使自由裁量权时能够怀着崇高的伦理理念；其二是在执法过程中，除维护公共利益、对所有公民予以同等对待之外，公安机关与警察应该自觉地保护弱者。警察执法主体应该保护弱者，并不是指保护那些能力和体力较低者、收益较少者，而是指那些自己的权益遭受了侵害的人或者群体。警察执法主体保护弱者既有事前的预防，又有事后的救济。事前的预防要求警察执法主体具有良好的道德和高度的才能，事后的救济要求警察执法主体具有英勇无畏、自我牺牲的精神。这就是说，警察执法主体的道德自主性的发挥是有赖于其他条件的。亚里士多德认为："凡是想担任一邦中最高职务、执掌最高权力的人们必须具备三个条件。第一是效忠于现职业体，第二是足以胜任他所司职责的高度才能，第三是适合于各该政体的善德和正义。"① 尽管这些要求是向"哲学王"提出的，然而，对于警察执法主体来说也是合适的。

---

① ［古希腊］亚里士多德：政治学［M］．吴寿彭，译．北京：商务印书馆，1965：271.

（三）警察执法伦理的定位

要把握警察执法伦理的定位，首先就要把握什么是警察执法伦理，而要把握警察执法伦理，就要了解什么是执法伦理。执法伦理就是执法机关及其工作人员在执法活动中应该遵守的伦理理念、道德原则和道德准则，它可以分为警察执法伦理、司法伦理、检察伦理和工商税务执法伦理等。警察执法伦理就是警察执法主体在执法活动中应该遵守的伦理理念、道德原则和道德准则，它具体由两个方面构成，其一是公安机关执法伦理，其二是警察执法伦理。但是，学术界和实际工作者并不对它们做出严格的区分，往往以警察伦理笼统称之。那么，警察执法伦理是一种什么样的伦理，这也是一个关涉警察执法伦理本性的问题。对此问题，人们有着不同的观点，这些不同的观点可以归纳为以下两种对立的看法：第一，警察执法伦理是职业伦理还是角色伦理。关于警察执法伦理的定位问题，学术界和实践界的普遍看法是，它是一种职业道德或者职业伦理。这种观点的逻辑是十分清楚的，警察本身是一种职业，因此“警察道德是一种特殊的职业道德，具体指的是人民警察在公安工作中应该遵循的、具有自身职业特点的道德准则和道德规范。”① 理所当然，“警察伦理学是研究警察道德的职业伦理学，……是关于警察道德问题的学说，它是以警察的全部道德现象为其研究的对象，并从中揭示警察道德的产生、本质、作用及其发展规律的一门科学。”② 第二，警察执法伦理是信念伦理还是责任伦理。“信念伦理”与“责任伦理”的概念是韦伯在其名为《学术与政治》的演讲中首次使用的。其实，韦伯所使用的“信念伦理”与“责任伦理”的概念尽管有其特殊涵义，但并非是一个全新的概念，它们只不过是西方伦理文化中义务伦理与效果伦

---

① 公安部政治部编：警察伦理学［M］. 北京：中国人民公安大学出版社，1996：7.
② 公安部政治部编：警察伦理学［M］. 北京：中国人民公安大学出版社，1996：6－7.

理的另一种表述形式。作为政治生活领域中的一种伦理，警察执法伦理究竟应该是信念伦理还是责任伦理呢？警察执法伦理应该是责任伦理，而政治伦理则是一种信念伦理，如果将警察执法伦理定位于信念伦理，那么，这就只会强调良好愿望的实现和对信念的矢志追求，就可能因不顾实际情况而对人们提出很高的要求，从而导致警察执法过程中不应该出现的现象。警察执法伦理是一种制度伦理，从上面的分析可知，对警察执法伦理定位的上述角度是各有片面性的。这种片面性不是因为它们只看到了问题的一个方面，而是由于它们没有认识到警察执法伦理的实质。警察执法伦理的实质不能是一种随意的规定，只能从警察执法的现实生活中去揭示。那么，警察执法所面对的现实生活是什么呢？这又只能从整个社会生活的界分来把握。警察执法所面对的现实生活主要是公共生活，而不是私人生活。而公共生活是一种存在制度的生活，或者说是一种制度化的生活。由于警察执法主要是对公共生活领域的执法，而且是依据符合公共生活领域的实际情况的制度的执法，因此，警察执法伦理本质上是一种制度伦理，而不是非制度伦理，不是个体道德或者职业道德，即使是对作为具有个性特征的警察的德性要求也是如此。

第二节　警察执法的伦理审视

随着全面依法治国方略的全面贯彻落实，人民群众法治意识的普遍提高，为公安工作的发展提供了机遇，同时也给警察执法工作带来了挑战。人民群众对警察执法质量和执法形象的要求将越来越高。但是，在警察执法过程中，执法不严、执法不公、执法犯法等不正当执法行为还依然存在，有的性质还非常严重，表现在警察执法过程中。

公安机关是我国极其重要的执法机关，警察执法在建设社会主义法治国家过程中，在维护国家安全、社会稳定，依法进行社会管理的过程中发挥了重要的作用。警察执法行为不仅要受到法律的外在强制性的约束，同时还要受到警察主体的道德意识和道德义务的内在自律，警察执法中的不正当行为不仅要受到法律的制裁，同时还要受到执法主体的良心自责和来自社会舆论的谴责。因而，在警察执法过程中，单靠法律的约束是远远不够的，必须还要依靠道德的约束来弥补法律控制的不足。

一、自觉立德，警察执法公正的基本前提

警察道德是一种特殊的职业道德，是每位警察在工作中应该遵循的、具有职业特点的道德准则和道德规范，它是社会主义道德的基本原则和规范在警察职业生活中的体现，同时也是公安机关优良文化传统的继承和发展。具备良好的道德素养是每一位合格警察必须具备的基本素质，是实现警察执法公正的基本前提。警察道德在警察执法中具有积极的作用，一个具备良好道德素养的警察为了适应工作的需要，就会不断学习并认同警察道德原则和规范要求，自觉地服从于警察道德原则和规范的约束，逐渐使客观的道德要求变成主观的道德需要，在执法过程中，就会自觉地依法执法，恪守职业道德。反之，缺乏道德素养和道德自律的警察，在执法过程中，就不能很好地把握自己的行为，很难成为一名称职的警察。在实际生活中，我们看到有的警察面对自己的违法乱纪行为，不仅不感到羞耻、自责，反而以此为荣，觉得自己有本事，甚至得意忘形。由此可以看出，一旦警察缺乏应有的道德素养，违纪违法的行为就会必然在警察身上发生。而在现实生活中，也有的警察尽管对法律和道德的遵守也不怎么具备自觉性，也谈不上是否具备良好的警察道德素养，但他们在执法中也能做到不违背法律和道德的要求，这是因为他们害怕受到法律的制裁和违背道德的要求，会受到领导、同事和社会舆论的谴责，甚至是组织的处罚，故而被动遵守法律和道德的要求。

这种情况，是因为警察个体道德在还处于他律阶段，随着警察执法实践经验的增多，对警察道德要求必要性的认识加深，警察个体道德就会逐渐从他律转向自律，从被动服从变为自觉约束，成为警察个体的道德信念和职业良知。因此，公安机关有必要通过创造一定的外部条件，积极促进警察道德的他律向自律阶段转换，并促成警察的道德信念和职业良知的成熟和完善，更好地发挥道德的约束和调控作用。

二、主动守德，警察依法执法的有效保证

从法律和道德的二者关系来看，法律和道德从来都是交织在一起的，警察执法所遵守的基本原则和基本要求都蕴涵着伦理价值的判断和道德的要求。如公正其本身就是伦理价值判断，尊重和保障人权则在警察执法中体现了以人为本的伦理道德精神。这些基本原则和基本要求既是警察执法的法律准则，又是警察执法必须承担的道德义务，它们反映了警察执法的客观规律，体现了警察执法的根本目的，贯穿于警察执法的全过程，对警察执法起着重要的指导作用。因此，警察在执法中要做到依法执法，除了严格地遵守法律的规定外，还必须要严格、主动地遵守道德规范的要求。同时，警察作为执法者来说，不仅有消极的义务遵守法律，而且还有积极的义务来保证法律规范的实施。警察在执法中如果没有道德作为基础，则会迫于法律的震慑力而被动地执法，在执法中就不可避免地出现消极作为、不作为甚至滥作为等现象，而只有真正认识到依法、公正、尊重和保障人权等对警察个人和社会的意义，自觉将它们作为警察的道德义务来履行，才能在执法中真正做到“权为民所用，情为民所系，利为民所谋，事为民所办”保证警察在执法中做到依法执法。

三、积极行德，警察执法为民的本质要求

执法为民是指警察要以维护最广大人民群众的根本利益为出发点，在执法和警务活动中忠诚为国家、为人民，实现人民警察的存在价值。执法为民回答了警察执法的权力来自人民这个带有根本性的问题，明确了警察为谁掌权、为谁执法，深刻地揭示了警察的执法活动是手段，执法的最终目的和价值取向就是通过维护国家安全和社会秩序，进而维护最广大人民的根本利益。执法为民是由我国警察的性质和任务所决定的，蕴涵了伦理道德的要求，既是警察执法的根本要求，也是我国警察职业道德的基本原则。只有当每一名警察都深刻地认识到执法为民的深刻内涵，使执法行为既能合乎伦理道德的要求，又能体现伦理道德的价值时，才能真正地实现执法为民。另外，从警察执法的效应来看，警察的执法行为是否具有德性具有巨大的社会示范性和引导性。警察执法的行为和结果直接影响到广大群众的行为和道德判断标准，因为，警察作为国家的公职人员，代表国家行使职权、执行法律。警察的执法活动和形象往往最直接体现国家的意志、代表国家的形象，警察能够通过自己的言行举止、服务态度、清廉形象等，使广大群众受到感染。反之，如果警察在执法中有法不依、执法不严、执法不公、权力滥用，公众也必将效仿，导致整个社会无公平、正义可言，可以说每一次执法过程都是一次法制教育和道德示范课，群众都会从中自觉地寻找行为衡量的标准。警察执法的双重效应对警察执法提出更高的要求，在执法过程中，警察应该具备更多的道德意志力和道德判断力，来保证执法行为的规范、准确和具备德性，真正实现执法为民和公平、正义的要求。

第三节 警察执法的道德制约

要实现警察执法的公平和正义，防止警察不当执法行为的出现，就必须要采取有效的措施对其进行严密的控制。法律控制无疑是重要的，但是法律和制度控制都是属于外部控制的“硬规范”，具有明显的滞后性，并且，警察在执法中可自由裁量的空间也较大。如果没有警察执法的内部控制，用“软规范”—道德来对执法进行制约的话，就难以保证警察执法权力的正确使用。警察执法行为的强制性、手段的多样性、范围的广泛性、效应的双重性和裁量的自由性等特征，决定了实现执法的公平和正义很大程度上取决于执法人员的内在素质，尤其是执法人员的道德素质。因此，为保障警察执法行为的正当行使，除了需要法律控制外，还需要警察道德这种特殊的职业道德的制约。对警察执法的道德制约进行探讨、研究，是我国警察伦理学研究的重要内容，对防止警察不当执法行为的发生，提高警察执法质量，树立公安队伍的良好形象以及维护党和政府的威信等具有十分重要的现实意义。

一、法律制约与道德制约的内在联系

警察执法过程是警察权力的具体运用过程，而警察权力缺乏规范和约束，就极易被滥用。一旦警察滥用执法权力，发生权力腐败，就会违背警察执法的根本宗旨，损害国家和群众的利益。诚如名言所说，“失去监督的权力就必然会导致权力滥用和权力腐败”。为了防止警察有法不依、执法不严、执法不公、执法权力滥用和执法腐败等不当执法行为的发生，就必须对警察执法行为加以严格控制。法律制约和道德制约，是保证警察依法执法和公正执法的两个重要维度，是对警察执法行为进

行调控的最基本的手段，两者在警察执法活动中相互蕴涵、价值目标一致，相辅相成、互为补充。第一，相互蕴涵，价值目标一致。道德与法均属于一定经济基础的上层建筑，是调整和制约人们行为的规则或规范。所谓道德制约，就是指通过将社会的伦理原则和职业伦理规范贯穿于警察执法整个活动过程中，使社会基本伦理原则和规范内化为警察在理性基础上的普遍价值原则和行为规范，确保警察在执法活动中自觉地做到依法、严格、公正和文明执法。法律制约，简言之，就是指以法律规范的刚性约束，使警察执法行为符合相应的法律规范要求。就道德和法律的关系而言法律是成文的道德，道德是不成文的法律，法律本身就蕴涵着一定的道德精神和道德原则。作为警察的执法活动，不仅必须在法律法规规定的范围内进行，而且必须遵循执法的基本原则。警察执法的基本原则，是贯穿于执法的整个过程，对执法活动起着指导性作用的核心准则，它反映了警察执法的客观规律，体现了警察执法的根本宗旨。警察执法的基本原则包括合法性原则、合理性原则、公正原则、责任原则等，这些原则都蕴含着伦理价值的判断和道德要求。遵守合法性原则有赖于警察执法的自觉的守法精神或守法的道德自觉性，合理性原则内含警察执法应当符合社会的伦理道德标准，公正原则不仅其本身为伦理价值判断，而且是警察执法伦理价值的重要体现，是执法实践追求的最重要的价值目标，责任原则要求警察对执法结果既要承担法律责任，又要承担道德责任。警察执法伦理的向度，从法理学的角度讲，警察执法具有法定性，即警察执法的内容、范围和方式，是由国家法律加以明确规定的。公安机关和警察必须依法行使，不得违法和越权。因此，警察执法的过程，就是实现法律目的的过程。从伦理维度来看，警察依法执法、公正执法既是实现法律目的的过程，也是实现其社会伦理价值的过程，这实际上间接地体现了法律制约和道德制约的共同性，在终极价值目标上，都是为了营造一个安定团结、协调和谐、健康有序、持续发展的社会氛围，因而二者在价值目标上是一致的。第二，相辅相成、两者互为补充。法律和道德的功能表明，道德是内在的、自律的规范，它的制约作用主要体现在自我反省和社会评价，具有自觉性的特点，调整的范围不仅包括行为范畴，还包括意识范畴。法律是外在的、他律的规范，它的制约作用主要依赖国家强制力的保障，具有强制性和滞后性等特点，而且仅仅调整人的行为，作用十分有限。法律的实现是法律规范在人们行为中的具体落实，其有效性表现为权利被享用、义务被履行、禁令被遵守、责任被承担。法律要实现调整社会关系、维护社会秩序的价值目标，依赖于公民对法律的自觉信仰与普遍遵从。公民之所以守法，并不仅仅因为法律的强制力，而是由于他们自觉的道德意识。一般而言，公民的道德水准越高，守法意识就越强，法律约束的效果就越明显。也就是说，守法不仅是法律义务，更是道德义务，是法律的外在要求在公民心理深处的结晶和积淀，其实质是违反法律的羞耻心和遵守法律的义务感。在这一意义上，我们认为法律不能造就人们服从规则的品质，不可尽善尽美，而道德却能培植人们履行义务的理念，而履行义务的理念和服从规则的品质，则是法律得以遵守和执行的基础条件。因此，在警察执法活动中，道德制约可弥补法律制约不足，亦可进一步提升警察作为执法者应有的思想道德境界，自觉地做到依法执法和公正执法，实现社会的公平和正义。但是，单纯依靠道德的约束作用也是不行的，如果缺少法律的强制约束力作为保障，道德将变得非常苍白无力，道德只对讲道德的人生效，对于不讲道德的人，只不过是“一纸空文”。因此，道德制约必须得以法律制约作为前提、保证，两者相辅相成、互为补充、缺一不可。

二、警察执法道德制约的作用

警察道德通过其功能的发挥而对警察执法产生的影响。警察道德的功能主要有三个方面：一是调节功能，即通过警察道德评价等方式来调整警察自身以及内部关系和外部关系的和谐。二是教育功能，主要是指通过说服、启示、诱导、评论、奖惩等方式，在警察中形成群体舆论，养成良好风气，树立道德典型，塑造理想人格，培养道德观念和道德品质的功能。三是认识功能，主要是指通过对警察道德的认知，为警察提供正确处理内外关系的道德判断知识的功效。警察道德通过其功能的发挥，依靠警察的道德自律和他律调控机制，指导和规范警察的言论和行为，使它们符合法律和道德的要求。警察道德作为调节警察行为的特殊规范，在警察执法中起着无法替代的积极作用，具体体现在以下五个方面：

（一）确保警察依法执法。大量的实践证明，警察在执法过程中，除了需要法律、纪律等严格的、强制性的规范作保证外，同时也需要警察道德作保证，特别需要依靠人民警察内在的道德自律。警察道德对警察依法执法起着重要的保障作用，它要求警察忠于宪法、服务人民、刚正不阿、执法如山、无私无畏，切实完成维护国家安全，维护社会治安秩序，保护公民的人身安全，人身自由和合法财产，保护公共财产，预防、制止和惩治违法犯罪活动的任务。法律的确立是为了实施、执行，倘若不能依法执法，那么再多的法律也无任何意义，法律的权威便归于虚无。可以说，有法不依等于无法，甚至比无法更糟。那么，如何才能确保警察依法执法。从影响依法执法的主要因素来看，主要来自两个方面，一是外部的影响，二是内部抗力强度。这就是说，依法执法的实现取决于内、外两个条件的根本改观。外部的执法环境得到较大改观，内部的警察道德得到明显的加强，就有助于依法执法。但是，即使外部的执法环境良好，倘若内部自行违法执法，也会使依法执法原则受到破坏。当然，即使外部干涉、影响执法，但执法人员坚持原则、不畏权势、不徇私情，依法执法原则也会得到维护。可见，影响警察依法执法的因素主要是内因和外因，但关键还是通过内因起作用，也就是说，警察作为国家的执法人员，要做到依法执法，必须具备较高的道德水平和道德素养。从这个层面来讲，其一，是必须具备很强的法律意识和法律信仰。法律意识和法律信仰对警察执法来说至关重要，它融于警察的言行和品格之中，是警察职业素养的重要组成部分，对警察的执法行为具有重要的约束和调控作用。在现实生活中，能够依法执法的警察，都与其具备较强的法律意识和法律信仰有关。其二，是必须具备较强的道德意志力。警察道德意志力是警察依法执法的重要调控力量，它是警察在执法中克服困难和阻力，控制行为方向的能力。在现阶段，我国的执法环境不容乐观，权、情、钱、色等各种综合性的复杂因素对警察执法活动的干扰还很大，特别是在市场经济的大潮下，警察执法面临着越来越多的利益诱惑，警察要想在执法活动中排除各种干扰，始终做到秉公执法，就必须具备坚强的道德意志力。因此，加强警察执法的道德教育，提高警察道德水平，增强警察队伍依法执法意识，成为依法执法，乃至依法治国的当务之急。

（二）推进警察公正执法。公正对于警察执法来说具有十分特殊的意义，公正是警察执法活动的最基本要求，是警察职业精神的核心和警察道德的精髓。警察要在执法活动中体现公正的要求，就是要在对待群众和案件当事人所表现出来的以事实为依据，以法律为准绳的公道正直、合情合理、不偏不倚的态度和行为。警察作为社会正义的化身，是维护社会正义的主要力量之一，这一职业角色要求警察在执法过程中必须要坚持法律面前人人平等，只有在执法中发挥维护社会公平和正义的作用，警察才能得到社会和群众的支持和信赖。在确保警察公正执法过程中，道德发挥了十分重要的调控作用。尤其是警察执法活动中自由裁量权存在，就充分地体现了警察道德对警察公正执法的积极调控作用。因为，在自由裁量权幅度和范围内，法律对警察究竟应该怎样和不能怎样执法并没有做出明确、具体的规定。在这种情况下，警察做出的执法行为是否正当、合理，是否公平、公正，关键取决于警察的道德素质。因此，在警察执法过程中，只有将道德的要求积极转化为警察内心的道德自律，警察才会在执法中做到不徇私情、不畏权势、不谋私利，正确处理法与情、法与权、法与钱等关系，在执法中真正做到秉公执法、办事公道。

（三）弥补法律调控不足。警察道德能有效弥补对法律的调控不足，任何一个社会的法律都会不同程度地存在缺位和滞后的现象，这就是法律调控的不足。一般来说，法律调控的不足主要体现在两个方面：一是任何法律都是对各种社会关系制定较为原则性的规定，它不可能对现实生活中各种社会关系的方方面面和细节都做出明确而具体的规定；二是任何一个国家的法律都不可能制定的尽善尽美，也不可能对将来可能出现的法律关系作预见性的规定，都或多或少地存在着一些缺陷和不足。以我国为例，多年以来，尽管我国的法制建设经历了从无到有，从不完善到较完善，从不系统到逐步建立起较为系统的社会主义法律体系的过程，取得了举世瞩目的成就，但是法律滞后的情况还不同程度地存在，并且还存在不少的缺陷和漏洞。随着社会的发展变化，还处于不断发展和完善之中，法律的滞后或不完善，这无疑给警察的执法工作带来很大地困难。在这种情况下，警察道德就会显示出积极的作用，促使警察怀着高度的职业责任感和对人民高度负责的精神，在不违背社会主义法治原则的前提下，自觉保持清廉的本色，积极妥善地解决执法中遇到的各种问题。

（四）减少警察执法负效应。警察执法具有正、负效应的双重性特征。有的警察在执法的过程中，不按照法律规定的程序和处罚规定处理，随意减轻或放宽，随意加重或从严，办权力案、人情案、关系案和金钱案等。法律不健全、不完善，无疑给执法活动带来了很大的困难，面对这种情况，有的警察互相推托，有的借机钻法律的空子，为自己谋私利。所有这些原因都会直接导致警察执法不正当行为的产生，致使警察执法负效应的产生，影响人民警察的个体形象和公安队伍的整体形象，影响党和政府的威信，影响良好的警民关系，甚至使警察工作失去人民群众的支持。警察道德虽然不具有强制性，但一旦变成警察的内在自觉，就会变成强大的内在动力，来制约警察执法负效应的发生。警察道德通过道德评价、道德自律等方式来指导警察的行为和言论，引导警察强化秉公执法、清正廉洁等积极、正确的行为，纠正特权思想、利益驱动、以权谋私，权钱交易、徇私枉法等消极、错误的行为，自觉做到防腐拒贿、不沾不染，自觉抵制不良现象的发生。因此，要制约并杜绝警察执法负效应的产生，就必须不断加强警察道德建设。

（五）促进警察执法正效应。警察道德在制约警察执法负效应发生的同时，还会积极促进警察执法正效应的发生。警察执法的正效应集中体现在它能够正确履行行政执法和刑事执法的职能。正是由于我们公安机关始终注重加强警察道德建设，不断提高警察道德素质，把警察道德的原则、规范真正变成警察内在精神追求和行为的准则和依据，从而确保了警察能够在执法中做到行为和道德的统一，有效地打击了违法犯罪分子，维护了社会治安秩序的稳定，增强了人民群众的安全感，为经济建设提供了一个良好的社会治安环境，从而赢得了人民群众的信任，不断促进执法正效应的发生。警察执法的正效应主要集中体现在两个方面：一是体现在警察自身，通过对警察道德的内化，全面加强警察工作。警察道德要求警察具有鲜明的政治立场，坚决维护党和国家的尊严，坚定信念、听党指挥、忠于祖国。通过提高警察执法的公正性，促进社会主义法治建设，通过提高警察的道德素质，提升警察队伍的战斗力，为广大群众和社会主义现代化建设服务，通过严格的自律精神，培养警察严格执法、依法执法、公正执法的内心信念，增强保护人民群众合法权益的责任感和使命感。二是体现在人民群众之中，通过树立良好的执法形象，使警察执法工作获得群众的理解、支持和拥护。公安机关作为政府的一个重要窗口，是党和政府联系人民群众的桥梁和纽带，警察与广大群众生活在一起，与各行各业有着十分密切的关系，警察能够通过言行举止、服务态度、清廉形象等符合道德规范的行为，得到广大人民群众的支持和拥护，从而更好地履行自己的职责。实践告诉我们，哪个地方的警察道德素质高，哪个地方警察执法所产生的感召力就越强，警察得到群众的支持和拥护就最多，警察执法的正效应也发挥的越充分。只要每位警察都能严格按照警察道德要求严格要求自己，正确行使手中的权力，在自己的工作岗位上勤勤恳恳，刻苦钻研，不断提高自己的思想水平和业务能力，培养出良好的职业情感，磨炼出坚强的职业意志，形成良好的职业习惯，在工作中施展才华，建功立业，在为人民服务的过程中使自己思想得到充实，就能掌握好手中的权、用好手中的权，就会不断促进执法正效应的发生。

三、警察执法道德制约的机制

警察执法道德制约的机制是多方面，根据不同的标准可以划分不同的种类。通常情况下，我们可以将警察执法道德制约的机制划分为警察道德他律调控机制和警察道德自律机制，因此，我们可以通过强化警察道德他律调控机制和警察道德自律机制来加强对警察执法活动的制约。

（一）警察道德他律调控机制。从伦理学的意义上说，警察道德他律调控机制是指警察组织以及社会各界为了使广大警察遵守警察道德原则和规范，更好地履行警察职责，对警察行为所实施的制约。既包括整个社会、阶级、政党和警察组织对警察的指导、约束、激励和制裁，也包括社会公众对警察的监督、批评等。它是以警察行为为直接对象，其目的在于通过对警察行为的引导和约束，强化其在实践中自觉接受和遵守警察道德规范，以调节警察个人目标同社会、警察组织目标的差距，使之与社会发展的需求和警察工作的要求协调一致。警察道德他律调控机制在警察执法中发挥了重要的约束作用，从一定意义上说，警察个体的道德优劣主要受警察组织和社会道德他律调控机制的决定和影响，离开相关的警察道德他律调控机制，警察道德就只能成为抽象的教条和训律。警察道德他律调控机制努力将道德精神诉诸具体的道德制度或道德规范，道德制度或道德规范明确地规定了什么是提倡的，什么是禁止的，什么应该做，什么不能做，警察道德他律调控机制的建立，有利于约束警察行为并引导警察做出正确的道德选择。然而道德又具有相对性和多元性等特点，警察在具体的行为选择过程中，不免经常会遇到各种各样的道德冲突，即按照某种道德准则去选择行为时，却又违背了另一种道德准则的要求。但是无论是遇到哪种道德冲突，都需要警察依据一定的道德标准做出主观判断。警察道德制度或道德规范作为普遍的行为规范，为警察的行为选择提供了一个最基本的认同平台，它可以在多元化的道德环境下建构最基本的社会规范秩序，使警察的执法沿着法治和道德的轨道，以道德制约警察执法，以执法来促进警察道德建设。道德只对讲道德的人起作用，警察道德同其他道德一样，也是一种软规范，对于道德素质较高的警察来说，也许不失为一种低成本的约束机制。但是对于道德素质较低的人来说，道德不过是形同虚设，因此，警察道德必须要借助道德评价、道德教育和伦理制度约束等外在的、他律的调控手段来加强对警察执法行为的约束，使警察道德规范得到更好地遵行。

其一，警察道德评价。道德评价是凭借社会舆论、传统习俗、内心信念等力量，采用一定的道德标准，联系动机与效果、目的与手段，来判断人们行为的道德价值的活动。道德评价是一个社会的道德水平的客观标志，道德原则和规范作用的发挥，社会道德风尚的改善以及个人道德品质的形成，都离不开道德评价。警察道德评价，是指警察依据社会道德的要求和警察道德规范，通过社会舆论、职业传统习惯和警察道德信念等手段，对警察行为进行道德价值判断的活动。警察道德评价的对象是警察的行为，目的是判别警察行为是否正当，手段包括社会舆论、职业传统习惯和警察道德信念三个方面，评价的途径主要包括党政机关、社会团体以及人民群众的评价、公安机关内部的评价和警察个人的自我评价三种。警察道德评价对警察行为的善恶起裁决作用，是警察道德的原则和规范转换为警察道德行为的重要环节。警察道德评价具有深刻的教育作用，是警察辨别善恶，形成正确的道德观念的重要手段。警察道德评价具有突出的调控作用，是形成警察良好道德风尚，调节警察行为的“杠杆”。警察道德评价作为重要的警察道德活动，对协调警察之间、警察与工作对象之间以及警察与社会之间的关系，提高警察的执法道德修养水平，形成良好的警察道德风尚都具有十分重要的作用。

其二，警察道德教育。警察道德教育，就是依据警察道德原则和规范，通过说服、启示、诱导等手段，有目的、有计划地对警察实施系统的道德影响的活动。警察道德教育的内容包括了职业文明习惯和社会公德教育、职业情感和责任感教育、法制和职业纪律教育、集体主义和爱国主义教育、职业理想和人生观、世界观教育以及权力观、义利观教育等，警察道德教育的目的是通过有组织、有计划地进行系统的道德影响和宣传学习，使警察提高对警察道德原则和规范的认识，努力实现道德原则和规范向警察个体道德品质的转换，培养具有良好职业道德素质的警察。抓好警察道德教育，有助于警察端正执法思想，明确警察职业的责任和使命，提高警察的道德素质。警察道德教育是一种组织化、自觉度较高的道德建设形式，它不是以外在强制的形式发生作用，而是以其全面、系统的道德资源，通过循循诱导的形式，让警察道德规范内化，使警察自觉地按照道德准则要求自己，从而实现自我约束的目的。警察道德教育在警察道德内化的过程中，起着非常重要的作用。首先，警察道德教育以筛选、选择、传递那些积极、优秀的警察道德价值观为基本目标和任务，对警察个体的道德养成具有至关重要的正向引导作用。其次，警察道德教育利用全面而系统的道德资源进行有目的、有计划的教育，对警察个体道德的全面发展具有循序渐进的作用。再次，警察道德教育重视实践活动，为警察个体提供集体性学习的环境，并将这一过程设计成有道德楷模、道德人格的示范过程，从而为警察个体锻炼道德实践能力，提高道德交往水平和主体责任意识以及主体人格化建构提供了牵引效能。从现实生活来看不论是警察道德认识的形成、道德情感的培养，还是道德信念的树立、道德意志的锻炼都只能来源于学习教育和道德实践。因此，警察道德教育在任何时候都是警察道德建设中不可忽视和弱化的重要途径和方法。

其三，警察伦理制度约束。警察道德要增强对警察执法的约束，除了要加强警察道德评价和道德教育外，还应加强警察伦理制度的约束。通过伦理制度的设立和完善，强化对警察的道德监督和制约，通过必要的道德奖惩机制，创建良好的道德环境，努力实现社会的公平和正义。伦理制度约束是警察道德发挥作用不可缺失的力量，正是通过警察伦理制度约束，才使善举得到褒扬，恶行得到惩罚，才能不断提高警察执法的权威性，使警察道德得到广大警察的认同和遵守，对警察的执法活动起到积极的强化作用。警察伦理制度约束是一个包括警察机关的法律、职业规章、监督、奖惩、纪律等多种规范要素的有机体，加强对警察执法的道德制约，就需要不断加强警察伦理制度建设，不断健全和完善警察伦理制度，增强伦理制度的约束力。

（二）警察道德自律调控机制。道德规范的他律必须向道德主体的自律转换，否则，对道德主体而言是无任何意义的。因此，对警察道德规范而言，也必须经由道德他律向自律转换。警察道德自律调控机制是指通过警察道德的教育与修养，使警察道德原则和规范融入警察的内心，转换成警察的道德品质与行为准则，发挥着其他权力制约机制所没有的“内心的法”的威力，要实现对警察执法的道德制约，就必须重视和加强警察道德自律调控机制，提高警察个体的道德自律调控能力，充分发挥警察道德自律作用。警察道德调控自律机制的形成过程，也就是警察道德他律向自律转换的过程。警察道德自律是警察个体道德发展的最为重要的一个阶段，也是警察个体道德发展的最高阶段。当警察个体道德处于他律阶段时，对警察职业所蕴含的道德要求以及警察职业与道德的关系还缺乏深入具体的了解，在警察道德实践活动中，运用警察道德原则和规范解决道德问题的能力还不是很强。因而，警察个体所遵循的道德规范和道德要求更多的是处于被动的服从和承受阶段，随着警察道德社会化和警察道德水平的不断提高和发展，警察个体道德的他律阶段必定向自律阶段迈进。经过个体道德发展的他律阶段，警察的道德分析、判断和选择能力不断提高，对按照警察道德规范的要求去尽义务的必要性和重要性的认识就会逐渐加深。这时，外在的、客观的道德要求就会慢慢成为警察主观的道德需要，警察个体道德就会从他律阶段上升到自律阶段。到这个阶段，警察遵守道德规范，就不再是畏惧外在的舆论和赏罚的力量，而主要是服从自由意志的约束。警察道德主要是通过影响警察道德认识、道德情感、道德意志、道德信念和道德良心等，依靠警察的自觉和自愿来起作用的。警察道德必须得到警察内心认同、自愿接受，并且转换为自己的情感和信念，以此来发挥调节警察行为的作用。警察道德一旦变成警察的内在自觉，就会变成巨大的精神力量，发挥着政治规范、法律规范、纪律规范等其他规范所起起不到的作用，深刻影响警察内心依法执法和公正执法的自觉性，对警察执法有强大的制约作用。警察道德自律调控机制是一个综合警察道德认识、道德情感、道德意志、道德信念和道德良心等多种要素的复杂的有机体，警察道德自律调控机制的形成，离不开警察的道德认识、道德情感、道德意志、道德信念、道德良心等内在要素作用的发挥。其一，警察道德认识。警察个体的道德活动首先必须建立在对警察道德原则、规范和道德价值相互关系认识的基础上，警察道德认识是警察个体对警察道德原则和规范的观念性的理解和把握，与其他认识活动不一样，它是警察对错与非、善与恶的价值取向活动。警察道德认识的目的是为了形成道德信念，指导和规范警察的道德行为，追求更高的道德理想目标。警察道德认识从层次上，可以分为道德感性认识和道德理性认识。道德感性认识是警察个体对道德生活的感受和体验，是警察在生活实践中直接接触到的道德现象在头脑中形成的某种印象，属于道德认识的最初阶段。道德理性认识是警察个体对道德概念的判断和运用以及对警察道德原则、规范等理论的思考、运用和掌握，感性认识包括了学习、思考、判断和推理等复杂的道德思维活动过程。道德感性认识只有通过道德理性认识才能上升为道德观念，才能达到对道德的本质和规律性的认识。警察个体正是借助道德的感性认识到理性认识来把握警察道德的本质和规律，从外在的要求到内心的信念，从警察道德他律向警察道德自律过渡。其二，警察道德情感。没有警察道德情感，也就没有对警察道德关系、道德本质和道德规律的认识。警察道德情感是警察个体基于一定的道德认识，对警察道德关系和道德行为的一种情绪体验，是警察个体依据警察道德标准，在处理相互道德关系和评价自身和他人行为时所体验的一种心理活动。警察道德情感来自于警察道德认识，警察道德情感是随着警察道德认识升华而从不稳定到稳定，从平淡到强烈。同样，警察道德情感也可强化警察道德认识的动机，激发警察去把握和认识警察道德的本质和规律，从而把认识转换为自觉的行为。警察道德情感的同其他人一样包括了喜欢和厌恶、痛苦和快乐、愤怒和高兴、勇敢和畏惧等，概括起来，一种是指向他人或社会的道德情感，如同情、尊重、畏惧等一种是指向自身的道德情感活动，如羞耻、自责、惭愧等。然而对警察来说，最重要的道德情感就是职业的责任感、使命感、义务感、荣誉感、正义感以及执法为民的情感等，有了这些道德情感，警察才能在执法中做到依法执法、公正执法、亲民为民、疾恶如仇，才能更好地发挥打击违法犯罪，维护人民群众的合法权益的职能作用，完成党和国家赋予的神圣的历史使命。其三，警察道德意志。警察道德意志是警察主体按照警察道德原则和要求进行道德抉择和行动时调节行为克服困难的能力，是在履行警察道德义务过程中所表现出来的决心和毅力。警察道德规范的他律转换为自律最重要的特征，表现为警察道德主体自身的行为动因由原来的外在约束，转换为内在约束，由原来的外在导向，转换为内在导向，换言之—转换为警察道德主体意志的约束。警察道德主体意志的约束主要表现在对道德规范他律性的认同、警察道德主体为自己立法和警察道德意志对欲望、行为的把握三个方面，警察的道德行为选择，只有伴随警察道德意志，才能克服和排除来自外部因素和内部因素的干扰，始终如一地坚持正确的道德方向。因此，警察道德意志对警察个体来说十分重要的，警察工作具有危险性、艰苦性等特点，经常跟社会阴暗面打交道，面对形形色色的诱惑，很容易受到腐蚀。如果警察没有坚强的道德意志，就难以在复杂多变的社会环境中保持本色，完成警察工作任务。其四，警察道德信念。要真正实现道德的他律向自律转换，就必须要具备坚定的道德信念。道德信念是道德主体对道德理想和道德要求的笃信，警察道德信念是指警察主体对警察道德理想和道德原则和要求深刻而有根据的笃信，以及由此产生对履行警察道德义务的强烈责任感，它是警察道德认识、警察道德情感和警察道德意志的有机统一。警察道德信念来自警察主体对道德的深刻认识，一旦警察主体具有坚定的道德信念，就会把警察道德的原则和要求深深地内化为内心的行为准则，产生强烈地、自觉地去履行道德义务的心理倾向和需要，这时的道德行为不再是出于某种权威或社会舆论的压力，而是完全出于内心的自觉和自愿。其五，警察道德良心。警察道德良心是指警察对他人和社会履行义务的道德责任感和自我控制能力，是道德认识、道德情感、道德意志和道德信念等各种要素的有机结合，是警察道德自律最集中和最高表现形式。警察道德良心是警察道德义务的内化，警察个体道德从他律阶段向自律阶段的升华，也就是从外在的道德义务向内在的道德良心的转化过程。警察凭借着内心的“道德法庭”的良心，发挥着重要的自我约束和调控作用。警察道德良心在警察行为之前，制约警察行为选择的动机，从而使警察选择正确的、道德的行为，避免错误的、不道德的行为。警察道德良心在警察行为进行中，依据道德要求，对警察行为起监督作用。对符合警察道德的行为予以支持，对违反道德要求的行为予以制止。警察道德在警察行为之后，对警察行为的后果和影响起着评价作用，对产生良好后果和影响的道德的行为，警察个体就会感到满意和欣慰，对产生不好后果和影响的不道德的行为，警察就会感到自责和内疚。警察在个体道德自律阶段正是有了道德良心的出现和存在，才提升了警察道德的价值，为警察依法执法和以德治警提供根本保障。

四、警察执法道德制约的实现

警察执法，必然离不开警察道德的支持。警察道德是一种特殊的职业道德，它是通过警察道德意识而形成，依靠警察道德原则，道德规范和职业习惯来维持，以警察必要的自我牺牲为前提来调整警察个人利益与国家、社会、集体利益之间矛盾的一种关系。警察道德调整着警察道德生活中方方面面的关系，重点是调整警察执法主体与客体之间的关系，通过调整执法主体和客体的关系，使每位警察在处理各种社会关系时有所遵循，有所理解，并把道德原则和道德规范转换为内心信念，来指导、规范警察的执法活动。如前所述，警察执法的道德制约机制可以划分为警察道德他律调控机制和自律调控机制。因此，我们可以通过重视警察个体道德的修养，提高警察个体道德水平和加强警察道德伦理制度化建设，增强警察道德他律调控能力两个途径来实现对警察执法的道德制约。

第一，重视警察个体道德的修养。警察个体道德修养是指警察在执法活动实践中，依照警察道德的原则和规范，自觉地进行自我教育、自我锻炼、自我改造和自我提高，以形成高尚的警德和达到更高的道德境界的活动过程。警察道德修养要求警察从社会和广大人民群众的根本利益出发，依据警察的道德原则和规范的要求，对警察的道德行为和品质进行自我省察与自我教育，在道德观念上进行趋善避恶的过程。警察道德修养是提高警察道德素养的必由之路，是警察队伍道德建设的基础，抓好了警察个体道德修养，培养警察良好的道德品质，提高警察的道德自律水平，是制约警察执法权力滥用，执法腐败的重要途径，对警察个体的自我完善和公安队伍建设都具有极为重要的意义。因此，警察个体必须要不断加强自身的学习，提高自身的文化素质和政治理论水平，提高分辨是非能力，树立良好的道德意识，注重加强警察道德情感、道德意志和道德信念等方面的修养，经常检查自己的思想是否正确健康，自己的行为是否符合道德规范。警察注重加强道德的自我修养，警察个体道德就会达到较高的道德境界。警察个体道德素质提高了，就能自觉抵制各种诱惑和腐蚀，在执法中做到依法执法、公正执法，做到全心全意为人民服务。

（一）警察个体道德修养的内容

主要包括了警察内在的道德自律调控机制诸多构成要素的修养以及警察外在的言行举止修养等。其一，警察道德认识修养。主要是指在警察执法活动中，通过学习警察道德的理论、原则和规范，逐步了解警察各项道德要求，把握警察行为准则的过程。加强警察道德认识是提高警察个体道德素质的前提和基础，通过加强警察道德认识可以促使警察树立正确的道德观和执法观。其二，警察道德情感修养。加强警察道德情感修养是提高警察个体道德素质的催化剂，没有对警察事业热爱的真挚情感，就难以有警察执法道德的行为。加强警察道德情感修养是警察个体道德修养的重要内容，警察只有通过道德情感的修养，才能把这种强烈的情感转化为警察自觉的、道德的行为。警察道德情感包括职业责任感、义务感、良心感、荣誉感、幸福感和正义感等。其中，警察的职业责任感和正义感等是最重要的情感。警察道德情感培养的主要内容就是培养警察立足本职、为民执法的高度责任感和疾恶如仇、爱憎分明的正义感等，其三，警察道德意志修养。警察道德意志是把警察道德认识和道德情感变为道德行为的有效保证，警察道德意志修养，主要是培养警察在执法活动中的自觉、果断、自制和坚持的品质，警察只有具备坚强的意志，才能无论在什么样复杂的情况下，都能始终坚持按照警察道德原则和规范要求去履行职责。其四，警察道德信念修养。警察道德信念是指警察主体对警察道德理想、道德原则和要求的笃信，是警察道德责任感的体现。信念是行为的主导，加强警察道德信念修养，把警察道德理想、道德原则和要求内化为警察个体内心的行为准则，警察个体就会产生强烈地去履行道德义务的心理倾向和需要，自觉地做到道德行为的选择和道德信念的一致。其五，警察言行举止修养，警察的言行举止直接反映警察道德素质的高低。警察言行举止修养的要求是言要文明、和气行要依法、公正举止要注重仪表、着装规范和警容严谨，以显示警察良好的精神风貌。警察个体要达到通过道德修养，起到提高道德素质和道德自律能力的目的，除了自觉的道德修养意识和坚强的道德意志外，还必须要掌握正确的道德修养的途径和方法。

（二）警察个体道德修养的途径和方法

主要有以下五种：其一，打牢基础。即警察要自觉地进行道德认识，认真学习警察道德的原则、规范、要求等，认真学习警察道德理论和各种与警察道德修养有关的知识等，这是警察进行道德修养最基本的方法通过对上述知识学习，帮助警察了解警察道德起源、形成和发展等，深刻地把握警察道德的本质、特征、作用和目的等，从而树立起立警为公、执法为民的警察道德观，在执法活动中严格地按照警察道德原则和规范的要求去履职责。其二，树立标榜。“榜样的力量是无穷的”，这句话说得一点也没错，实际生活中的道德榜样和道德典型往往比书本上的道德知识更形象、更生动、更直接、更深刻。在警察执法活动中，一些警察不惧危险、不畏权势、不怕艰辛，忠于职守、清正廉洁、秉公执法、公而忘私，为社会稳定安宁、人民安居乐业做出了积极的贡献，在他们身上闪烁着警察道德的光辉，展现了当代警察优良的作风和良好的精神风貌。以他们为标榜，可以激发警察个体向榜样看齐的动力，对加强警察个体道德修养，提高警察道德素质起到十分重要的作用。其三，寻找差距。通过对警察道德原则和规范等道德理论和道德知识的学习，以及在警察个体道德修养过程中警察道德标榜树立，结合警察自身的道德实践和思想，经常对自我的言行举止和思想进行反省、检查，看是否符合道德原则和规范的要求，寻找自己不足以及和道德标榜的差距，加以克制或矫正，从而不断地鞭策和激励自我不断地提高，这是警察道德修养的重要途径和方法。其四，躬行践履。即参与道德实践，这是道德修养的最根本的方法。无论是道德学习，还是树立标榜、对比寻找差距也好，它们的最终目的就是为了道德实践。道德实践是警察真正理解警察道德原则和规范要求，提高警察道德认识、培养警察道德感情、磨炼警察道德意志、形成警察道德信念的基础，是警察进行自我反省，进一步进行道德修养的途径，是推动警察把握道德要求、提高道德自律水平的动力。积极参加道德实践活动，在道德实践中加强道德修养，就是要求警察个体要做到知行一致，在实践中不断总结自我、不断深化道德认识，不断提高警察个体道德水平。其五，知行合一。警察道德修养是一个不断从认识到实践，再到认识，再到实践循环反复的过程。警察的道德也不是一成不变的，随着社会的发展变化和社会经济结构的改变，对警察不断提出新的道德要求。因而，对警察道德的认识，也应随着时代的潮流，不断再认识、再实践。警察道德修养是一个永无止境的过程，只有持之以恒、坚持不懈，才能磨砺出作风过硬、品德优良的人民警察。道德修养贵在坚持，只有这样，才能适应时代的飞速发展和警察道德要求的不断更新。

第二，加强警察伦理制度化建设。警察道德价值的实现不能完全依赖于警察个体道德自律的基础之上，还需要必要的约束。对于一个道德自律意识比较强的警察个体来说，警察伦理制度在一定程度上并不会影响其遵守更高的道德标准。但对于一个道德自律意识比较差的警察个体来说，警察伦理制度就会迫使他理智地选择遵守有关的规范和制度。也就是说，健全的警察伦理制度可以有效地对警察的行为进行规制，保证警察遵循道德规范和法制的要求，不论这种遵守是出于自觉、自愿，还是出于对功利的考虑。加强并完善警察伦理制度化建设，增强警察道德他律调控能力，对实现对警察执法的道德制约具有十分重要的作用，可以通过如下的途径：

其一，加强警察伦理制度建设。警察道德不能完全依靠警察的精神自律，必须在其运行机制方而运用制度形式加以硬性规定，逐步形成外在的强制性约束，这就需要社会以制度的形式，建立一系列具体、清晰、有明确界限的职业道德规范。警察伦理制度建设，简言之，就是警察道德的制度化或明文化，即把一些警察道德规范和要求纳入制度体系之中，使之获得制度地位上的明确与认可，减少了道德实施的随意性和人为性因素。警察伦理制度建设在警察道德建设中发挥着减少道德实施的随意性，强化警察道德的他律性，矫正警察个体的偏好和价值追求，实现警察道德由他律向自律的转换的重要作用。警察伦理制度建设意味着警察道德的调控机制实现了从非强制性向强制性的转变，不管警察是否接受，都必须遵守和履行，从而为道德的功能的发挥提供了强有力的机制保障，警察伦理制度建设使警察道德实现了存在形式的制度化、调节手段的强制化和作用方式的他律转变。这些转变一方面使警察道德的社会地位更加明确，另一方面使警察道德的践行获得了制度的保障，拓宽了警察道德功能发挥的路径。加强警察道德的制度建设，一方面要使警察道德规范进一步制度化，另一方面则要使制度蕴含合理和公正的要求。加强警察伦理制度建设，是加强警察道德建设，增强警察道德外在强制约束力的重要途径。一是要充实和丰富警察伦理制度的内容，根据时代的发展要求，将对警察执法活动的一些新要求写进警察伦理制度，如个人及直系亲属不得从事与职务活动相关的经营性活动，不得在值班期间饮酒，除公务外，不得着装进入高消费以及娱乐场所等。二是要在警察伦理制度中特别突出警察的执法道德，执法活动是警察最基本的活动，警察伦理制度除对警察规定一般性道德要求外，还应特别突出执法道德，如人性化执法、尊重和保障犯罪嫌疑人权力等内容。三是建立相应的、配套的警察道德保障机制。警察伦理制度建设绝不仅仅只是颁布一些道德规范，除规定一些明晰的规范条文外，更重要的是要建立相应的、配套的道德保障机制来保证警察道德规范的实施，如建立执法回避机制、执法道德评价、道德激励以及道德监督机制等。

其二，改革警察道德教育模式。警察道德认识的提高、道德感情的培养、道德意志的锤炼、道德信念的树立和道德行为习惯的养成都离不开警察道德教育的功用。然而，道德教育总是要诉诸一定的价值观和道德观的灌输。在过去一元化价值观的社会里，警察道德教育简单易行，且容易见效，随着社会的转型，社会价值观、职业道德观念趋多元化，给原有的道德规范体系带来了巨大的冲击。传统的道德教育模式、教育理念、教育方法已不适应现代社会的道德教育发展，必须要改革和更新现有的警察道德教育模式，才能发挥警察道德教育功效。改革和更新现有的警察道德教育模式，首先应调整警察道德教育目标。把培养警察的道德主体性、独立人格精神和独立自主的道德能力引进警察道德教育的目标系统中，实现从培养“道德的执行者”到有创造个性的道德人转变。在多元价值观的社会转型时期，警察道德教育的目的不仅仅是要求警察简单地接受和认同主导的职业道德原则和道德规范，而是要求警察不仅能够“内化”职业道德原则、道德规范的基本精神，并且要求警察能够在特定的价值冲突情境中创造性地运用道德原则、道德规范，使之成为“活的”实践理性。因此，提高警察的道德主体能力和培养独立的道德人格精神应纳入警察道德教育的目标系统。只有这样，才能在多元道德冲突中，既利于发展人、完善人，又利于警察道德的发展和进步。其次，应整合警察道德教育内容，改革警察道德教育方法。将主体性原则作为在警察德育中必须遵循的原则。为此，就必须改变过去那种以灌输为重心，以“说教”为特征的方法模式，把道德灌输与尊重教育对象的理智能力和自主意识结合起来，在警察道德教育过程中，我们要始终把握知行统一、有的放矢、因人施教、教育影响的一致性和连贯性以及尊重受教育者人格等道德教育的原则，对警察实行正面教育与反面教育相结合、必要的奖励与惩罚相结合，典型教育与经常性的思想政治教育相结合、警察道德教育和警察道德实践相结合等灵活的、形式多样的警察道德教育方法，充分发挥道德教育作用，推动警察道德教育不断向前发展。

其三，完善警察道德评价机制。警察道德评价凭借社会舆论、内心信念和传统习惯等手段来调节警察道德生活，同法律评价相比，它产生的影响更深远、更广泛、更持久。它能深入人们的内心深处，对道德的、高尚的行为进行弘扬、推崇，从而可以倡导更多的警察来学习、效仿，促进警察形成良好的道德品质和警察道德风尚对不道德的、恶劣的行为进行批判、谴责和制止，防止其对警察行为产生不良的，消极的影响，从而对警察执法主体形成舆论的压力。在警察执法活动中，以往对警察不当行为的处理多是运用法律的、职业的手段对其进行处罚，而忽视对其进行道德谴责，发挥警察道德评价机制的作用，以至部分警察在利义面前，并不在乎自己的道德声誉，往往择利弃义。而对于法律的、职业的处罚，往往认为是自己运气不好，缺乏正确的道德荣辱观和利义观。产生这种现象的重要原因之一，是由于警察道德评价机制的缺失或不完善，没能形成良好的警察道德评价气候。要完善警察道德评价机制，首先应确立警察道德评价的支点，警察道德评价是以警察道德行为为评价对象的，警察的道德行为是在警察道德意识支配下表现出来的对他人或社会有利或有害的行为，表现为在动机支配下获得某种效果的过程。一般情况下，动机和效果是一致的，但在警察执法活动中，由于各种主客观因素的影响，动机和效果也会出现不一致的现象，如好心办坏事或坏心办好事等。因而，要正确地开展警察道德评价，就应克服动机论或效果论两种片面的、错误的观点，把动机和效果进行有机的结合，联系警察的行为目的和手段，并用实践来进行检验，从而客观、真实地对警察行为进行道德评价。其次，应确立警察道德评价的标准，应把警察道德原则和规范作为警察道德评价的直接标准，把社会主义集体主义原则作为警察道德评价的根本标准，尊重和保障人权以及人性化执法的要求作为警察道德评价的一般标准，来对警察执法活动进行道德评价。再次，应建立和完善群众道德评价为主，领导或同事道德评价为辅，个人道德评价为参照的警察道德评价制度，对警察执法实行专项道德考评，把道德评价的结果引入到警察考察、提拔任用、立功受奖，年度考评等制度或办法中，提高警察道德评价的效能。

其四，实行警察道德激励机制。警察道德激励机制的实行，使警察道德行为公正地得到制度上的鼓励或约束，从而可以最大地避免“英雄流血又流泪”的道德者吃亏现象和“我是流氓我怕谁”的不道德者获利现象。警察道德激励就是一种内在的激励，并且是一种正面激励，它不仅可以激发警察个体内在工作热情，积极进取精神和对警察组织的归属感与依赖情怀，而且可以促进警察内部之间的良性互动，从而建立和谐有序的人际关系。实践证明，这是加强警察队伍道德建设，提高警察个体道德素质的有效措施。警察道德激励机制通常的做法就是奖优罚劣。对于道德的行为，从物质或精神上给予鼓励和激励，对于不道德的行为，实施道德谴责或处罚。警察道德激励具有巨大的精神力量，通过奖优罚劣，来弘扬警察道德正气，维护警察道德尊严，提高警察道德素质，消除警察执法权力滥用和执法腐败等现象。近年来，公安机关虽然先后实行了绩效考核、执法质量考评等队伍管理长效机制，有效地激发了队伍活力，取得了一定的成效。但在目标设置、奖惩兑现、落实力度上仍存在一定的不足，未能充分激发民警工作热情。在宣传教育方面，宣传典型、弘扬正气力度不够，对先进典型只注重了发现、培养，在宣传典型、发挥先进典型的导向性和激励作用方面做得还不够。因而，要充分发挥警察道德激励机制的作用，不能仅局限于对警察道德行为的奖优罚劣。实行警察道德激励机制，还应注重考虑警察道德需要。警察的道德需要应成为实施警察道德激励的主要内容，具体包括了受尊重的需要，即警察的尊严、权利和价值的受尊重公正的需要，包括了分配公正、惩罚公正、补偿公正等情感的需要，包括友爱的需要和归属的需要。若警察个体处在一个公平正义、进取向上、团结友爱、充满温情的集体中，个人就会受到集体力量的激励和鼓舞，而不甘落后，积极工作。

其五，健全警察道德监督机制。目前，我国的监督制度仍然很不健全，公权彼此之间的制约和监督的力度不够，而且往往流于形式。社会层面的监督，因其势单力薄，也往往难以纳入公权的领域和视野，很难真正起到监督和制约的效果。就警察执法监督而言，存在着执法监督的制度不健全、监督与被监督的意识薄弱、监督视野相对狭窄、监督发现问题的途径单一、监督渠道不畅、监督效果不明显等问题，失去监督的权力就必然导致权力滥用，就必然会导致腐败。警察无论职位高低，都或多或少地掌握着一定的权力，警察执法行为是否正当，直接接影响着法律效力的发挥和法治精神的弘扬。因此，加强和健全执法监督机制，对预防警察滥用权力，保证警察认真履行职责和严格、公正、文明执法至关重要。对警察道德行为的监督，关键在于监督和被监督意识的培养和监督机制的健全。一方面，我们可以通过多种综合教育的手段，培养警察监督和被监督意识，提高警察机关内设督察地位，加强督察组织机构建设，配齐配强督察人员，赋予督察相应处置权力，明确督察工作职责，制定操作性强督察工作实施办法，确保警察督察效果。另一方面，我们可以借鉴香港特区或国外警察监督经验，设立一个或多个独立于警察机构的监督机构，对警察执法道德行为实行专职监督，使警察执法和服务活动始终置于其监控之下，以此来保证警察公正执法，热情服务。再一方面，我们还可通过构建内部监督与外部监督相结合，上级监督与下级监督相结合，群众监督与领导监督相接合，法律监督与舆论监督相结合，组织监督与自我监督相结合的多形式，多层次、全方位的监督机制，全面加强对警察执法道德行为的监督和制约。

其六，优化警察执法道德环境。“人是环境的产物，环境可以改造人”，我们在考察警察执法的时候，不得不需要认真地来考察警察执法的道德环境。警察执法道德环境对警察执法的影响具有正、负双重效应。正效应是指警察执法的道德环境对警察依法执法和公正执法有促进和帮助作用，并能抑制警察执法不当行为的发生。负效应是指警察执法的道德环境能够促使警察执法不当行为的发生，并能减少或限制警察执法正效应的发生。目前，我国警察执法的道德环境总体来说，还是不错，但形势也不容乐观，有法不依、执法不严、执法不公、执法犯法、执法权力滥用和执法腐败的现象还时有发生，有的地区还十分严重，极大地损害了警察队伍的形象和党和政府的威信。优化警察执法道德环境就是要促进警察执法正效应的发生，抑制或者制约警察执法负效应的发生。具体可以通过以下途径，一是领导要模范带头。领导以身作则，带头依法执法、公正执法、克己奉公、清正廉洁就会起到弘扬正气的效果。反之领导有法不依、执法不公、以权谋私、贪污腐化，就会起到上行下效、争先效尤的后果。二是社会舆论要正面引导，俗话说“众口砾金”，社会舆论具有很强的威力。优化警察执法道德环境，应充分发挥社会舆论的正面引导作用，对正面的执法效应要多加宣传，对负面的执法效应则应给予无情地抨击和揭露，形成“好人处处受欢迎，坏人无处可遁逃”良好的执法道德氛围。三是加强对警察执法的监督和制约，养成良好的监督与被监督意识，形成良好的监督与被监督氛围。

警察拥有广泛的执法权，警察执法行为使用能否正当，直接关系到社会的安危和人民群众的切身利益。因此，必须要加强对警察执法的制约，切实保障警察执法行为的合理性与正当性，防止警察执法权力滥用、执法不公和执法腐败等现象的发生。法律控制和道德约束是制约警察执法的两种重要手段，法律是一种外在的、“刚”性的、强制的手段，警察道德则是一种内在的、“柔”性、自律性的手段。对警察执法实行道德制约，并非是对法律制约作用的摒弃，而是因为道德的最高目的便是实现道德的自律。道德制约是对警察执法进行制约的最后一道防线，道德制约同法律制约相比，更能够弥补法律调整的不足等。在实践中，对警察执法的实行制约，法律和道德二者不可或缺，我们应充分发挥法律和道德二者的长处，最终做到德法合“制”。

第五章

职业伦理视角下的警察腐败问题研究

第一节 警察腐败问题探源

警察腐败问题是各国刑事司法学界非常关注的焦点问题。任何社会现象的产生、发展都有其深刻的社会政治、经济、文化、思想、历史等方面的原因，警察腐败现象也不例外。遏制警察腐败是一个严峻而艰巨的任务，长期以来我们一直关注制度反腐、法律制腐，而忽视了道德遏腐的巨大作用，忽视了从伦理角度反思警察腐败问题，因而迫切需要加强对构建警察腐败的道德制约的研究和探讨，以推动警察伦理学的学科发展。

一、警察腐败的内涵及特征

“腐败”一词源于拉丁文，意为“贿赂”，比较接近的概念还有拉丁语意为“腐烂”，在韦伯斯特国际大词典第三版中是这样定义“腐败”：通过不正当补偿的方法如贿赂引诱公职人员渎职。腐败形式多种多样，其中司法腐败就是一个国家最严重的腐败问题之一，而警察腐败又是司法腐败中的一个重要类型，因其腐败行为的主体、手段和目的的特殊性而成为理论界关注的焦点和问题。

（一）警察腐败的内涵

综观国内外关于警察腐败的种种定义和概念界定，可谓众说纷纭，但对警察腐败本质内容的认识和观点基本相近。国外学者对警察腐败内涵的界定相对于国内学者对警察腐败内涵的界定，国外学者的观点比较庞杂，美国、英国、澳大利亚等国家的学者从各自国家的警察体制角度出发提出了对警察腐败问题研究的独到见解，可以说是各有千秋。“以权谋私”说在我国认同性比较高，除此之外还有赫尔曼·戈德斯丁对警察腐败内涵的界定是国内多数学者赞同的权威观点。

（二）国内学者对警察腐败内涵的界定

我国学术界在界定警察腐败的内涵时，并没有一个统一的观点。但我们可以大致将国内学者的观点归纳分为狭义和广义两大类。狭义的警察腐败内涵界定，这种观点的代表人物是中国人民公安大学管理系杜晋丰教授。他将警察腐败的内涵定义为“部分公安民警或公安机关的某些单位利用职权，为个人或小团体谋取各种私利的行为。”这一概念是从腐败行为的主体、手段和目的三个核心要素入手来把握公安机关中腐败现象的本质，言简意赅。杜晋丰教授认为警察腐败的实质就是滥用职权、谋取私利，不应把警察腐败的内涵定义过于宽泛，不能把警察所有的不道德行为和渎职行为都算作警察腐败行为。持此类观点的其他的学者虽与之表述有稍有差别，但观点是一致的。广义的界定，这种观点的代表人物是《公安学刊》主编徐镇强，他与杜晋丰观点的不同主要体现为两点：一点是对警察腐败的行为方式的认识不同。徐镇强把警察腐败界定为“所谓警察腐败即指为了自己或他人的私利而违法违规，将警察权力私有化、商品化、市场化的行为。”他认为并不是所有的警察腐败都“滥用职权”，理由是按照我们国家的政策法律之规定，不少警察的腐败行为并不是因为其滥用了职权，而是压根没有去行使职权，如警察见死不救、敷衍塞责等的玩忽职守行为。他认为在这些案件中，这些违法违纪的警察将党和国家赋予的神圣权力给私有化了，当作了“权利”，认为“权利不同于义务，可以行使，也可以放弃不用。”第二点是，对警察腐败的范围界定不同。徐镇强认为警察所有的违规违纪行为都应定义为腐败行为，他把违法违规性作为警察腐败的本质特征之一，并从警察职业的宗旨、警察腐败形势的严峻性、反腐败斗争的艰巨性等方面进行了详细论证。综合国内学者这两类观点，我们可以看出相对于杜晋丰对于警察腐败的内涵的界定来说，徐镇强的界定要宽泛很多，他把警察的所有违法违纪行为都定义为警察腐败。

（三）警察腐败的定义

科学的警察腐败的定义，应包括以下几个要素：即腐败行为的主体、腐败行为的方式、腐败行为的目的、腐败行为的后果。

1. 警察腐败的主体。警察腐败的主体仅限于国家警察机关的警察人员，在我国，人民警察包括公安机关、国家安全机关、监狱、劳动教养管理机关的人民警察和人民法院、人民检察院的司法警察，为了研究的需要和论述的方便，本文主要指公安机关的人民警察。

2. 警察腐败的行为方式。警察腐败的行为方式是滥用国家权力，滥用国家权力包括两个方面：一是利用国家权力实施谋私行为，二是拥有国家权力却不作为。警察腐败的实质是警察权力的腐败，是警察行为中出现的警察权力特权化和私有化的现象。通过把持警察权，将其变成自己谋取私利的政治特权和私有权力，并利用这种蜕变的权力为自己或他人谋得不合法的私利，从而实现警察权力的私有化、商品化和市场化。任何形式的警察腐败现象都离不开一个“权”字，也就是一切以警察权力为中心。或者以贪污的方式中饱私囊或者以行贿的方式买通当权者，利用其权力满足自身的私欲或者以接受贿赂的方式，采取合法乃至非法的手段为行贿者牟取不正当的利益。

3. 警察腐败行为的目的。警察腐败行为的目的是谋取私利，即为个人、亲属以及所属群体谋取利益，从根本上说还是为个人谋取利益，所谓利益，是指在一定经济基础和社会关系中人的需要的满足，包括物质利益和精神利益，腐败者追求的主要是物质财富，他们动辄成百上千贪污公款，腐败案件中受贿金额清晰地表明了腐败者这一目的。另外值得重视的是，按照马斯洛需求层次理论，除了满足物质财富的需要以外，人们还追求政治上的显赫和精神上的满足，因而基于职位升迁而进行的权权交易，或者为了显示自我能力所进行的滥用职权的行为都应称为警察腐败，而不应将警察腐败仅认定为受贿。

4. 警察腐败行为的后果。警察腐败行为的后果是严重损害国家和人民的利益，其行为后果相对于其他腐败行为来说更为恶劣。警察腐败是掌握公共权力的警察利用其职权严重违背警察权力宗旨的社会危害行为，是一种警察职权运作过程中的异化现象。这种异化现象主要表现为某些警察利用维护国家安全和社会治安秩序的职权，进行损害国家安全和社会治安秩序的行为。利用保护公民合法权益的职权进行侵犯公民合法权益的行为。利用预防、制止和惩治犯罪的职权进行危害社会的行为，上述这些行为严重了会构成犯罪。公安机关作为国家的专政机关，警察是国家、政府在社会公众心目中的形象代表。警察职权的行使事关国家、社会和公民利益，一旦发生职权异化，则严重危害国家的司法职能，损害国家政权清正廉明的形象，极易滋生司法腐败，使法律丧失应有的权威，从而降低全社会的守法尊法的观念意识，造成极其严重的社会影响。综合以上四要素，我们可以对警察腐败定义如下：警察腐败即人民警察滥用职权，谋取私利，严重损害国家和人民利益的行为。正确理解警察腐败的内涵必须注意以下两点：第一，警察腐败的实质即警察权力的异化，亦即警察权力的滥用。滥用国家权力包括两个方面：一是利用国家权力实施谋私行为，二是拥有国家权力却不作为。不行使职权，如警察见死不救、敷衍塞责等玩忽职守行为本身就是对警察所拥有的国家权力的一种滥用。当然我们应考虑到，国家权力行使者同时具有公民权，这种权利不属于国家权力，因此，国家公职人员发生的谋私行为算不算腐败，取决于他是否利用了国家权力。第二，对于警察腐败内涵的界定不宜过于宽泛。不能把警察所有的违法违纪行为都定义为警察腐败，不与警察的职权相联系所发生的腐败行为，不应称之为警察腐败。警察腐败概念的泛化有许多弊端，它会过分夸大现有的警察腐败问题，降低党和政府的威信，动摇我们治理腐败的信心，但最主要的，这种概念上的模糊和混乱会使反腐倡廉工作失去理论基础，长此下去，必将严重影响反腐败斗争的开展。

二、警察腐败的特征

（一）腐败主体的特定性

警察腐败是由于警察滥用职权所产生的腐败行为，因而腐败主体是特定的，即人民警察。主要指公安机关的人民警察，警察是受国家的委托，根据法律的授权，代表国家行使社会管理职能，在执行职务、履行职责的过程中，其权力的运用具有明显的不平等性和强制性，对违反国家法律的公民、组织的人身、财产可以采取直接的强制手段进行处置。由于其身份的特殊性和公务活动的广泛性，权力本身所固有的强制性和被服从性，如果缺乏必要的监督和制约，则极易导致权力的扩张及私欲的膨胀，诱发各种腐败现象。

（二）社会危害的严重性

警察腐败直接侵害了人民群众的利益，降低了公安机关的执法权威和公信力，影响了党和政府的形象，危害性极大。

第一，警察腐败破坏全面依法治国方略的实施。警察腐败导致执法不公，如果公安机关的执法天平歪斜，损害社会主义国家法律的统一和尊严，会造成执法力度不统一、执法标准不统一、法律价值观念不统一，使社会主义法治建设和依法治国方略成为空谈，动摇人民民主专政的基础，危害中国特色社会主义制度的发展和完善。

第二，警察腐败引起社会法律价值观与道德价值观的裂变，破坏社会主义社会秩序。警察腐败可以引起许多社会价值观的改变，其中最重要的就是在一定程度和范围内引起法律价值观与道德价值观的改变，人们会深受其害和影响，导致社会走向无序和混乱。警察腐败的存在，致使群众对公安机关执法的公正性产生怀疑，严重损害了公安机关执法公正的形象。

第三，警察腐败致使广大群众对警察执法公正产生不信任感，有损警察执法公信度。警察执法公信度来源于警察执法公正性、严肃性和有效性的提升。警察腐败导致执法不公，必然破坏执法的公正性，由此导致司法裁决不具有权威性，不能令人信服，造成人民群众怀疑甚至蔑视法律，严重的还会践踏法律。

三、警察腐败的形成原因

任何社会现象的产生、发展都有其深刻的社会政治、经济、文化、思想、历史等方面的原因，警察腐败现象也不例外。警察腐败在世界范围内普遍存在，在我国也是一个不争的客观事实。警察腐败的形成，除了一般性原因外，更有其特定的时代性和中国特色，以下从经济、制度、职业、道德、心理等方面探求警察腐败的原因。

（一）市场经济原则的社会泛化

20 世纪 70 年代末，中国进入了改革开放的时代，改革是一场意义深远的革命，涉及到我国经济基础和上层建筑的各个领域，同时引起人们的生活方式、思想观念、价值观念、道德行为等方面的巨大变化，特别是市场经济改革为公安工作带来了一展宏图的机遇，也引发许多问题。

1. 市场经济趋利原则的泛化，造成了个别警察“全心全意为人民服务”的宗旨发生动摇。市场经济通行的是“大利大干，小利小干，无利不干”的处事原则，如果把这一原则引入人民警察的工作，就会诱导某些立场不坚定的警察重利轻义、唯利是图、唯钱是举，导致拜金主义，从而使人民警察全心全意为人民服务的宗旨在某种程度上受到影响。市场经济通行的是“争强好胜，优胜劣汰”的竞争原则，这一原则渗入人民警察的队伍，如果不加以正确引导的话，就会诱导一些人为了战胜对手而不择手段地投机钻营，为了显示自我价值而弄虚作假，沽名钓誉，使一些人的价值取向转向实用主义，诱导一些人一切从自我需要出发，以自我为中心不讲道德、不顾人格地欺下蒙上，打击他人，抬高自己，从而淡化集体主义原则。

2. 市场经济自主原则的泛化，使一些警察服从命令、遵守纪律的优良传统受到影响。市场经济通行的自主原则要求权利平等、公平竞争，增强了人们的民主意识，突出了人的自主地位，冲击着形形色色的特权现象。但是，由于一些民警认识上的误区，将民主推向极端，崇尚绝对自由，重民主、轻集中，重自由、轻纪律，重权利、轻义务，从而组织观念弱化，纪律意识淡薄。

3. 市场经济等价交换原则的泛化，侵蚀了人民警察无私奉献和团结协作的精神。等价交换的原则一旦成为处理警民关系、上下级关系、同志关系的方法，就会造成人与人之间物物交易、钱权交换以及一些见不得人的肮脏交易关系。如果公安队伍内部的人际关系、警民关系如此演变的话，必然会侵蚀人民警察的无私奉献和团结协作的精神，这些问题将会严重损害人民警察队伍的凝聚力和战斗力。

总之，市场经济改革这把双刃剑在增强人民警察的竞争观念和效益观念的同时，也使部分警察的价值观发生了裂变，价值观发生裂变的警察，在其职务活动中，只要机会、条件成熟，其行为就不可避免地偏离法律和道德准则，产生腐败。

（二）警察管理体制的缺陷

我国现行公安管理体制形成于社会主义建设从计划经济向市场经济转型时期，是一种“条块结合，以块为主”的警察管理体制，这种体制对于确保党对公安工作的绝对领导，保证政令、警令畅通，落实公安工作的属地管理原则，充分发挥地方党委、政府维护社会治安工作的主动性、积极性等方面起到了重要作用。但是，随着国家经济、政治体制改革的深入发展，作为国家管理体制重要组成部分的公安管理体制，也越来越不适应形势和任务发展的要求，并成为诱发警察腐败的一个重要原因。

1. 警察选拔任用制度不健全是导致腐败的源头。“进口”关把不住，“出口”关不畅，加之教育培训不得力，是公安机关滋生腐败的一个不可忽视的重要因素。由于种种原因，公安机关进人关很难把住，那些不符合民警条件的人通过各种关系和途径，混入了公安队伍。有的人本身素质就不高，能力又不强，要求调进公安局的目的本来就不是为人民服务的，而是看上了公安“这身衣服”，看好公安“这块招牌”，好利用这些有利条件为个人捞取好处，因此，这些人进了公安机关，有了人民警察身份后，就不是好好工作，而是通过各种方式为自己谋私利，甚至走上违法犯罪道路。而公安机关受各种因素制约，又很难把他们清调出去，这些人严重败坏了公安机关的形象，对其他民警的负面影响也不可低估。

2. 警察监督体制不顺是警察腐败的重要原因。警察腐败现象的主要原因是制约机制不完善，尤其是现有监督机制的运行不畅和没有充分发挥其反腐防腐的作用所造成的。目前对公安机关执法行为的监督主体众多，有内部监督也有外部监督，从外部看，公安机关的执法行为要接受权力机关的监督，各级纪检监察机关的监督、新闻媒介的监督、人民群众的监督等，从内部看，公安机关有专门的警察督察机构，如此众多的监督主体对公安机关的工作进行监督，理论上说应该使腐败行为无法遁形直至杜绝，但警察腐败现象仍然存在而且有蔓延之势，监督乏力是主要原因。

3. 内部督察条例完善，督察失之偏颇。相对于外部监督而言，内部监督显得更为重要，然而公安机关也没有形成一个行之有效的监督体系。公安警务督察机构工作的法律依据主要是《中华人民共和国人民警察法》《公安机关督察条例》《公安机关督察条例实施办法》等规定，《公安机关督察条例》第四条至第十二条以及《公安机关督条例实施办法》第二条、第十五条、第三章、第四章对督察机构、督察人员的职责做了规定，从《公安机关督察条例》《公安机关督察条例实施办法》的规定看，督察职责主要是对公安机关及其民警的履行职责、行使职权和遵守纪律的情况进行现场督察、当场处置。但从对警察内部的影响力和权威性，特别是对违法违纪民警的威慑力方面来看，我国的警务督察工作还远没有达到应有的作用。现有的督察体制固然也有对上级监督机构负责的条条规定，但机构设置、人员配备、人员选择、组织人事关系等仍是以块为主。这种传统管理模式，具有较大的局限性，督察工作停留在浅层面上，对一般干部督察多，对领导干部尤其是主要领导干部督察少、督察难。目前公安内部监督主体因缺乏独立性而受制于监督客体，无法对最需要监督的人实行有力监督。也由于公安内部监督方面的政策和纪律大都还没有上升到法律的层面，对领导干部的行为约束力不大。在监督方式上，重视事后监督忽视事前、事中监督，重视自上而下的监督而轻视自下而上的监督。对于执法者的腐败、渎职行为往往只搞一些突击检查，没有实行监督责任制，被监督者有时也会受到上级官员的袒护，减轻或免除了对腐败分子的处罚，降低了腐败的成本，致使监督的权威和公信力受到蔑视。正是因为对警察腐败行为的内外监督乏力，没有形成一股合力，从而为腐败现象的滋生蔓延提供了可乘之机。

（三）警察职业的特殊性

把警察工作的特殊性作为其腐败的原因之一，是国内外学者的共识。只不过因为各国警察管理体制的不同，学者们的观点略有差异。学者们普遍认为警察是国家机器的组成部分，承担着打击犯罪和社会管理的职权，而这种职权又是国家直接赋予的，具有权威性、惩罚性、强制性特点。

1. 权力相对集中使腐败成为可能。虽然权力并不必然导致腐败，但是，权力却是导致腐败的必要条件，而且绝对的权力会导致绝对的腐败。人民警察不论职务高低，手中都掌握着一定的权力，特别是一些特殊部门的岗位，权力尤其集中，如派出所、治安队、车管所等，权力过于集中，则增加了腐败的机会和条件，犯罪分子为了逃避法律制裁，任何手段都可能使用，部分群众为图办事方便，也会送给警察钱物或允诺某种好处，导致钱权交易的产生。

2. 身处环境特殊容易成为拉拢腐蚀的对象。警察是一支打击犯罪、维护社会治安的队伍，为了完成这一职业使命，警察经常需要出人一些藏污纳垢的场所，尤其是外勤警察，接触的社会黑暗面更多。犯罪分子特别是犯罪团伙的世界本身就是一个腐败的世界，警察在这样一个环境里活动，往往成为拉拢、贿赂的目标，因为警察的腐败是对犯罪分子、犯罪团伙生存的支持。警察若不注重自己的修养，情趣不健康，就会陷入腐败的泥潭而不能自拔。

3. 工作方式隐蔽为腐败提供了条件。警察的工作性质决定了警察要经常进行独立性活动，同时还要经常接触一些贵重物品和金钱，缺乏相对透明度和必要的监督，这就为某些警察的腐败开了方便之门，是导致类似顺手牵羊式的挪用、侵吞等警察腐败的环境因素，这也是为什么警察系统的腐败要比其他部门产生多的关键性原因，这一点也一再为国际国内警察腐败的客观事实所证明。

（四）职业道德的缺失和道德人格的分裂

警察职业道德的缺失和道德人格的裂变，滥用国家赋予的权力来寻求更多的“寻租机会”，换取金钱以满足个人或小团体的私利，是滋生腐败的另一方面的重要原因。

1. 警察职业道德缺失。当前，我国警察职业道德的缺失主要表现在以下六个方面：一是理想信念缺失，一些警察平时不注重政治学习，不追求进步，致使“三观”发生蜕变，抛弃了共产主义的理想信念，认为“理想是远的，主义是空的，权力是硬的，钞票是实的”，因此不想“空远”的理想，抛弃“空”的主义，抓住“硬”的权力，捞取“实”的金钱。把金钱和物质享受作为人生的最大理想和信念，有的为了达到自己的目的，不要法律、不要正义、不要灵魂。二是宗旨观念淡薄，少数警察存在着特权思想严重，服务意识弱化。有的处理不好公仆与人民的关系，总以管人者自居，漠视群众疾苦，有的处理不好公仆与权力的关系，将自己凌驾于法律之上，滥用人民给予的权力，有的处理不好公仆与利益的关系，一味地追逐个人利益，以权谋私，以身试法。三是执法水平不高，有的警察在职业活动中，处理不好情与法的关系，在个人的感情、亲情、友情面前，搞权情交易，有的处理不好权与法的关系，在有权有势的人及其亲友面前，搞权权交易。四是廉政意识不强，有的警察经受不住物质、金钱和美女的诱惑，见钱动心，见利忘义，见色动情，沦落为道德败类。五是纪律作风涣散，有的警察不服从工作安排，在领导面前讲价钱，有的在工作中不遵守规章制度给犯罪分子通风报信，有的警察仪容不整、着装不规范。六是执法态度粗暴，个别警察在执法过程中，对犯罪嫌疑人搞刑讯逼供，对前来报案、办事、求助的群众，态度冷漠、生硬、推诿，办事拖拉。

2. 道德人格发生分裂。从道德人格的心理特征上看，自我同一性是健康道德人格的一个特征，它是指个人在不断变化的社会生活中始终保持其道德人格或内在品格的本质或基本方面的一致性。人格的分裂是一种病态的人格，腐败警察的人格分裂表现为这些人表面冠冕堂皇，讲得头头是道，实际阳奉阴违、口是心非，明一套、暗一套，台上做报告一套，台下又是另一套。在人前，他们道貌岸然，俨然是一个立党为公的好干部，在人后，却是不顾党纪国法，丧失了起码的道德，为了自己的私利可以抛弃一切。警察走上贪污腐化的道路，与他们没有真正的高尚人格追求有直接的关系。

3. 不健康心理的存在。人类的任何行为都不是无理由发生的，而是一种隐藏的心理活动给予的指示。而人脑对生活中的任何感觉和想法，也就是我们俗称的心理活动，都会从人的行为得到解释和表现。我国的行为理论研究学者认为人的行为是由动机支配的，而动机是由需要引起的，因而研究个体的行为及其一般规律性，必须要从个体的心理需求入手。警察队伍中腐败行为是与部分警察的不良心理密切相关的，警察腐败主要是由以下种不良心理引起的。其一是变态权力心理，表现在对权力认识、权力者道德、情感、态度上的扭曲，把人民赋予的权力私有化，把个人看成是权力的主人，认同“不捞白不捞”“有权不用，过期作废”。少数警察掌握一定实权之后且即将退下来，看着自己在位时间不多，担心一旦失去权力，什么也没有了，便产生了用权谋私捞一把的想法，用商品交换原则代替法律原则，用权钱交换原则代替人民公仆原则。其二是从众心理，掌握一定职权的警察看到他人利用手中的职权，以权谋私，搞权钱交易，至今还逍遥法外，认为安分守己“吃亏”，感到别人能要，自己不能要是个傻瓜，由此产生从众心理，跟着利用自己手中的职权谋取私利，由小错不断发展为大错，最终走向犯罪的深渊。其三是侥幸心理，由于行贿和受贿过程中常是一对一的行动，而且行贿者和受贿者行为都比较隐秘，是天知地知、你知我知、别人不知，隐蔽性较强。认同你用我的权，我得你的钱，是天经地义的，只要把事办成了，你就不会告发。因此产生了侥幸心理，越陷越深，不能自拔。其四是投机心理，个别警察为了追求非法物质利益，千方百计找路子，钻空子，利用手中权力，对经济活动搞权力干预，以权谋私。有的钻法律体系不严的空子，刻意研究市场经济的法律漏洞，逃避制裁。有的钻内部制度不完善的空子，把本单位职业、人事、财务等关键岗位都换用“自己的人”，利用监督制约虚设和人、财、物管理混乱的状态，猛捞一把。

第二节　警察腐败的经济伦理审视

进入新时代，警察腐败问题成了一个不容忽视的社会问题。当前，学术界对警察腐败问题的研究，更多的是热衷于单从各自的学科背景侧重政治、法律、经济、文化、心理等方面进行研究。对警察腐败问题的进行经济伦理学解读实属少见，因此，本节尝试就探讨警察腐败问题另辟研究思路和拓展研究视角，拟从经济伦理的角度来研究警察腐败问题，从而提出有针对性、实效性的遏制和预防警察腐败的对策和建议。

一、警察腐败内涵的经济伦理解读

作为学术研究对象的警察腐败，因其职业的特殊性、角色权力的公共性、与社会生活的紧密联系性而有别于一般意义上的腐败。对警察腐败的概念界定是开展警察腐败与反腐败理论研究的起点和基础，这就要求概念上的可操作性、可观测性，以及与学科其他概念定义的逻辑自洽性。但从目前所查找的研究文献来看，当前理论界从经济伦理的角度界定和解读警察腐败，学者们似乎忽略了这一研究层面。因此，下文尝试从经济伦理学的角度探析警察腐败。

（一）警察腐败内涵

研究的逻辑起点应从经济学分析的腐败角度出发，理论的承接能提高研究的确定性。经济学话语中的腐败，从市场经济理论来看，腐败是腐败主体将市场交换原则运用于公共管理职能活动中，使公共权力与私人财富之间发生交易的行为。从“委托—代理”框架下定义腐败，罗斯·阿克曼说：“我指的是，所有未上报上司而由代理人收受的支付。不过，许多第三方的支付的确是非法的，正是在这个意义上我称它为腐败。”① 以此视角定义腐败，可以理解为腐败就是作为理性经济人的公共权力执行者，未经委托人同意利用公共权力来获取私利的行为。从经济伦理的角度来理解，腐败是国家公职人员由于考虑私人的金钱、地位和利益而偏离作为一个公共角色所具有的正式职责的行为，或者是违反那些旨在反对谋求私利的规则的行为。② 综合上述对腐败内涵的经济学分析，可以得出一个结论：腐败的实质是公共权力与经济财富之间的市

① 苏珊·罗斯—阿克曼．腐败：从政治经济学角度的研究［M］．纽约：科学院出版社，1978：7.

② 杭行．腐败现象的经济伦理分析初探［J］．复旦大学学报，2004，(2)：108－115.

场化交换。而警察腐败与经济伦理有着密切的联系，需要我们从经济伦理的层面对警察腐败的内涵进行探源。警察腐败是政治腐败的一种，通常是指警察利用公共权力谋取不正当的资源或利益的行为。权力的本质属性是公共性，但权力是由个体来行使的。作为一名警察，从职业角色的公共性来讲，必须要具有公共服务意识，但从个体生活的现实性来说，也具有私人之欲。因此，从经济伦理的层面界定警察腐败，需把握其职业角色的个体性和社会性特征，才能准确的触及内涵的本质。警察腐败是指公安机关及其干警为了自己或他人的私利，滥用公权或偏离其公共职责的社会现象，以及把警察权力私有化、商品化、市场化的不良行为。警察腐败作为一种社会现象，其后果除了直接影响当事人之外，还会对其他人和社会产生不良影响。警察腐败的社会影响范围不仅仅局限于腐败者本身所贪污或受贿的金额，更严重的是扭曲了社会资源配置，妨害了社会公平和效率，削弱了政府合法性，降低了公安机关的公信力，败坏了社会风气。

（二）从经济伦理层面来看当前警察腐败的现象和行为

其一，破坏社会效率的行为。有的警察掌握着稀缺资源分配的公共权力（例如特殊行业许可证的审批、发放），按照程序的运作规定，有一套严格的分配、发放制度规范着当事人。但是社会中有些人愿意超出标准以外来支付的意愿，公权的代理人看到了这种需求，于是代理人与第三人之间不谋而合，出现钱权交易，产生了腐败。随着腐败的不断发展，理论上社会中任何人都可以沿着队列通过支付贿赂以一个较低成本以获取许可证。似乎已经表明，所产生的腐败还传达出这么一个效率信息："当经营者以最低的成本获得了许可证，社会也节省了大量宝贵的资源。"但是对此现象和行为分析尚未完成，该交易不仅违法而且有悖社会伦理。而且在现实生活中，只有那些与拥有公权力的警察关系密切的人，才会有可能进入这一队列，这种腐败行为破坏了社会效率。

其二，有损社会公平的行为。警察手中的权力是一种稀缺的特有资源，这决定了权力的可交易性。权力被正当的授予警察，这是基于组织对他们的信任。如果警察贿赂上级领导，获得高一级的职位。那么所有候选人谁能提供更多的贿赂就有更大机会击败其他人获得此职位，这样一来，买家之间的竞争将是一场不公正的竞争。行贿者用其他资源去换取权力资源，行贿者得到权力价值的效用大于他本人付出的代价。这样权力在一定程度上又赋予了那些非组织、政府信任的行贿者手上，他们可以用这种扭曲的权力进行非正当行为。这样，腐败和随之而来的危害社会公平的行为就产生了。公平竞争是市场经济的基本特征和本质要求，作为市场经济的动力机制，它能提高经济活动的效率，能使市场资源最优化配置。社会生活中，警察作为公共安全利益的代表，拥有强制性的权力。如果权力主体通过非法使用审批权、治安权、惩罚权获取不当私利，而市场主体通晓和屈从权力运行的潜规则，为了避免在竞争中失败，又不断贿赂权力主体，那么会极大破坏市场公平竞争原则，从而影响社会经济发展。

其三，降低公安机关公信力的行为。市场经济是一种信用经济。在市场中，警察是为公众提供公共安全产品服务的国家权力代表者，与服务对象之间也存在着信任关系。例如：在杭州“富家子弟飙车案”中，几位警察所做出的七十码车速的原始交通勘察记录，是一种不诚信的行为。这种行为，在这几位警察看来并不重要，理所当然地认为是自己职权内的管理行为。但是就是警察中滥用职权的个别不诚信行为，最后导致法治理念得不到有力彰显、公理荡然无存，使得人民群众对整个警察队伍执法过程的公平性产生怀疑，正义遭受羞辱，公安机关得不到应有的尊重，无形中降低了公安机关的公信力。

二、警察腐败的经济伦理归因分析

伦理已越来越多地被用来分析当前的经济问题，一些经济学家认为，经济的学科表征是纯技术性。但是，还有人认为，经济行为的行动者是人，分析经济行为时需要考虑到人的方面。因此，道德因素为经济问题分析中提供了一个更准确的结果。“斯密问题”的提出，的确困扰了近两个世纪的学者们。社会中现实的人，利己和道德是主导人行为的两种力量。因此，基于经济伦理学中“经济人”和“道德人”观点，在社会生活实践的环境中，我们具体分析警察腐败产生的原因。

（一）警察腐败产生的客观原因

第一，从经济伦理的角度看，社会资源的稀缺性使得警察的权力增值，客观上为警察腐败的产生提供了滋生土壤。首先，之所以权力会与腐败紧密联系在一起，主要是权力的特性和权力的运作方式为腐败的产生提供了机会和条件。权力具有强制性、扩张性和侵略性，当将执行法律的权力授予公安机关后，具体执行的警察个体认识到权力资源的稀缺可以获利，因而不可避免的会把个人意志渗透到权力的具体运作中，以达到个人目的。其次，公安机关的警察待遇相对偏低，劳酬不对称的补偿行为，是导致警察腐败的直接原因。改革开放四十年以来，人民的生活水平已有较大幅度的提高，享受着改革开放的成果。但和整个社会状况相比，各地公安机关警察的工资待遇低、职业保障制度不完善、无房或买不起房的状况依然十分突出。随着改革的深入发展，社会治安形势日趋复杂，警察的职业风险性和工作强度较以前成倍增加，但其价值并未得到充分体现，具体体现为警察个体工作的付出和应得的报酬明显不对称。这样一来，相对贫困的手握权力的警察，在追求高消费、高享乐的生活方式的驱动下，利用手中的权力进行权钱交易，收取好处费、辛苦费等“灰色收入”成为必然。由此，使警察腐败成为可能。

第二，基于警察腐败者对“成本—收益”分析，为选择腐败行为提供现实成本参照。腐败主体实施腐败行为，首先要考虑“成本—收益”的分析，只要其收益大于成本，即便有很多的风险，理性经济人也会选择去做，尤其当监督弱化的情况下，腐败发生的概率更大。著名经济学家贝克尔指出：“当某人从事违法行为的预期效用超过将时间及另外的资源用于从事其他活动所带来的效用时，此人便会从事违法，由此，一些人成为‘罪犯’不在于他们的基本动机与别人有什么不同，而在于他们的利益同成本之间存在的差异。”① 作为警察，同样也是理性的经济决策者，也会根据私人收益与私人成本的比较来决定自身的行为，权衡成本分析，易偏向于腐败行为的选择。另外，从边际分析的角度来看，警察一旦获得职位之后，维持职位就相对容易，若腐败，无论多少，被查处后都将丧失职权。这意味着警察只要开始第一次腐败，其继续腐败的边际成本就非常小，很难自发停止腐败活动，从而会在腐败泥潭中愈陷愈深。在腐败收益过高而其成本较低的情况下，警察权力的腐败具有其历史和现实的必然性。

第三，委托代理机制失衡，为警察腐败提供了契机。警察属于国家的公务人员，应该是公共性、公益性的受托人，而不是“不忠”的代理人不断地寻求自己私利的攫取者。在委托代理的关系当中，由于委托人与代理人的效用函数不一样，国家委托人追求的是社会效益的最大化，而代理人是追求自己的工资福利收入最大化。腐败的关键在于代理人未经委托人同意，在失衡的委托代理机制中，公共权力的代理人利用委托人信息的不对称，对委托人不忠诚，不正当地运用公共权力直接获取或从其他人那里牟取契约之外的私人利益。由此，警察腐败产生成为

① S. 贝克尔．人类行为的经济分析［M］．上海：上海人民出版社，1995：63.

应然。

（二）警察腐败产生的主观原因

第一，对个人私利不断攫取的欲望是产生警察腐败的心理动力。亚当·斯密在《国富论》中已经详细论述了人的自利性行为创造了社会财富的经济学逻辑，并且认为人的自利性不仅存在于经济领域，而且存在于人类社会全部活动领域。马克思早就指出经济决定政治，一切政治活动归根到底都是为了获得经济利益而进行的，政治权力是用来实现其经济利益的手段。“经济人”假说认为任何人都无法摆脱经济人这一属性，经济人总是在外部环境既定的条件下，选择对自身最有利的经济方案，寻求自身行为的利益最大化，把这一假设推广开来分析腐败行为的主体，每个“经济人”假设的警察个体都有腐败的心理倾向和可能性。

第二，市场利益导向观念的变化，市场经济逐利性的影响是产生警察腐败的直接主观动因。利益和利益追求体现经济活动的价值取向，利益的实现则是经济行为的价值判断标准。① 在现实条件下，经济因素在社会生活中的作用越来越大，政治因素的绝对地位逐渐演化为经济因素占主导，人们的社会价值取向和价值标准发生深刻变化。国家公务人员追求的本应是公共利益的最大化，他们手中掌握的权力本质上是由人民赋予的，使用权力的真正价值在于维护人民的利益。因此，在伦理上要求警察应当公共的、规范地运用权力。但是在市场经济大潮中利益观的剧烈冲击下，人们长期以来形成的信仰、理想、人生观、价值观等与市场经济带来的变革产生激烈冲撞，利益观念的异化也导致腐败在社会中滋生和蔓延。某些警察只认识到了自己的权力和利益，而没有认识到职业的责任。在社会实践中，获取利益不是依靠履行职业责任，而是靠其职业特权、违背职业基本准则来获取。又加上社会中消费水平的反差和

---

① 陈宝庭．经济伦理学［M］．大连：东北财经大学出版社，2001：17.

贫富悬殊距离日益加深的现状，刺激了人们对物质利益的追求，一些警察在这种冲击力下迷失了方向，忠诚信仰发生动摇，个人欲望恶性膨胀，无视党纪国法，更置起码的社会公共道德于不顾，追求享乐，产生腐败。

第三，公平竞争规则与观念的异化是产生警察腐败的现实主观原因。社会生活中，一些市场主体没能深刻认识到市场经济中公平竞争的题中之义，害怕市场中公平竞争，企图另辟捷径，采用找关系说情、给回扣、给好处费等违背市场游戏规则、非公平竞争的投机取巧手段甚至贿赂手段取得竞争的胜利，这就违反了市场经济的本质要求，这些行为既是非法的，更是不道德的。手握权力的警察生活在真实的社会环境中，某些警察看到了市场的需求，加之自身对公平观念的不认同，对市场竞争规则曲义理解，容易产生一种“有权不用过期作废”特权思想和攀比心理，利用法律赋予警察的特殊权力，滥用职权，弄权勒索，大肆进行权钱交易，为自己的私利奔走，腐败由此应然而生。

从研究人的行为及动机的角度出发，经济学与伦理学是紧密联系的。警察腐败问题正是典型的经济伦理学问题，公共利益的实施主体不再是一个作为整体的虚幻概念，而是现实地由众多的人组成，他们与普通人并没有本质的区别。价值观、利益观一旦出现偏差，功利思想出现扭曲，失去伦理约束，实践活动就会出现盲动。当腐败发生时，研究他们的行为诱因和心理动机，将有助于我们找到有效的遏制和预防警察腐败的约束性措施和对策。

三、基于对警察腐败经济伦理分析，遏制与预防警察腐败的对策

警察腐败问题既影响社会政治稳定，又影响到经济发展和社会进步，遏制和预防警察腐败关键在于建立科学的反腐机制和有力的措施和对策，把腐败发生的可能性减到最小。

首先，提高警察腐败的社会成本，特别是提高警察腐败的道德成本。警察腐败行为表面上看是权力的非公共运用，深层次的原因却是经济利益的问题，因此，警察腐败具有典型的经济性。在特定的制度条件下，警察腐败是警察个体进行成本—收益计算的结果。腐败收益虽是变量，但是它是腐败分子的自我选择，总是使其尽可能的大，以便值得其冒险一搏。所以抑制警察腐败的重点应该放在扩大成本上，使之尽可能地大于预期收益，使作为“经济人”的腐败分子觉得成本太高划不来，而终止腐败行为。而美国政治学家克利特·加德在研究了大量的反腐败案例的基础上，用一个公式表达了腐败行为产生的动机：腐败动机 = 贿赂 - 道德损失 - [（被发现和制裁的机会）×（所受惩罚）] > 薪金 + 廉洁的道德满足感。从此公式可以看出，腐败分子的道德损失是一个重要的变量。警察被誉为是“法律的化身，正义的使者”，职业的公益性和崇高性使得从业人员应该是良好社会道德的践行者和倡导者。因此，提高警察腐败者道德成本的措施切实可行，而且具有职业的针对性。实践中应从加强警察的伦理监督、加大对警察腐败的道德惩罚力度等方面采取有效措施来预防和遏制警察腐败。

其次，注重引导警察负向不公平心理，抑制警察腐败。作为社会特殊职业的从业人员，警察的确在维护国家长治久安、稳定社会秩序、保障人民安宁、祥和的生活默默地奉献着。如果按市场的等价交换原则，警察的付出与个人的收益存在着现实的巨大差距。这种差距反映在警察个体心理上所表现出就是一种负向不公平心理。如果实践中长期不注意警察个体负向不公平心理的调适，那么久而久之会直接影响到警察个体借以“自然”或“不得已”的托词滑向腐败。因此，正确引导警察负向不公平心理，势在必行。实践中，我们应注重从警察职业的崇高性、警察群体中涌现的英雄事例增强从警人员的责任感和归属感以克服个体负向不公平心理，抑制警察腐败。

最后，健全和完善警务监督机制，创新防治警察腐败的技术手段。不受监督的权力必然产生腐败。目前，警察队伍中出现公权产业化严重腐败的现象只能说明公权力执有者还没能得到严密的、有效的监督。为此，公安机关内部建立、健全财务联网的信息共享、共查系统，为警务工作中的经济款项的调查、查检提供全面、客观、实时的信息，从完善审计制度上防控腐败。当前，警察权力的行使还缺少公开性和透明度，导致了大量的暗箱操作、权钱交易。因此，从源头上防止腐败，一个重要的措施是充分运用信息高新技术，大力推行电子警务，构建新型的防治腐败信息公开机制，完善权力运行机制，使公安机关的职权、办事程序、办事过程、办事结果、监督方式等公开透明，有效避免出现暗箱操作和腐败行为。

第三节 构建警察腐败的道德制约机制

一、道德制约对警察腐败的作用机制分析

（一）道德制约对于警察腐败具有能动作用

警察腐败的道德制约首先在于道德的社会功能，亦即道德对社会发展的能动作用。用伦理学原理来解释，道德是同政治、法律一样，是社会调控力量，它可以将社会成员的行为尽可能地引入现实直接需要的秩序范围，以保持社会及其各个生活领域正常运转。可以说，没有道德的支持，人类社会就难以健康发展。当然，这种道德必须符合历史发展的规律和社会前进的方向，有利于解放和发展生产力。同时，道德还是一种强制力量，包括“外在强制”和“内在强制”。所谓“外在强制”，

不是像法律那样靠强制手段来进行，而主要是靠社会舆论对人和事进行评价，形成一股强大的外在压力，指导人们应当做什么、不应当做什么。所谓“内在强制”，是指人的良心、道德信念、道德情感和价值观等，是人自觉自愿地按照一定的信念该去做什么，不该做什么。如果一个人做了不道德的行为，内心就会产生内疚、惭愧、不安和后悔等心理反应，从而抑制不道德行为的产生。反之，当人们缺乏道德观念时，他们虽然具有一定的是非分辨能力，但在实施行为时，便会置一切道德于不顾，甚至走上犯罪道路。因此，道德的控制力量，是任何外在的力量所无法比拟的，在一定意义上甚至比法律的强制力量还要大。对预防警察腐败来说，道德的作用机制主要在于强化行为人内心的道德自觉，激发其自尊心、耻辱感和荣誉感，从而使他们行为更具有道德性。

（二）道德制约可以弥补法律、制度制约之局限

警察腐败的道德制约还在于其能弥补法律和制度的局限。法律不是万能的，现实生活中许多方面也客观存在着“法律不能”的现象，更何况我国现在的法律体系还不完善。同法律一样，制度同样存在局限。一方面，我国现行的公安机关领导体制和管理制度还有一定的缺陷，公安队伍长效管理机制还未真正建立。另一方面，即使建立了完善的制度，还必须由具体的人来执行，而人的素质和道德状况直接影响制度的执行情况。正如一个国家无疑需要有良好的制度设计和制度安排，但制度设计和制度安排并不能解决制度运行中的问题，它只是通过政府的日常工作，通过公务人员的对公共权力的行使，才能使制度设计和制度安排获得实现的可能。所以，在制度设计和制度运行之间，特别是作为社会公共权力职业主体的人民警察，是极其重要的中介因素，是不可或缺的桥梁。如果进一步分析的话，那么人民警察的素质和道德状况又是最为关键的因素。有人认为，警察腐败是由于权力制约机制不健全而造成

的，可是，为什么在法律和制度日益完善的情况下，警察腐败现象仍普遍存在？为什么同在一个地区、同在一个单位，有的人腐败而有的人不呢？最重要的因素就在于人的素质问题，更准确地说在于人的道德素质问题。当然，我们强调警察腐败的道德预防，并非否认法律和制度的作用，而是侧重探讨如何以道德来弥补法律制度的缺失和疏漏。就预防警察腐败来说，就是既要建立和完善法律和制度，又要充分发挥道德和其他社会调控手段的作用，这样才能从源头上防止警察腐败行为的发生。

（三）道德自律是反腐倡廉的最高境界

反腐倡廉是严峻而艰巨的历史任务，防范腐败有多种机制，我们可以归纳为四种：一是防范机制，二是惩治机制，三是保障机制，四是自律机制。防范机制解决的是“不能腐败”的问题，要着眼教育、立足防范、见微知著、关口前移。惩治机制解决的是“不敢腐败”的问题，要着眼惩处、立足警戒、不枉不纵、以儆效尤。保障机制解决的是“不需腐败”的问题，要着眼投入，立足扶持，保障有力，减少利诱。自律机制解决的是“不想腐败”的问题。在这四种机制中，道德自律是我们追求反腐倡廉的最高境界。“暗箱操作”，权力失去监督，就好比见不到“阳光”，容易滋生腐败制度不完善，机制不健全，管理有漏洞，就好比病菌赖以滋生的土壤，必然产生腐败最令人担心的，也是我们最需要高度关切的是由于思想教育乏力“廉荣贪耻”还没有成为普遍的社会心理和价值观念，享乐主义、拜金主义和极端个人主义等腐朽思想泛滥，这就好比生命不可离开的空气受到污染，“病菌”必然要传播蔓延，导致怂恿、扩展腐败。道德自律就是对腐败“病菌”借以传播蔓延的“空气”进行“过滤”的“净化器’，制造新鲜“空气”的“清新剂”，是反腐倡廉的治本之策，能有效防止腐败这个“病毒”的滋生与传播。加强警察思想道德建设，形成公安廉政文化就是要以文润心、育德，以文遏欲、止贪，以文反腐、倡廉，最终达到“以文化人”的目的，即由摄于惩罚的“不敢贪’到基于制度的“不能贪”，到浸于文化的“不想贪”和“不愿贪”。这个“不想贪、不愿贪”，正是我们所追求的反腐倡廉的最高境界。

二、构建警察腐败的道德制约机制

从伦理的视角来探讨遏制警察腐败问题，一方面要从“外”部构筑警察道德的制度保障机制，另一方面要从“内”部加强警察个体道德建设，最后养成良好的警察职业和生活操守，使警察道德由同化到内化，由他律到自律，从而远离腐败。

（一）完善警察职业道德规范体系

警察的职业性质决定了警察职业不同于其他职业，属于社会“敏感”职业，因此对警察职业道德的要求更高。然而，在现实生活中警察职业伦理建设存在很多问题，从某种意义上说，警察腐败与警察有没有恪守职业伦理有密切的关系。众所周知，人们在任何一个领域都必须树立本领域的职业道德信念，恪守本领域的职业道德规范，否则，就难以胜任自己的职业，也难以完成自己的职业任务。完善警察职业道德规范体系，应从以下两个方面入手：

1. 明确警察职业道德原则。警察职业道德规范体系包括警察职业道德原则和警察职业道德规范两个大方面内容。在警察职业道德规范体系中，警察职业道德原则居于主导地位，是警察职业道德体系的核心和精髓，具有广泛的指导性和约束力，是区别于其他职业道德类型的最根本、最显著的标志。人民警察职业道德基本原则，是人民警察在履行职责过程中所应遵循的根本准则和总体要求，是调整人民警察内外道德关系的最根本的出发点和指导思想。人民警察职业道德基本原则的内容是

“执法为民”，即人民警察在执法过程中，每一个方面、每一个环节都要真正体现人民的愿望，满足人民的需要，维护人民的利益。然而在现实生活中，部分警察却背弃了执法为民的原则，基层公安机关与人民群众“鱼水关系”在许多人那里已异化成“油水关系”，因而当前对于公安机关来说，转变执法观念，牢固树立执法为民的职业道德原则，已是刻不容缓的头等大事。切实做到执法为民，人民警察需要做到以下四点

第一，坚持执法为民，必须实现执法观念的转变。目前，警察执法观念上存在着许多问题，主要有重管理轻服务的观念、重指示轻法律的观念、重打击轻保护的观念。这些观念，严重影响了执法活动的客观、公正性。这些年，公安队伍发生的一些问题，主要发生在执法工作上，人民群众对公安队伍意见最大的、反映最强烈的，也大多是执法问题。而执法工作出现的问题，根源于一些民警法治意识、宗旨意识淡薄。要解决这些问题，最根本的就是端正执法思想，转变执法观念，旗帜鲜明地反对特权思想，彻底抛弃那些不合时宜、模糊甚至错误的执法观念。

第二，坚持执法为民，一定要严格按照实体法和程序法办事。人民警察在执法活动中，不仅要严格遵循实体法，而且必须按照法律规定的步骤、方法、方式、期限执法，决不允许违反法定程序的现象存在，一定要摒弃过去那种“重实体轻程序”的旧的执法习惯，强化程序意识。

第三，坚持执法为民，一定要讲究文明执法。在加强政治文明建设的形势下，一定要全面理解执法行为的服务性、亲和性与严肃性、强制性的辩证关系，坚决纠正执法中的粗暴和越轨行为，特别是所谓“暴力执法”。在执法中务必讲究文明礼貌、人文关怀，把以理服人、以情感人、依法办事统一起来，从而实现执法为民的目的，力求便民利民而不扰民害民。

第四，坚持执法为民，必须加强对执法行为的监督制约，防止权力滥用。

2. 完善警察职业道德规范。警察职业是一门拥有特殊职权的职业，警察权力能否正当行使关系到执法公正，关系到党和政府的形象，因此，规范警察权力的运营无疑成了警察职业道德的核心内容，特别是在社会转型时期，各种新旧伦理观念互相冲突，善恶是非界限非常模糊，警察在复杂的环境和利益中很难保证警察权力的正当行使，需要职业道德规范来规范警察行为。但是，随着时代的发展，警察职能的拓展，警察职业道德规范也应不断地丰富和发展。完善警察职业道德规范体系，除了要考虑吸收以往一切理论研究与实践的成果外，更重要的是要考虑如何适应新形势，有针对性地解决警察队伍中新出现的和可能出现的各种道德问题，体现新时代的要求。近年来，公安部颁布了《公安机关和人民警察为警清廉“十不准”》《公安部“五条禁令”》等，这些规定对警察职业道德的制度化、规范警察职业行为起到了很好的促进作用，但还是有待于进一步具体和完善，使之更具有操作性，不仅应明确警察的职业权限和义务，而且应对警察做出具体的禁令规定。

（二）健全警察道德监控机制

警察道德调控机制是培育警察道德的重要机制。警察道德调控机制是指通过一定的途径和方法对警察不道德的行为进行调节，对警察道德的行为进行鼓励，从而使警察遵守道德规范和原则，养成一种良好道德品质的制约机制。警察道德的调控机制不是自发形成的，而是在警察职业实践活动中，通过道德评价等多种途径建立起来的。健全警察的道德调控机制要充分发挥新闻舆论、警察法和警察纪律这些调控手段的作用。

首先，充分发挥新闻舆论对警察行为的抑善扬恶作用。对警察来说，新闻舆论是警察道德的守望者，警察的一言一行都在其监视之下，稍有什么不道德的行为就会被及时揭露出来。新闻舆论对警察行为的调节功能主要体现为两点：一是对警察行为的价值导向功能，新闻舆论能将一定的警察行为准则、价值观推荐给警察成员，通过个体的认知过程在其内心树立初步的道德观念，从而控制和影响个人的道德需要、动机和行为。二是对警察行为的监督功能，新闻舆论的监督是警察腐败监督主体中重要组成部分，通过新闻舆论的监督使警察执法公开化、透明化，在新闻媒体的监督下，警察的行为会迫于舆论压力不得不让自己合乎新闻媒体所倡导的道德要求，近几年来，国家加大了反腐力度，许多高官纷纷落马，当然其中不乏公安民警，新闻媒体从中发挥了巨大作用。比如原天津市公安局局长武长顺、“中国第一大款警察”林福久、原深圳罗湖公安分局局长安惠君等警察中的腐败分子经新闻媒体曝光后，对民警们起了极大的威慑作用。通过充分发挥新闻舆论的调控功能，讴歌典型人物和先进事迹，曝光负面不道德的现象，从而达到影响警察行为的作用。

其次，严明警察纪律、贯彻警察法，对警察的不道德行为进行规范。相对于新闻舆论这种调控手段而言，警察纪律和警察法具有强制性，警察行为如果违反了警察法或警察纪律的要求，就要承担相应的法律责任或纪律责任。根据《中华人民共和国人民警察法》，人民警察必须遵循相应的纪律，这些纪律中明文规定不能贪污腐化，可是警察腐败现象仍然存在而且腐败又出现新的变种，可见警察法和警察纪律并没有落到实处，其对警察行为的调控并没有发挥其应有的强制作用。要遏制警察腐败，就要严明警察纪律，严格贯彻警察法，使警察从一开始迫于外力被动遵守这些规范到自觉地使自己的行为符合警察道德规范，并内化为内在的需求，成为一个有道德的人，一名合格的人民警察。

（三）完善警察道德评价机制

道德评价就是人们依照一定的道德标准和道德要求，借助于传统习惯、社会舆论、点内心信念等方式，对行为做出是非善恶的价值判断，从而达到扬善抑恶、使人们形成良好道德品质的一种评价活动。儒家倡导"有善不赏""君子必稀有恶不惩""小人必猖"。美国思想家霍尔德·尼布尔也认为，如果一个社会好人得不到好报，恶人的得不到惩罚，却仍然要求人要无条件的讲道德，把道德的本性看作是自我牺牲，就会造成个体道德与社会伦理的悖论即道德的人和不道德的社会。警察的道德评价机制主要通过个人内在的道德良知和外力的舆论等作用来影响警察的行为，并通过个人的"内在道德法庭"和社会的"外在道德法庭"对个人的执法行为进行审视、监督，从而起到规范警察行为，让警察行为朝着善的方向发展。劳伦斯·谢尔曼有关警察腐败的"烂口袋"理论，实际上就折射出警察道德评价的不完善，当腐败现象初露端倪之时，没有人去谴责这一行为，既得利益者逍遥法外，而守法者却得不到褒奖，于是腐败就由"烂苹果"个体腐败发展为"烂口袋"集体腐败，因而完善警察的道德评价机制是消除腐败的主要方面，同法律评价相比，它产生的影响更深远、更广泛、更持久，它能深入警察的内心深处。

完善警察道德评价机制应从以下三方面展开：首先，应科学定位警察道德评价的标准，应把警察职业道德规范、警察法中有关警察执法行为要求的部分内容及警察执法行为，是否以人民利益至上纳入到警察道德评价标准的内容之中，并坚持评价标准的客观性、相对稳定性和层次性。其次，应坚持正确的警察道德评价原则，在对警察的行为进行道德评价时应坚持动机与效果相统一的原则。马克思主义伦理学认为，判断行为的道德价值，既要看动机，又要看原则，动机与效果是辨证统一的原则。一般情况下，动机和效果是一致的，但在警察执法活动中，由于各种主客观因素的影响，动机和效果也会出现不一致的现象，如好心办坏事或坏心办好事等。因而，要正确地开展警察道德评价，就应克服动机论或效果论两种片面的、错误的观点，把动机和效果进行有机的结合，联系警察的行为目的和手段，并用实践来进行检验，从而客观、真实地对警察行为进行道德评价。再次，运用合理的警察道德评价方法。坚持自我评价、领导或同事道德评价和社会公众的评价相结合的方法，通过同行评价和社会公众的评价，对警察个体行为形成一个激励效果，从而提高个体的道德认知水平，达到自省、慎独的最高境界。

（四）落实警察道德保障机制

警察道德的制度保障体系中的各个组成部分是紧密联系，相辅相成的。警察道德的调控机制是警察道德评价机制的保障，如何使警察的道德评价机制和警察道德的调控机制正常发挥其应有的作用，还须有健全完善的警察道德保障机制，警察道德的保障机制由奉献回报保障机制和道德规范制度化所构成。国内众多学者在研究中发现，警察腐败向纵深化发展的一个重要的心理原因，就是因为警察的心理失衡，从而破罐子破摔，滑入腐败的沼泽而无法自拔。警察道德保障机制的实行，使警察道德行为公正地得到制度上的鼓励或约束，从而可以最大地避免“英雄流血又流泪”的道德者吃亏现象和“我是流氓我怕谁”的不道德者获利现象。警察道德保障机制也是一种激励机制，并且是一种正面激励，它不仅可以激发警察个体内在工作热情，积极进取精神和对警察组织的归属感与依赖情怀，而且可以促进警察内部之间的良性互动，从而建立和谐有序的人际关系，实践证明，这是加强警察队伍道德建设，提高警察个体道德素质的有效措施。警察道德激励机制通常的做法就是奖优罚劣，对于道德的行为，从物质或精神上给予鼓励和奖励，对于不道德的行为，实施道德谴责或处罚。警察道德激励具有巨大的精神力量，通过奖优罚劣，来弘扬警察道德正气，维护警察道德尊严，提高警察道德素质，消除警察执法权力滥用和执法腐败等现象。

（五）加强警察的职业伦理教育

所谓警察职业伦理教育就是通过说服、启示、诱导等手段向警察传输警察职业道德规范，使其自觉遵守这些规范的一种职业伦理建设的方法。加强警察职业伦理教育应该注重对警察进行多方面、多维度的教育并注重教育方式的创新。在教育内容上首先，树立爱岗敬业的道德理想，人民警察应具备强烈的责任感、爱国情和使命感，充分认识警察职业的社会价值，不能把这一职业仅仅当作是谋生的手段，而应有超越生存目的之上的追求，信念、理想、荣誉成为警察职业活动的动力源泉，从而让警察在维护国家长治久安、保障人民安居乐业的平凡岗位上，实现人生的自我价值。其次，树立服务人民的道德理念。全心全意为人民服务是人民警察的宗旨，是人民警察职业道德的重要内容，也是人民警察职业道德教育的最终目的，正如因公殉职的人民卫士任长霞在日记中所写“能成为一名打击犯罪、保护人民的人民警察，能亲手抓获犯罪分子，还老百姓公道，是我人生最大的追求。”再次，形成尊重人权的道德意识。警察必须形成尊重人权的道德意识，培养对人的权利和自由倍加尊重的现代价值观，尊重和保障人权，这样才能进一步体现警察执法为民的道德理念。最后，培养公正执法的道德习惯。警察作为执法主体，必须具备公正执法的道德习惯，警察只有坚持公正执法，才能够做到在履行法律职责中忠于职守、唯法是从、刚正不阿、廉洁公正，才能不惧以权压法、以言代法，避免徇私枉法、贪赃弄法，这是警察职业道德的必然要求。

第一，加强警察院校预备警官的职业伦理教育。警察院校是专门培养警察的摇篮，是警察正规教育的基地，对警院学生进行警察伦理教育历来是警察院校的一项重要任务和使命，各警察院校一般也都是按照警察的标准对学生进行职业伦理教育。加强对警院学生的职业伦理教育，一方面是通过课堂教学来进行，特别是通过思政课的教学，以培养警察的政治品质，提高其执法的政治素质，通过警察伦理学的教学，使学生受到警察道德原则和道德规范、道德责任和义务、价值目标和行为模式等各个方面的系统训练，培养学生良好的职业伦理意识，树立正确的人生观、价值观。另一方面，警察院校的教师和管理干部自身必须要有良好的德行，以德执教，使学生受到无形的熏陶，从而培养出道德高尚、文明执法、公正执法的预备警官。

第二，坚持在职警察的职业伦理继续教育。从道德发展变化的角度来考察，随着社会经济的不断发展，社会对道德的要求也就越来越高，道德教育的内容也应随着时代的发展而发展，因此，警察职业伦理教育不能一蹴而就，也不能一劳永逸，必须反复进行。必须坚持职业伦理继续教育，以战训基地为主要载体对不同警种，结合工作特点和时代要求，持续不断地进行职业伦理训练，从而不断强化警察的职业道德理性、职业道德心理、职业道德习惯等。

第三，重视道德实践活动。实践是进行警察道德教育的基础，实践是道德教育的目的，实践是检验警察道德教育成效的唯一标准，实践还是警察道德完善和发展的动力，离开了社会实践和道德实践，警察职业伦理教育只能是空谈，说得再好也无用。要使警察拥有良好的职业道德，必须开展丰富多彩的道德实践活动，使每一个警察在活动中自觉或不自觉地受到教育和引导。开展道德实践活动不能走形式，不能拘泥于表面，而是从小事做起，一点一滴积累。

（六）培养警察正确的职业角色意识

警察角色是个体以警察的身份参与执法活动，行使国家赋予的职业权力，承担着治安管理和预防、侦查、揭露犯罪等责任和任务。警察不仅是犯罪分子的克星，还是人民的公仆，因此，社会对警察的角色形象就有了更高的期待与更高的道德要求。因此，警察要有警察角色意识，努力完成自己的角色使命，遵循警察角色的行为规范，成为一个有道德的人，一个道德高尚的人。警察角色意识，是对与警察地位相应的修养、风格、言行举止习惯等的理解和掌握状态。衡量警察角色意识应从以下三个方面入手：首先，看警察角色意识是否明确，即是否清醒地理解和掌握了以警察的权利、义务为核心的警察角色意识的要求。其次，看警察角色意识是否坚定，即是否自觉地坚持警察角色标准、履行警察义务。再次，看警察角色意识是否优良，即是否按社会规定理解和执行警察角色要求，如果警察角色意识掺杂了很多同社会规定异向或反向的意图，就是劣质的。警察应从以上三条进行自身审读，培养警察的角色意识。对于人民警察来说，准确地定位自身角色是执法公正、远离腐败的前提。如何准确定位警察角色呢？关键是要明确警察角色的行为标准，即把握警察角色伦理的主要内容。警察角色伦理的基本内容是奉公、廉洁、刚正、客观、平和、谦抑、持衡，其中，奉公是警察办事的基本要求，警察在具体的执法过程中，必须爱护集体事业，一心为公，尽心尽职奉行公事，以国家和人民的利益为重，不徇私情。廉洁是对待钱财应持的基本态度，就是要克制私欲，不受不贪，清白不污。廉洁是警察角色的从警之本，是警察角色伦理应当遵循的最基本、最重要的角色伦理准则。保持廉洁本色是警察的道德义务，也是警察应有的最基本和最重要的道德品质，警察只有做到廉洁才能不为不为外物所累，不向外物所屈，才能坚守正义的阵地，守护正义的大门。刚正是对待邪恶势力态度的高尚情操，不畏权势，不逢迎附和，执法如山，铁面无私。警察职业的特殊性使警察在执法的过程中会受到许多人情关系的干扰，警察群体中的腐败分子就是在执法的过程中没有正确处理法与权、法与情的关系，导致警察角色的失范，甚至滑入犯罪的深渊。客观是客观公正地行使职权，平和是一种执法平和如水的理性态度和新境界，谦逊即行使职权应当保持足够的谨慎、自制和谦逊，持衡就是信守制度的公正。这些都是警察角色伦理的重要内容，遏制警察腐败，就是准确定位警察角色，保持刚正不阿、不畏权势和执法平和如水的高尚情操，真正做到奉公、廉洁、客观、持衡、谦逊。

（七）养成警察的职业和生活操守

养成良好的警察职业和生活操守是加强警察个体道德建设和构筑警察道德制度保障机制的目的和结果，警察在工作和日常生活中只有坚持良好的职业和生活操守，才能使警察道德真正由他律走到了自律，达到警察道德的最高境界，从“不敢贪”转变为“不想贪”。生活操守指个体在日常生活层面的道德意识、道德行为，是个体价值观念、道德修养、服务作风的综合反映，是个体内在道德品质和外在行为方式的集中体现。对日常生活层面道德要求的目的在于规范个体的日常行为，使个体在社会上生活得更有尊严和价值。警察由于其所肩负的神圣使命，不仅要遵守角色伦理、职业道德的要求，在日常、私人生活当中同样要遵守一定的道德要求。警察在日常生活当中除了扮演普通公民的角色，也是警察工作者，其一言一行都在公众的注视之下，但部分警察在生活中贪污腐化、奢侈浪费，不注重自身的生活操守，这些行为和现象会造成极坏的社会影响，严重影响了警民关系，使警察在人民心目中的公正形象受到破坏，给群众留下了“有钱就能赎罪”“有钱就能摆平一切”的极坏印象。因此，在日常生活中，警察应注意严格要求自己，保持警察的良好形象。具体来说，警察职业和生活操守道德内容包括庄重、诚信和热情三个方面。庄重指的是仪表整洁，谈吐得体，举止端庄、稳重，孔子曰“君子不重则不威”法律是威严而神圣的，其威严不仅在法本身，而且也可以通过警察的形象折射出来，因为警察形象代表着国家的形象。不管在工作中还是日常生活中，警察都要严格遵守警容风纪，做到警容严整，着装规范，仪表端庄，以体现出警容、警威，保持警察良好的形象，警察有了良好的形象，公众就会尊重他们，不法分子就会望而生畏，行贿、权力寻租现象就会大大减少。诚信指的是信守诺言，说到做到，对于警察而言，诚信是其重要的生活操守内容，诚实守信是警察的立身之本、处世之道，是做人的基本原则，是衡量其品行优劣的道德标准之一，也是警察与人交往的一种道德原则和行为规范。警察中的腐败分子在实施腐败行为时隐藏、掩盖违法现实，给自己的行为找借口，披上“合法”的外衣，本身就是对诚信原则的践踏，因而遏制警察腐败，必须使警察树立警察的诚信意识，对于警察而言，最大的言行一致就是要忠实于对社会、对人民的承诺，把人民的安危、人民的利益放在心上，担当起社会、人民卫士的角色，认真善待和敬畏权力，认真对待自己的工作，以实际行动保护人民的生命财产安全，履行自己的职责，这样才能让人民感到安心，赢得人民群众的爱戴。

第六章

人民警察职业伦理的探索和争鸣

第一节　人民警察形象伦理

进入21世纪以来，形象作为一种无形文化资源越来越受到人们的重视，世界上任何一个国家、民族、政党、一种行业都具其特有的、体现自身特点的具体形象。我国公安机关的人民警察作为国家机器的重要组成部分，代表国家行使社会管理的权力，担负着维护社会秩序，惩治犯罪，保卫国家和人民安全的责任，是与人民群众在日常生活中接触最频繁、最直接的职业。尤其是随着科技的进步和全媒体时代的到来，微博、微信、微视频的兴起，“微力量”已经成为一股不可小觑的力量，涉警网络舆情已经成为树立良好警察公共形象无法避免的新挑战。因此，培育高素质的人民警察，树立良好的警察伦理形象，构建警察形象伦理，是加强新时代警察公共关系建设的重要目的之一，也是开展公安工作和公安队伍建设的前提和基本保证，更是塑造警察良好公共形象的重要途径。

一、警察形象伦理的概念及内容

（一）警察形象伦理的概念

要明确警察形象伦理的基本概念，首先要了解什么是形象，“形象是一种公众评价，警察形象是公众对警察组织的整体评价。”① 孙娟在《警察公共关系理论与形象战略》一书中这样界定警察形象。虽然众多学者对警察形象的概念定义观点各有所见，但归结起来一般认为警察形象是警察各种综合表现给人的直观的、具体的、形象化的总看法、印象或感受。从社会、公众角度出发，警察形象即社会公众对警察组织或个人综合表现的评价和看法。警察无论是代表国家执法，还是进行社会管理、服务群众，总是在社会活动中进行，不可能脱离开社会生活。因此，公众对警察的印象的感知，是通过警察在其日常活动中综合表现总结出来的，而不是凭空臆造的想象，因此说社会公众是警察形象的最客观、最合适、最有力的评定者。同时，警察的行为、活动作为社会公众的评价的客体，通过信息传播媒介的传递，无论善、恶、美、丑、优、劣的形象都会在公众的总体评价和行为中呈现出来。而警察形象伦理是指警察通过其伦理目标理念、伦理精神追求、伦理行为方式等综合展现出来的警察职业群体的精神风貌、品格形象。警察形象伦理的内容主要有外部伦理形象和内部伦理形象组成，其中包括警容伦理形象、执法伦理形象、素质伦理形象、服务伦理形象等。

1. 警容伦理形象。警容风纪指警察的着装，举止、仪容、礼仪等，人民警察的警容仪表是警察给予公众最直接形象的之一，根据《人民警察内务条令》第十五条至十八条规定人民警察必须保持警容严整，

① 孙娟：警察公共关系理论与形象战略［M］. 北京：中国人民公安大学出版社，2000，121.

精神振作、行为规范。具体要求包括：着装规范整洁，仪表端正威严，言行文明得体，态度谦和谨慎等。警容伦理形象是警察展示给社会公众的第一印象，让公众从感官上直接获知警察的纪律和精神风貌，是警察形象伦理的基础。

2. 执法伦理形象。警察机关是国家机器的重要组成，国家赋予其警察职权，作为执法权力机关，主要依靠执法活动履行职能，而在执法过程中警察所展现的执法伦理形象是警察伦理形象的核心。因此，警察组织的执法水平和质量直接影响着警察的整体伦理形象。警察在执法过程中的一言一行，举手投足都影响着公安队伍在人们心目中的警察整体伦理形象。

3. 素质伦理形象。警察素质包含公安队伍整体素质以及警察个体的综合素质两个方面。警察个体素质直接影响着公安队伍素质整体性提高，提高警察个体素质是打造过硬的公安队伍必然要求。警察素质包括政治、业务、文化、身体、心理以及个人修养等。政治素质是核心，业务素质是基础、身体素质是保障、心理素质是精神支柱，提高警察综合素质是树立和维护警察形象伦理的必要条件。

4. 服务伦理形象。“服务人民”是新时代公安机关队伍建设和执法服务的总目标和要求。公安机关及人民警察要牢记为人民服务的根本宗旨，要坚持以满足人民日益增长的美好生活需要为目标，积极适应人民群众新期待，想群众之所想，为老百姓办实事、办好事、解难题，树立良好人民警察服务形象放在工作首位，树立崭新的服务伦理形象是新时代警察形象伦理建设的重要内容。

二、警察形象伦理的问题成因

1. 执法不公、执法不严，不规范文明执法。英国著名哲学家、法学家弗兰西斯·培根说：“一次不公正的裁判，其恶果甚至超过十次犯罪。因为犯罪虽然是冒犯法律—好比污染了水流，而不公正的裁判则毁坏法律—好比污染了水源。”① 可见执法公正在社会中起着至关重要的作用和影响，严格执法、公平公正、规范文明执法，尊重法律一直是我国公安机关人民警察的执法准则，但在执法过程中个别警察执法行为明显违反法定程序、执法不严、执法不公、履行职责不到位，存在个别民警“办关系案、人情案、不作为、乱作为”现象，偏向袒护和照顾一方当事人等。甚至个别警察滥用强制措施，随意限制、剥夺公民人身自由，动用械具、打骂、体罚嫌疑人，刑讯逼供，造成冤假错案，有的利用职权吃拿卡要，索贿受贿；接受当事人请托吃请、送钱物和安排高消费娱乐活动等，违背事实和法律做出错误的、不公正的裁决。

2. 刑事案件打击不力，破案率低。打击违法犯罪，保护人民生命财产安全是警察的重要职能，社会公众如何评定警察工作的绩效？一般都以破案率的高低为标准，所谓破案率，即指破案数占立案总数的百分比，尤其是刑事案件的破案率是公众评判警察工作绩效的主要标准。一个城市或地区破案率高低，直接关系到群众是否有安全感，是否满意公安工作。如果一个地区地的警察工作不力，犯罪总是处于高发态势，老百姓就会对质疑警察的工作，也会对警察伦理形象的客观判定造成影响。较小案件往往不被重视，也会造成群众对警察办案采取怀疑态度，结果是一般案件群众就不去报案，甚至用自己的方式解决。这是对警察的执法不信任导致的，由此可见，在这些对警察失去信心的群众心目中何谈警察伦理形象。

3. 玩忽职守，不作为、责任心不强。随着社会经济的发展，社会治安状况越来越复杂，对违法分子的斗争形势越来越严峻，客观上当前

① ［英］弗兰西斯·培根．“论司法”载培根论说文集［M］．北京：商务印书馆，1983：193.

的警力严重不足，民警的待遇相对比较低，民警的思想压力和工作压力也越来越大。但是在主观上，是由于个别民警放松自我教育，意志薄弱，工作责任心不强，对职责范围内的事不接待，不依法处理。在工作中玩忽职守而被查处，甚至走上违纪违法的道路的民警也时而出现。

4. 作风不实，素质不高，漠视群众，侵犯公民合法权益。警察的纪律作风形象、对老百姓的情感表现、都能够直接反映出是警察内在素质的高低，关系到整个公安队伍伦理形象塑造和警察形象伦理的建构。由于受到市场经济的冲击，少部分警察的思想和心理上受到不小影响，警察的收入和社会地位和社会上某些部门和行业相比，差距越来越大，极少数警察的价值观开始动摇，对个人地位、名利、得失更加看重；有的警察产生心理失衡，攀比之风严重、开始追求享受，乐于结交权贵，工作态度消极，得过且过，服务意识淡薄，存在冷、硬、横、推的现象，特权思想严重，漠视群众、肆意侵犯公民合法权益。

5. 违法乱纪、知法犯法。少数民警对人民警察核心价值观缺乏认识，认同度较差，为人民服务的宗旨淡化，职业道德和职业认同感缺失，个人法律意识淡薄，无视纪律条令约束，在社会各种不正之风的影响下，世界观、人生观、价值观开始动摇。直接造成群众对公安工作评价满意度下降，影响警民关系正常发展，损害了警察伦理形象。

6. 服务不佳，刁难群众、官僚作风。主要表现在个别公安机关的窗口单位的某些警察身上，如对待工作责任心不强，办事效率低下，群众反映“门难进、脸难看、话难听、事难办。”

（一）当代中国警察形象伦理问题产生的内部原因

第一，警察素质对警察形象伦理的影响。《现代汉语词典》这样解释素质：名词，指事物本来的性质。在各种文献资料中也有人解释为“先天的特点，与能力接近”，总结后归纳其含义为：素质是个体在先天基础上，经过后天环境的影响、教育、训练后形成的能够从事某种活动的基本条件或能力。警察素质是一种特殊的职业素质，是指从事警察职业的人员为适应这一职业特点而应当具有的内在的基本条件或相对稳定的基础，警察素质包括政治素质、思想道德素质、文化业务素质、身心素质等。近几年来，随着国际和国内形势的发展，公安机关更加重视警察素质，但总体水平仍然还很低。具体表现为：首先，政治素质不强。我国公安机关的人民警察是社会主义制度下人民民主专政的重要力量，必须具备坚定的政治立场，必须要旗帜鲜明讲政治，毫不动摇坚持和加强党对公安工作的绝对领导、全面领导，毫不动摇地坚持“公安姓党”的根本政治属性，树立正确的世界观、人生观、价值观，把共产主义伟大理想作为终生的奋斗目标。然而，当前在我国公安机关的内部尤其是少数领导干部，由于政治素质不强，立场不坚定，在金钱、美色、利益等各种诱惑下，为了谋取私利，滥用党和人民赋予的权利，违法违纪问题相对突出。其次，文化素质不高、业务不精。文化素质是知识与能力的综合，作为警察基本素质就是要有文化知识，有执法办案，服务群众，做好群众工作的能力。如何胜任本职工作，没有文化就无法正确理解和执行各种法律，就无法运用高科技侦查破案。我国公安工作涉及范围广泛，内容复杂、因此要求民警要具备丰富的科学文化知识，文化素质决定整个队伍能否适应新时代公安工作面临的严峻挑战。业务素质就是警察的职业本领，能依法履行职务，保证完成任务的实际本领，是警察专业知识和业务技能的综合体现。业务素质低，办案能力差，执法不严不仅关系到警察执法水平和工作效能，而且影响着社会安全和秩序的稳定。再次，警察身心素质。身体素质一般指体质和健康方面的素质。警察职业具有职业特殊性，健康的体格和耐力是适应警察特定职业活动的必要条件。一般包括个人体力，运动速度、较强耐力、灵活与敏捷性等。良好健康的身体就是与犯罪做斗争，保护人民，安全维护社会稳定的本钱。然而，由于警察工作性质的原因，工作时间长，工作烦琐，危险性高，工作对象复杂，导致警察压力大，生活不规律等，造成警察常常体力透支严重，身体状况不容乐观，从近几年情况看，因突发疾病猝死人数呈高发态势。警察心理素质是指警察在特定的职务活动中的心理过程、个性心理等方面的基本特征和品质，据统计，在对所有应激性职业的调查中，警察这一职业是心理压力最大、心理障碍最多。分析原因，警察工作风险性高，强度大、不规律是警察心理问题的主要诱因。目前公安机关对民警的心理问题还不够重视，当前公安机关要及时发现组织成员普遍存在的心理问题，通过形式多样的教育训练以及从优待警政策措施，调整和维护民警健康稳定的情绪，使其掌握适应社会的能力，能够在学习、工作、生活中一直保持身心健康。民警要通过广泛学习，丰富知识结构，掌握心理健康的保健方法和技术，提高自身观察能力、思维能力和理解能力，不断提高自身心理健康水平和适应事物变化发展的心理承受能力。以确保在复杂环境下，仍然具有稳定的情感和顽强的意志。

第二，警察职业道德及职业认同感的缺失，有损警察形象伦理。道德是一定社会或国家基于人性完善和社会发展秩序的要求，而认可和倡导的思想意识和规范要求。以善恶评价的方式调整人与人、个人与社会之间相互关系的标准、原则和规范的总和，也指那些与此相应的行为、活动。当前社会环境正朝着多元化、多样化发展，对社会经济组成成分、组织监督形式、社会就业方式、劳动分配形式和利益关系的冲击不可避免。人民警察要牢固树立正确世界观、人生观、价值观等思想意识，自觉抵御社会上一些不良的消极因素，消除对人民警察带来的负面影响。[①] 马克思主义唯物辩证法认为任何事物的产生、发展和灭亡都是内外因素共同作用的产物，既是由它本身固有的内因引起，又密切联系了一定的外部条件。因此，警察职业道德的正能量作用的发挥，取决于警察主体和社会环境客体的共同作用。另外，警察职业道德观念正确与否直接影响到人民群众的切身利益，关系到党和国家在人民心中的威望和警察组织的尊严。由于公安工作对打击违法犯罪和维护社会稳定的业务要求较高，道德问题又具不规范、不可操控性，因此，考核往往流于形式。近年来，职业道德教育的相对其他教育和培训要滞后很多，这样必然导致警察对职业道德的认识不到位，对职业道德教育的必要性认识不够，使自身的道德素质得不到有效地提高，造成民警对社会主义核心价值观缺乏认识，对人民警察核心价值观缺乏认同，影响到世界观、人生观、价值观的正确树立，不利于警察形象伦理的建设。

（二）产生警察形象伦理问题的外部原因

第一，法律、法规不明确。警察代表国家行使职权，在诸多公权力中由于其管辖范围、权限相对较宽，因此，对其做出约束的法律、法规、各项规章制度也最多，但是一些规定要求不明确、不具体不细化，造成警察在执法中处处掣肘，难以“心定手稳”。以《公安机关公务用枪管理使用规定》第二十二条为例，该条规定公安机关的人民警察应严格按照《中华人民共和国警察法》和《中华人民共和国人民警察使用警械和武器条例》的规定使用公务用枪，可使用枪支的情况法律规范模棱两可，紧急情况下又难以操作，而且对于警察开枪的具体标准和要达到的目的也缺乏可操作的法律规范，既要求鸣枪示警、警告、又要打击非致命部位，如此种种限制让一线民警顾此失彼，难于把握，出现

① 肇启军，朴龙浩等．思想道德修养与人民警察职业道德［M］．北京：中国人民公安大学出版社，2007：150.

该用枪时不敢出枪，不该用枪时却开枪的尴尬局面，造成一些群众的怨言和媒体的喧哗，严重影响警察伦理形象。2014 年3 月1 日，在昆明火车站发生的严重暴力恐怖事件，造成人 29 死亡，143 人受伤。事发后当记者采访开枪击倒五名暴徒的公安特警时，特警说“开枪的时候，最近的暴徒离我不到一米的距离，开枪后我还在想枪开的对不对。”宣传英雄的背后，这段话更值得深思，面对多人死伤，暴徒的利刃就要砍到身上，这样生死攸关的时刻，警察的意识里仍在考虑开枪是否妥当。为什么会出现这种状况，究其原因，由于个别警察枪支出现问题后，媒体、社会、公众口诛笔伐强烈声讨，在警察眼里武器成了烫手山芋不可“轻举妄动”，逐渐的警察组织便自动“缴械”。长此以往，基层民警的武器警械使用便存在着“不让用、不敢用、不愿用、不会用”的现象，也就有了警察执法、抓捕过程中或者警察没有配枪，或者有枪又不敢使用的尴尬。

第二，警察的义务被无限放大。我国 1995 年通过的《人民警察法》明确规定了警察的职能：预防、制止和侦查违法犯罪活动；维护社会治安秩序，制止危害社会治安秩序的行为；维护交通安全和交通秩序，处理交通事故；组织、实施消防工作，实行消防监督；管理枪支弹药、管制刀具和易燃易爆、剧毒、放射性等危险物品；对法律、法规规定的特种行业进行管理；警卫国家规定的特定人员，守卫重要的场所和设施；管理集会、游行、示威活动；管理户政、国籍、入境出境事务和外国人在中国境内居留、旅行的有关事务；维护国（边）境地区的治安秩序；对被判处管制、拘役、剥夺政治权利的罪犯和监外执行的罪犯执行刑罚，对被宣告缓刑、假释的罪犯实行监督、考察；监督管理计算机信息系统的安全保护工作；指导和监督国家机关、社会团体、企业事业组织和重点建设工程的治安保卫工作，指导治安保卫委员会等群众性组织的治安防范工作；法律、法规规定的其他职责。在上述 14 项职责中，明确限制在法律、法规的规定之内。然而大量的非警务活动，不仅牵涉了原本已经捉襟见肘的基层警力，而且妨碍了基层公安机关正常地履行职责，发挥职能作用，也使基层民警的执法伦理形象受到严重损害。

第三，社会舆论、谣言、恶意丑化对警察伦理形象的影响。“所谓舆论，就是公众的意见与看法，是社会全体成员或大多数人的共同信念，是人们彼此之间信息沟通后的一种共鸣。”① 虽然舆论一般不是政府意见，但舆论所涉及的事件内容一般都是社会公众特别关注的、牵涉个人利益的，代表了一部分人的呼声和意见，另外舆论还是社会中存在一种普遍的大众心理现象，通过个人或群体作用产生一定的社会影响。舆论不同于谣言之处就是舆论代表的是社会全体成员或大多数人的共同想法或信念，是真实存在的而不是设想而来的，谣言可以解释为流言、谣传、传闻或没有事实根据的消息，但谣言通常是以舆论形式出现的，通过非正式的传播通道，传递着公众言论及相关信息。谣言通常谈论的往往是能够吸引社会公众，达成共鸣的话题，这些话题是公众对某些具体社会现象的态度和看法，是社会民众的对各种社会现象的心理反映，但是很多流言在非正式的传播过程中都会改变原样，失去了在传播起点时的味道。沙莲香认为：“谣言产生的根本原因是由社会不稳定所引发出来人们的一连串的心理反应。谣言的制造者、受众都是在不同的心理作用下表现出不同反应行为，各自从自己的角度出发，出于种种心理去制造、散布、传播和相信谣言。”② 因此，它实际上可以理解为是一种心理作用的结果。不实的谣传的一旦传播再被有意或无意地增加上一些个人的主观色彩，尤其是谣言一旦被别有用心的人利用，就成了攻击、

---

① 沙莲香．社会心理学：第二版［M］．北京：中国人民大学出版，2006：285.
② 沙莲香．社会心理学：第二版［M］．北京：中国人民大学出版，2006：287.

丑化政府的工具，其负面影响和巨大破坏力带来的后果是非常严重的。公安机关代表政府进行社会管理，是政府形象的窗口和代言人，是政府与百姓之间的沟通桥梁和纽带，公安机关的执法行为和社会活动必然是社会关注的焦点。涉警舆情在社会各类信息中备受关注，经过非正式传播途径的综合加工后，一些原有的信息真相被丰富的故事情节所掩盖，加上一些关于违法乱纪警察的负面信息影响，长期以来社会公众对公安机关形成的信任失衡等外力作用下，谣言即成了真相，道听途说变成了独家报道。公众对谣言往往又采取“宁可信其有，不可信其无”“言论自由”的态度，对谣传不鉴别真伪、善恶、美丑、肆意传播、不计后果，导致警察伦理形象遭受严重破坏。

第四，警用装备的滥用对警察伦理形象的损害。首先，非法使用警用装备对警察伦理形象的影响。由于管理不够严格，警服、警灯等警用装备在很多地方都可以买到，导致在社会上出现了很多非法使用警用装备和乱穿警服的行为，制服是国家权力象征和符号，管理不严会对警察伦理形象造成严重损害。其次，仿“警服”现象对警察伦理形象的影响。当前，《中华人民共和国人民警察法》只对非法制造、贩卖、持有和使用正式的警察制服、警用标志的行为做出了规定，而对模仿警服、警用标志式样，仿制、持有、使用近似警服、警用标志及仿制品的行为没有明确规定。自“99 式”警服正式装备后，全国各地出现“仿警服热”现象。个别部门和行业认为公安机关执法具有强制性，必要时还可使用武器、警械警具。因此为了推动本部门执法工作，各部门、行业开始制作模仿警服款式的行业服装，并且煞有介事的戴上所谓的肩章、警衔、警号。只有内行人从徽章、警衔上，及穿着搭配等细节上才能分辨真伪。这种与警服类似的其他行业制服，不但误导了群众，一旦违法违规，或者有不得体的行为，“黑锅”自然由无辜的警察来背，对警察伦理形象带来的负面影响更是无法弥补的。最后，对招聘的辅警、协勤人员管理不严格、不规范。为了缓解地方警力不足，一些地方公安机关临时招聘公安辅警、交通协勤人员，其日常管理参照警察标准，可以开警车、穿着警服，从外观看来，与正式警察无异。因此，这些非正式“警察”的言行举止，公众形象在老百姓的眼里与正式警察也是没有差别的。由于社会招聘的辅警、协勤人员个人素质参差不齐，加之管理不规范、不严格，近年来，影响警察伦理形象事件层出不穷，对警察伦理形象造成不可挽回的损失。

三、构建警察形象伦理的路径

为进一步促进我国警察形象伦理建设，应从政治、经济、文化、社会等四个维度出发，构建警察形象伦理新模式，积极开展人民警察社会主义核心价值观教育；深化公安管理体制改革，加强警察文化建设；加强职业伦理教育；推动警察公共关系发展，建构人民警察形象伦理。

（一）加强社会主义核心价值观教育

1. 牢固树立人民警察核心价值观。人民警察核心价值观是指人民警察对自身存在意义、价值追求的根本看法和态度，决定着人民警察行为的目标和方向。人民警察核心价值观是其价值体系中最本质部分，它反映的是人民警察的最高精神境界和现实追求。对人民警察思想和行为起着主导作用。新时代加强人民警察社会主义核心价值观教育，是坚定广大民警政治方向的必然要求；是提升公安机关核心战斗力的强大精神力量；是引领广大民警在价值取向不断提升和进步的重要途径。人民警察核心价值观教育，直接关系到警察队伍发展和警察伦理形象的树立。

2. 加强思想政治教育。加强政治建警，是我党一贯坚持的原则。公安机关是人民民主专政的重要工具，是国家刑事司法机关和行政执法机关，其组织行为具有鲜明的阶级性。这就要求人民警察始终保持高度的政治敏锐性和政治鉴别力，思想上、政治上、行动上与党中央保持高度一致，在大是大非面前做到立场坚定、旗帜鲜明，做党和人民的忠诚卫士，担负起党和人民赋予的重大政治和社会责任。牢固树立人民警察“忠诚”观，永葆忠于祖国、忠于人民、忠于法律的政治本色，用社会主义核心价值观占领精神世界的制高点。

3. 树立先进典型，弘扬先进典型的示范作用。榜样的力量是无穷的，它能潜移默化的感染人、鼓舞人、改变人，要弘扬社会主义核心价值观，进一步加大先进典型的推广力度，以身边涌现的先进典型人物为榜样，加强宣传、形成争先创优机制。同时要加大表彰力度、扩大表彰范围、发现并推举平凡岗位中的优秀先进人物，使全体民警自觉掀起学先进，争当先进的热潮，形成典型鼓励、培养、宣传、优遇一体化模式，以此来凝聚警心，弘扬正气，树立公安机关的良好伦理形象。

4. 以民意领跑警务，彰显良好警察伦理形象。2014 年 1 月 3 日，原公安部部长郭声琨在《人民日报》发表署名文章《矢志不渝做中国特色社会主义事业建设者捍卫者——深入学习贯彻习近平同志关于维护国家安全和社会稳定的重要论述》文章说忠实践行群众路线，矢志不渝做群众权益的保障者，习近平同志指出，在任何时候、任何情况下，与人民同呼吸、共命运的立场不能变，全心全意为人民服务的宗旨不能忘，群众是真正英雄的历史唯物主义观点不能丢，要把人民放在心中最高位置，始终与人民心心相印、与人民同甘共苦、与人民团结奋斗。习近平同志强调，要坚持党的群众路线，坚持人民主体地位，时刻把群众安危冷暖放在心上，把群众工作做实、做深、做细、做透。① 公安工作要以群众高兴不高兴、满意不满意、答应不答应为标准，从群众满意的事情做起、从群众不满意的地方改起。老百姓集中反映什么问题，公安

① 参见公安部网站.

机关就及时解决什么问题；把上级决策部署与基层实际、群众需求有机结合起来，体现了从群众中来，到群众中去的工作思路，实现“让民意领跑警务，让警务保障民生。”在加强公安队伍形象伦理建设过程中，要在进一步加强社会主义核心价值观教育基础上，努力提高广大民警思想政治素质，培养民警与人民群众深厚感情，塑造和维护警察的良好伦理形象。首先，公安机关要善于运用群众的眼光审视队伍，以群众的安全感和满意度来衡量公安工作质量的好坏。其次，百姓的事无小事，把尊重和保障民生作为工作的重中之重，通过建立长效“警民互动”机制，利用各种警营文化形式，把警察的“服务”理念深入到警民活动中去。通过和谐警民关系的建立，不断提升群众的理解和支持度。另外，要广泛宣传，扩大影响力，善于利用各类传统媒体及网络新媒体把警察良好伦理形象展示出来，通过让人民群众更多地接触和关注警察客观的、真实的、正面形象，赢得社会和公众对警察工作的理解和支持，从而达到警察良好伦理形象的树立。

（二）加强警察管理体制、监督机制建设

1. 全面深化公安改革。在经济和社会飞速发展的今天，相对滞后的警察管理体制和机制直接影响到警察的工作态度和工作效率，不仅严重束缚了警察的工作积极性、创造性，更是造成警察形象伦理危机的根本性原因，所以深化警察的管理体制改革是解决当代警察形象伦理危机的首要任务。

2. 贯彻落实从优待警政策，建立职业保障制度。从优待警是公安队伍建设的一项长远而又实际的系统工程，是警务工作得以顺利开展的有力保障。从优待警是加强公安队伍建设、充分调动警察的积极性、主动性和创造性，激发队伍的活力和潜能，增强公安队伍的凝聚力和战斗力，是促进公安工作发展的一项重要举措。由于我国警察职业特点和要求，警察长期处于紧张高压状态，极易造成身体消耗和严重的心理问题。除提高相应的工资待遇外，还应该积极完善其他社会福利待遇，完善激励机制，按照国际惯例，警察除享有国家政治待遇外，享有的物质待遇一般包括以：基本工资、特种行业津贴、生活补贴、卫生医疗保障、住房福利等待遇；伤亡抚恤及警察家属的医疗、入学、就业等社会福利待遇。现阶段我国人民警察的福利待遇制度方面与国外发达国家还有一定的差距，还有待于进一步完善。在结合本国国情基础上，根据国家财政收入的增长，借鉴国外先进经验办法，合理提高警察的工资待遇和津贴标准，加快建立各种警察保障制度，切实解决警察的政治待遇、工资及社会福利待遇等问题。

3. 完善监督机制。法国著名哲学家孟德斯鸠在《论法的精神》一书中指出："一切有权力的人都容易滥用权力，这是万古不易的一条经验，有权力的人使用权力一直到遇有界限的地方才休止。"① "从事物的性质来说，要防止滥用权力，就必须以权力约束权力，权力不受约束必然产生腐败。"② 当前，重视并对警察进行执法监督，是世界各国共同主张的一贯做法。据统计，新加坡、中国香港特区被视为全世界所有国家和地区中最廉政的国家和地区，让人出乎意料的是其主要原因并不是其试行"高薪"政策，而是强大且完善的监督机制，这才是最根本、最重要的。一是通过制定相关条例，在公安机关内部完善监督机制，从民警执法，日常管理中做到严格依法、程序规范、确保有效监督，同时促使警察职业道德形成无形的约束作用；二是加强守法意识进行教育正确引导民警，拒腐防变。积极开展道德评议，及时发现问题，找出病因，避免事后监察；再次由警察各职能部门定期向上级机关汇报督查材

① ［法］孟德斯鸠．论法的精神：上册［M］．北京：商务印书馆，1961：154.
② ［美］塞缪尔亨廷顿．变化社会中的政扶序［M］．北京：三联书店，1989：14.

料，作为民警晋升和考核的基本依据。三是在各行各业聘请政风行风特约监督员，在窗口单位设立监督举报电话、意见建议箱，认真对待群众信访、举报、投诉、实行警务公开，主动接受新闻媒体舆论监督，相信透明度决定公信度。公安机关要充分运用多渠道反馈收集信息，加大对民警的监督力度，使广大民警的执法与服务始终置于党和政府、广大人民群众的有效监督之中，另外，努力为公民创造有利的监督环境和条件，建立正确引导舆论的监督模式。四是完善网络、新媒体监督，当前随着网络技术高速发展，互联网已成为大众的最直接、最有效的监督平台，全国各地公安机关都已经建立公安网站和设立监督电话，群众可随时登陆“局长信箱”“政风行风热线”“民警违法违纪网络举报”“在线访谈”等进行监督举报。

（三）加强警察文化建设，构建警察形象伦理

警察文化是指由处于一定社会文化环境中警察群体，在警政建设和警务实践过程中，所共同创造、积累和发展起来的具有警察特色的物质成果，精神财富及其警政、警务行为方式的复合体，具体指警察形象、制度、精神以及行为文化等。警察文化能够综合反映警察时代特征、体现行业特点及警察价值观念，是警察精神与形象的统一，我国警察文化是广大民警为主体，提高队伍素质为核心、以服务宗旨为灵魂。在中国特色社会主义历史条件下，融合了历史精神与时代思想，是社会共性与警察个性的精神统一。加强警察文化建设在新时期公安工作中具有极其重要的意义，一是要加强文化建设完成新时代赋予的历史使命，公安机关要顺应新时代要求，肩负起历史重任，在某种意义上也取决于公安文化建设。只有加强警察文化，以讲学习、重教育、用科技为切入点，大力提高公安民警的文化素质，才能全面提高警察素质，才能适应时代要求，从容应对形势的变化、解决各种复杂的问题，全面担负起为新时代

中国特色社会主义保驾护航的重大职责使命。二是要加强文化建设，改善队伍伦理形象，促进和谐警民关系发展，在警察文化建设中，通过英雄人物的塑造、典型事迹的报道，在民众中树立公安民警的榜样形象；通过警营开放日活动，促进警民之间建立良好的互动关系，拉近警民之间的距离。提高了民警的文化素质，推进执法文明。三是要是发展警察文化，要注重人文因素，努力从人的观念、伦理、情感、道德以及品行等方面深入探索，与时俱进、不断创新。

（四）加强警察职业伦理教育，增强职业形象伦理认同感

人民警察职业伦理是指人民警察在职业活动中应当遵循的行为准则，是评判其执业行为是非、善恶的标准。警察职业伦理不仅关系着人民群众的切身利益，更关系到党和国家在人民的心目中地位和威望。因此，加强人民警察职业伦理教育，不仅有助于维护社会秩序的稳定，而且对当今社会道德规范具有重要的影响作用。人民警察要具备良好的道德素养和正确的职业道德观念，要具有良好的职业态度和较高的职业认同感；从内心思想上尊重“警察”这一光荣而神圣的职业，把“干公安工作光荣、当人民警察高尚、做本职工作自豪”的职业神圣感植根于心中；不断提升政治高度和思想境界，把“警察”既看成是一种职业，也要看成是一种“事业”，还应看作是获取生活快乐的源泉；同时要有严格的职业行为规范，严格遵守从成功的经验和失败的教训中总结出来的警务活动程序规定，确保少出错、不出错，提高工作效能和工作质量。要求警察的职业伦理建设要与实际工作相结合，通过外部构筑及警察自身努力不断提高人民警察职业伦理水平，树立人民警察队伍良好伦理形象。

（五）正确处理警察与媒体的关系，展示良好警察伦理形象

当前，随着微博、论坛、微信等新媒体形式出现，2018 年 1 月 31

日，中国互联网信息中心（CNNIC）发布，第41次《中国互联网络发展状况统计报告》显示：截至2017年12月，我国网民规模达7.72亿，全年共计新增网民4074万人，互联网普及率为55.8%，较2016年底提升2.6个百分点。截至2017年12月，我国手机网民规模达7.53亿，较2016年底增加5734万人，网民中使用手机上网人群的占比由2016年的95.1%提升至97.5%。截至2017年12月，我国农村网民占比为27.0%，规模为2.09亿，较2016年底增加793万人，增幅为4.0%。截至2017年12月，我国网民使用手机上网的比例达97.5%，较2016年底提升了2.4个百分点，使用率再创新高；使用台式电脑、笔记本电脑及平板电脑上网的比例分别为53.0%、35.8%和27.1%，较2016年底均有所下降；网民使用电视上网的比例达28.2%，较2016年底提升了3.2个百分点。截至2017年12月，“.CN”域名数增长1.2%，达到2085万个，在域名总数中占比提升至54.2%；国际出口带宽为7320180Mbps，年增长10.2%。截至2017年12月，我国网站总数为533万个，“.CN”下网站数为315万个。通过以上数据不难看出，如今互联网当之无愧成为对公众最具广泛影响力的重要媒体，并且网民参与社会管理意识不断提高。近年来新型媒体也越来越受到各级公安机关的重视，如何处理警察与媒体的关系，发挥新媒体正能量作用，是当前公安机关无法回避的。首先，积极引导公众舆论，增强公安机关的公信力，真正做到“引导舆论”，要从正视舆论做起，公开、及时、透明的发布相关消息，消除公众疑虑。只有坦诚地对待媒体和公众，才能正本清源，压缩谣言的生存空间。过去一段时间里，在遇有突发事件和社会负面事件时，大部分公安机关都会三缄其口或保持沉默，殊不知这种沉默在公众的眼里俨然就是默认，公众认为，你不说就是有“鬼”。长期以来受开门说成绩，关门说问题的思想影响，一些单位出了事最先想到的不是向社会、媒体公布事件真相，反而采取了“捂”的办法，待到纸里的火烧起来，“捂”不住了，才千呼万唤始出来。另一个原因是一些部门面对舆论的暴风骤雨不敢说、怕说不好、怕上级责难、怕媒体曝光，结果是欲盖弥彰，陷入被动，不能自拔。众多案例的经验教训表明，公安机关在媒体问政的今天，应该充分利用好新媒体这一平台，大胆地走上前台。因此，公安机关面对舆论要先发制人，在保障公众知情权，公开相关信息的前提下，充分相信舆论在正确引导下能够保持客观、公正的立场，也要相信公众在真相面前独立思考的能力，以此来提高公安机关的话语权和公信力。

其次，学会利用新媒体发声，不断完善新闻发言人制度。当前，警察组织在面对媒体时缺乏与之沟通的技巧，不善于与大众传媒合作，进而不能达到与媒体共赢目的。如何处理好大众传媒和网络新媒体的关系，对树立警察良好伦理形象至关重要，首先要了解传统媒体和新型媒体的功能和特点，有效地利用媒体宣传功能，对社会公众的巨大影响功能，把警察的正面形象素材进行传播，同时注重回收反馈信息，以便及时了解受众的感受和需要。通过媒体增进警察与公众的感情沟通，使社会公众能够贴近真实的警察，切身感受警察工作和生活，实现良好形象的传播效果。另外，警察组织要不断完善公安机关新闻发言人制度。新闻发言人首先要做到把握的原则是：以科学的新闻观引领发言人工作；以成熟开放的心态面对媒体；以方针政策和法律作为应答之本；以合作的方式实现发言意图。① 因为新闻发言人已经不是个体的存在，它不仅作为部门的代言人出现，还是政府形象的代表，作为国家法律、方针政策的一名合格解读者。除了要熟知本部门的专业技能，还要对本领域的综合知识了解掌握，只有这样，才能确保在与媒体合作中收到预期的

① 武和平．打开天窗说亮话——新闻发言人眼中的突发事件［M］．北京：人民出版社，2012：207.

效果。

最后妥善应对媒体负面、失实报道。长期以来，公安机关在面对大众媒体的负面报道时，往往采取消极的回避态度。实际上这样的“低调”处理方式的结果必然导致公安机关处于被动局面。相反，公安机关面对媒体所揭露的警察队伍存在的问题，不应一味回避，要站出来，敢于面对、敢于承认、勇于担当、以真诚促合作，以合作达双赢。通过与媒体、社会公众真诚的沟通与交流，谋求在矛盾中发现问题，在对话中分析问题、在合作中解决问题，找出问题根源后，积极整改，第一时间内给媒体和社会公众满意的答复，事后认真总结，举一反三，避免类似事件再次发生。当公安机关遇有片面、歪曲真相、严重失实的报道，对公安机关形象造成了恶劣影响时，一定要采取主动措施积极应对，要把涉及的事件真实、客观、完整的摆出来，通过传统新闻媒体正面宣传，引导舆论、溯本追源、以正视听。及时召开公安新闻发布会对外公布事件真相，以透明度决定公信度，及时纠正和澄清事实，最大限度消除对警察形象的不良影响。同时对部分别有用心、造谣中伤、恶意诋毁警察形象的依法追究责任，运用法律手段维护警察权威和形象。

第二节　社区警务沟通伦理

社区警务是一个以治本为主、治标为辅的预防犯罪战略，其强调警察工作应立足于社区，以社会管理服务职能为主导，密切警民关系，与群众和社区各种社会组织携手维护治安，预防和打击犯罪。社区警务是建立在警民双向沟通与互动的基础之上的，没有这种沟通与互动，就没有社区警务。社区警务要立足社区、依靠群众，成为一个与社会沟通的开放系统，如果警民沟通出现断层或隔离状态，就会影响社区警民关系，社区警民关系不和谐，警民间的矛盾冲突不能得到及时化解，那么构建社区和谐警民关系就不能实现。而和谐的社区警民关系建立，有效的警民沟通必不可少。伦理本身具有协调人际关系的社会功能，因而可在社区警务人际沟通中发挥“润滑剂”的作用，“润滑”的目的是使警察与社区群众的道德互动良性化，人际沟通顺畅化，从而实现社区警民关系的和谐，促进社区警务建设。

一、社区警务沟通中的伦理润滑因子

所谓沟通，是人们之间进行的思想或信息交流互动，以此取得彼此了解、信任的人际交往目的和建立良好的人际关系的活动或过程。现实社会生活警务实践中，警民之间往往由于沟通方式的不恰当、沟通渠道的不通畅和沟通中人的主观因素影响，而导致一些警察工作效率低下，警民关系存在一些不和谐的现象。因此，有效的沟通在密切警民关系中占有重要的位置。但有效的沟通除了需要正确的沟通方式、技巧和通畅的沟通渠道外，更重要的是在沟通中需要有伦理润滑起作用。沟通作为一种交往形式也被称为道德的沟通，“道德的沟通（Ethical communication）是诚实、令人满意和考虑他人权利的沟通。”① 因此，警察与群众沟通，除了掌握一般的沟通技巧之外，最重要的是在沟通中多考虑伦理因素的应用。因为沟通毕竟是人与人之间的沟通，所以沟通必然受到人的性格、气质、态度、情绪、见解、思想观念等各种主观因素的影响。警察不考虑人的主观因素，不注重伦理因素在沟通中的应用，那么沟通因缺少“润滑”而得不到预期的目标。诚实、尊重、平等及其他道德因素是警民沟通中有效的“润滑剂”，在改善警民关系，促进社区警务

---

① ［美］黑贝尔斯，威沃尔：有效沟通［M］．李业昆，译．北京：华夏出版社，2005：19.

建设中起着重要的作用。

诚实是警民沟通中的基础，也就是说沟通要用它做铺垫，使沟通进行的更顺畅。沟通作为一种话语沟通，如果要实现有效性的话语沟通需要沟通双方“诚”与“信”。根据哈贝马斯的话语伦理学：一个话语要想被沟通交往行为者所理解进而完成一次成功的沟通交往，需要满足一定的有效性要求，即话语有效性的要求。“这些要求包括：说出某种可理解的东西；提供（给听者）某种东西去理解；由此使他自己成为可理解的；达到与另一个人的默契。”① 诚实是一项基本的社会道德规范，诚实能取得沟通相对方的信任，对方因此愿意与诚实的人沟通；相反，不诚实是不能取得沟通相对方的信任的，对方因此而对你有反感，致使沟通阻隔，也就不能进行有效的沟通。例如：在社区警务实践的信息沟通中，传递者传递的信息涉及个人隐私等方面的内容，并明确表示不要透露给其他人，接受者接受到了此种信息。这时，接受者应心怀坦诚、言而有信，并及时向对方反馈真实、可靠的信息。但是，不守信的接受者会以此津津乐道，甚至违反信用把信息公布于众，沟通结果可想而知。下一次的信息沟通中传递者会引以为戒，信息沟通因此进行得不顺畅，沟通达不到应有的效果。

诚实要求警察有一颗诚实的心。“诚于内而形于外”，诚心是警察以诚待人，群众可以从警察的表情、言语等外在表现感觉到，这种感觉无形中使群众更快的接受警察本人。警察做到诚心，群众对警察的认可使得沟通有了一个好的基础。有诚心的警察，才能得到群众的信赖，博得群众的信赖，可以产生使群众乐于与其交往的人格魅力。以诚相待、精神饱满的警察就容易激发群众的交往动机。以诚待人是诚心的具体表

① ［德］哈贝马斯：交往与社会进化［M］．张博树，译．重庆：重庆出版社，1993：3.

现，警察做到以诚待人，就应爱护群众，把群众当朋友看待。在沟通中，如果警察把群众看作是朋友，那么沟通就是一件快乐的事情。因此，在沟通中警察的表情是发自内心的、真诚的，这种真挚的情感就会感染群众，群众回报对方的也是真诚的，这样的良性循环，就会使警察与群众有一个好的心情，沟通的语言会轻松愉快，沟通也就顺畅、有效。

诚实还要求警察要有诚恳的态度。没有诚恳的态度，群众一般认为警察让人难以接近，从而对警察敬而远之。社会心理的调查证明：对于强人、能人所表现出的诚恳、亲切、随和，人们格外感兴趣，从心理上希望他能与自己沟通，否则就会感到相距甚远，产生心理上的隔阂。① 这样警察与群众就减少了坦率交流的机会，有效的沟通也因此不能开始。诚恳的态度还为沟通提供良好的交往氛围。双方在试图建立起双向沟通时，会发现彼此之间在某些方面存在着很大的分歧，在沟通中，一方欲占据主动，他心理上会产生意欲控制和争强好胜的动机。这样的动机无疑就会妨碍了有效的沟通，而诚恳的态度就会减少或消除这些心理上的反应，为彼此沟通提供良好的交往氛围。

沟通的深层内涵是人们之间的心理沟通，人都希望得到别人的平等对待，群众尤为需要。警察要了解他和群众人格上都是平等的，都要平等对待。如果警察有高人一等的感觉，就会容易产生不耐烦的情绪，语言生硬，群众就会与警察产生心理上的对立，群众行为上自然就会表现出对警察敬而远之甚至出现对抗行为，有话也不会说出来。那么，双方的沟通从何谈起？因此，警察要做到平等，对群众保持一视同仁的态度，这样双方所进行的沟通产生的副作用才会少，群众也不会产生对抗和放弃沟通的消极情绪，彼此沟通就不会遭遇来自群众的抵抗力。而坚

① 于益磊．闲谈在沟通中的作用［J］．中国人力资源开发，2001（10）．

持心与心的交融，这是平等沟通的最高境界。警察如果以真情换真心、与群众心贴心，站在对方的角度来考虑问题，这样才可能进行有效的沟通。

诚实是完整、真实的信息传递的保证，而平等又为警察与群众进行思想交流提供了平台。道德上的平等，主要是讲人格上的平等，它承认人是目的，每个人都有人格上的尊严。平等这个伦理因素运用在警民沟通中能激发群众的创造性，消除群众的不满情绪，将矛盾消灭在萌芽中。群众的不满信息表达是思想沟通中的一种具体形式，群众不满信息具有很多方面的内容，诸如：社会治安问题、小区安全情况、个别警察强硬的语言风格。群众的不满情绪久而久之就会影响警民关系，警察要在社区工作中注意群众的不满情绪。通过平等的沟通让群众发泄出不满情绪，警察从而发现社区警务活动中的薄弱环节，并采取积极的手段解决此环节。而群众要完全表达不满信息，需要有听众，这些听众往往是不满者最信任的人。只要不满者在具有诚实的道德品质的警察面前尽情发泄不满，就表示警察已成功获得了他的信任，积极的思想沟通由此进行。“沟通从心开始”警察取得了群众的信任，这是思想沟通一个好的开端，警察还要有感情，站在群众的角度设身处地地为群众着想，站在与群众平等的地位倾听他的不满。这样的思想沟通因为有了平等伦理因素提供的平台，沟通才会进行得更加顺畅和有效。

尊重可使沟通双方在沟通前就产生了欲积极沟通的心理倾向，从而使沟通更能取得好的效果。警察尊重人的尊严、尊重人的人格，真正把群众看作是同舟共济的伙伴，那么沟通的另一方心理上就会产生“他在尊重我，我也应尊重他”的欲积极进行沟通的倾向意识，从而开启了双方沟通的大门。

沟通是要用语言作为信息载体的，语言包括身体语言和语音语言两种类型。身体语言是无声语言，通过目光、表情、动作等表现人的心理状态、精神风貌等个体信息。眼睛是心灵的窗户，警察微笑地、自然地用目光与群众交流尤为重要，它不仅使群众感到受尊重，而且对群众来说还是一种安慰和满足。除了用目光交流，警察还可运用微笑的表情与群众进行交流。采用微笑的表情，警察可以和有声的语言及动作相配合，充分表达尊重意识，从而拨动了对方的心弦，达到双方欲沟通的目的。有声语言对沟通也有重要作用。温暖的语言像春风，恶毒的语言像寒风，语言可以暖人也可伤人。警察要用良好的语言充分地表达对群众的尊严、权益的尊重。从人性关怀的角度来看，人对赞美的渴望是每个人持久的、深层的需要，轻松、愉快的语言既容易化解沟通双方的矛盾，又可以使人心理愉悦。良好的语言可以拉近沟通双方心理距离，使疏远或紧张的人际关系改善。而警察不会运用良好的、愉快的语言表达尊重意识，常常会挫伤群众的自尊心，从而破坏了群众的社会心理需要的满足，群众当然也就不希望与此类警察进行沟通。在人们的沟通中，自己待人的态度往往决定了别人对你的态度，因此，警察要获取群众的好感和尊重，就必须尊重群众。要做到尊重群众，警察首先要以一颗仁爱的心平等地对待每一个群众，警察必须要尊重群众的利益，尊重群众的利益，它本身不是沟通，但却是沟通的必要前提。警察通过关切、协调、处理好群众利益的问题，具体的每一次沟通也就容易得多。

综上所述，诚实、平等、尊重等伦理因子对于改善人际沟通、打破沟通双方心理设防、传递友善信号起到了“润滑”的作用，使社区警务警民沟通更顺畅、更富有成效。

二、社区警务警民沟通过程中的道德互动方式

诚实是沟通的基础，尊重是沟通的桥梁，而平等则为沟通提供了平台。伦理“润滑”有力地促进和改善了警民沟通的进行，从而建立了良好的警民关系基础。伦理因素渗透在警民沟通的过程中，也为警察与

群众之间的道德互动提供了有形的良好人际关系条件和无形的伦理氛围。基于上述伦理“润滑剂”作用的基础上形成的良好的道德互动功能主要有：第一，正确认识警察职业道德。群众通过对警察正确、良好的行为给予积极的评价，对错误和不良行为给予批评，促使警察个体的职业道德通过感性体验上升到理性认识。第二，丰富警察个体的道德情感。人们的道德行为总是与道德情感相联系的，道德情感越丰富，道德行为便越积极有力。对人们的行为予以积极的评价或否定的批评，能促使人们感受到社会和他人对自己的肯定或否定，从而产生相应的情绪体验。第三，使双方道德行为习惯化。通过沟通双方的伦理思维沉淀和道德实践积累，警察和群众的良好的道德行为形成习惯化。

从警民沟通过程来分析，主要有非权力影响力互动、信任互动等道德互动方式。

第一，非权力影响力的互动。警察良好的个人威望和人格魅力容易使社区群众产生亲切感和信赖感，激励群众心甘情愿地与警察保持一致，这种特殊的人格吸引力、影响力就是一种非权力影响力，从本质上来说是一种道德影响力。这种影响力是自然性的、非强制性的，是群众在心悦诚服的心理基础上，通过潜移默化的作用自愿地接受影响的过程。警察与群众关系的和谐，很大程度上取决于警察非权力影响的发挥。对于警察来说，首先要有高度的责任感，其次要有令人信服的精神力量。精神力量来源于良好的个人品质，这包括积极的心态与良好的品德，这种良好的品德就是警察要正直，正直就是诚实，前后一致，言必行、行必果。这样的警察才能得到群众内心的承认和由衷的赞誉，从而群众在身临其境中也受到警察人格魅力的感染。但是单靠良好的个人品质还不能形成警察的非权力影响力，这些品质必须和积极与人沟通的能力结合起来才能发挥作用。警察与群众进行沟通，主动关心群众，学会与群众交谈并调动群众的积极性，就是一个让人认识的过程。通过这一沟通过程，警察将自己的人格魅力焕发出来，通过对群众产生潜移默化的吸引力和巨大的鼓舞力量，使群众产生奋进的信念，从而仿效警察个体先进的价值观和道德意识。

第二，信任互动。信任是对人的价值的一种肯定，这种肯定就是尊重，警察承认群众的主体性和创造性。人们在受到信任之后，便能产生荣誉感，激发责任感，尤其是当警察给予的信任与个人的意向、兴趣、爱好相吻合时，群众与其交往起来，不仅不是一种负担，而且还是一种享受。因此，警察对每一个群众都要给予充分的信任，在其心理上建立一种被信任感，这就需要警察做到：首先，语言上表达信任，警察要在语言上充分表达相信、依赖、尊重群众的意愿。无论个别谈话，或是在大庭广众之下，都要表现出充分的信任。其次，社区警务工作中体现信任，警察在社区警务工作中体现对群众的信任，集中表现就是善于虚心听取、采纳群众各方面的意见。作为群众，在警民沟通的实践中，首先也要应该尊重警察的人格，要维护警察的威信，在任何时间与场合都不应该对警察的失误采取幸灾乐祸的态度，更不应该抓住一点，不及其余，来贬低警察，有意伤害警察的人格。这种做法，不仅于人于己不利，而且对警察工作产生不良影响。体谅警察，警察在工作中亦有特定的难处，因此，群众要求警察解决问题时，应站到警察的角度换位思考，这样更利于双方面沟通和理解，有利于消除分歧，达到和衷共济的目的。

在警民的沟通互动过程中，彼此的道德情感相互交融，价值观念相互碰撞，互动结束后，彼此的道德认知得到了提升，价值观念得到了整合，二者关系处于良性的、动态的平衡，从而为构建和谐的警民关系打下了良好的基础，促进社区警务建设。

第三节　人民警察自由裁量权的道德约束

人民警察在执法过程中，由于诸多原因其自由裁量权被滥用。合理地使用自由裁量权，体现“执法公正、公平、正义”法治社会的价值理念，我们不仅要重视运用法律的外部控制手段，而且更要重视道德的内部控制手段——道德约束。

警察自由裁量权的存在是客观的。在执法实践过程中，对于人民警察如何合理使用自由裁量权，如何规范自由裁量权，体现社会主义法治理念，保护行政相对人的合法利益，弘扬社会公平正义，这是审视人民警察运用自由裁量权的初衷。各位学者、专家对合理运用警察自由裁量权这一现象也做了大量的研究，归纳起来对于规范、约束自由裁量权无非从内、外两个角度加以控制，但又偏颇于法律的控制，而涉及从内部约束警察自由裁量权研究分析不多。本文就是基于道德约束的内部控制这一角度，重点研讨警察自由裁量权的伦理问题，以期在执法实践中能提高人民警察自觉、合法、合理使用自由裁量权，真正彰显社会公平、公正、正义的法治理念。

一、自由裁量权的伦理诉求

自由裁量权，仅从字面意义上我们可以了解到，它是权力主体自由裁量的权力。当然这种自由从根本上说是相对的自由，这种自由对于法律原则，公平理念是相对的自由，并非是绝对的自由，但是这种自由也具有自由的属性，从抽象的意义上讲是“想所能想，为所欲为”，这种自由内涵众多的伦理意蕴。为了说明这一点，我们先厘定自由裁量权的含义。法理上的自由裁量权，它是指行政主体在法律规定的范围和幅度内，基于法律规定的目的和宗旨，自主寻求判断事实与法律的最佳结合点，并据此做出或不做出具体行政行为的权力，① 而有的学者也指出自由裁量权是指行政主体在行政活动中，在法律允许的范围内所拥有的可以根据具体情况和“自由心证”，判断选择最合适的行政行为方式及其内容的一种行政权力。② 但是在人民警察执法实践中，自由裁量权又是警察权中的一种具有特殊地位的行政管理权，具体是指公安机关及其人民警察在依法行使公安行政职权时，在法定的执法幅度内，自由决定执行时间、地点、范围、种类、方式、幅度等的权力。③ 综上所述，自由裁量权可以理解为权力执行主体依据法律规定实施的、经过自身判断、选择而做出具体行为结果的权力。从上述概念中不难看出“自由”是这种权力的根本属性。执法主体自主判断、选择做出具体行为，还可以看到具体行为的选择与执法主体自身的内在因素有密切关系，如：主体素质（法律、道德素质）、情感、情绪等因素。“自由”根本属性也凸显了自由裁量权的其它特点：自主判断性、自主选择性，自主判断并不是执法主体漫无目的的判断，而是依据一定的法律目的、原则、规范来进行判断，选择也并不是依据执法主体自身的偏好来进行选择，而是要在法律的框架、原则下进行合理地选择。判断需要一定的标准，选择需要遵循一定的原则，那么自由裁量权所内涵的伦理内蕴，我们可以从以下维度进行分析：

（一）静态维度

1. 判断标准。法律的制定，是要体现一定的法治精神，体现法律

---

① 张成福．论公共行政的公共精 神——兼对主流公共行政理论及其实践的反思［J］．中国行政管理，1995：5.

② 胡晓玲，李勇军．行政自由裁量权的两面性及其控制路径［J］．武汉理工大学学报（社会科学版），2005：6.

③ 黄云．论对警察行政自由裁量权的法律控制［J］．求索，2006：1.

的价值。在法律规范中，凝结着善与恶、合理与不合理、正义与非正义的基本价值导向。法和法律的规定，总是同人们关于正义的观念、关于公平的观念、关于捍卫人的自由、权利和尊严的观念，关于社会责任和义务的观念联系在一起的。自由裁量权是权力授予的，反映的是法律的法治理念，作为自由裁量权的执法主体必须遵循法律的要求，体现法治的价值理念。如果执法主体针对具体事件进行自由裁量时任意裁量，那么就背离了法律的意愿，不仅违反了法律的要求，而且也偏离了道德的轨道，必将受到法律的制裁，道德的谴责。因此，合法性是自由裁量权的执法主体进行自由裁量时判断的标准，也是道德所要支撑的一个维度。

2. 自主选择。它表现为执法主体在特定的执法活动中，针对不同的情形及其法律后果，依据执法主体自己的理性判断，在法律规定的范围内做出适当的决定。一个行为是否适当，要分析其手段、动机和目的，适当意味着主体所做出的行为、后果必须符合法律的目的、所支撑的价值导向，运用的手段符合社会主导道德原则和规范的要求。总之，执法主体的行为必须符合法律的精神和价值目标，符合公众公认的基本原则，从维护社会的公平、正义的价值观出发来进行自主的选择。只有从这些基本的价值理念的目的出发，来做出行为的选择，才是适当的，否则会失去自由裁量权的伦理意味，也会背离法律制定的初衷。

（二）动态维度

在法律执行中，执法主体使用自由裁量权的过程中，要充分考虑行政相对人行为的原因、性质、情节和后果，整体考虑事件的相关因素，来对行政相对人进行处理，而不得偏颇一方或忽略某些应该考虑的因素和情况，做出对行政相对人有显偏颇的处理、处罚。具体在执法实际过程来说，为保证自由裁量权能够有效地被执法主体行使，“合法”“合理”是保证执法主体在行使自由裁量权过程中，其行为公正、有效的基本要素和原则。

1. 合法，是要求执法主体实施的行政行为符合法律的总体要求和原则性规范。法律执行中的自由裁量权，必须符合法律的目的，不得为达到某种企图而故意偏离法律目的，执行不确定的法律规范，必须符合法律的精神和价值目标。在执法过程中，执法主体要遵循“一切以事实为依据”“一切以法律为准绳”的要求来完成其执法行为，同时还要体现“人人在法律面前平等”的宪法规定，不得徇私舞弊，有失明显偏颇。具体来说，执法者权力行使应当符合法律赋予该项权力的目的，案件与处理结果轻重幅度相当，对犯罪分子处罚的轻重应当与其所犯罪轻重相当，罚当其罪，不能重罪轻罚，也不能轻罪重罚，同样情形同样处理。

2. 合理则要求执法主体在执法过程中，要求遵循“良序公俗”的法律理念。合理是自由裁量权的一项重要伦理原则，它是要求行政行为的内容客观、适度符合正义、公平的道德原则，也是道德理性的一种体现。对于自由裁量权的运用，要求执法主体从维护社会秩序的目的出发，遵守社会的道德规范要求。从社会的公平、正义的价值观出发，重视事实，不得为一己之利而有损公正。具体在执法实践过程中，执法主体在行使自由裁量权的时候，应该使自己的选择合乎正义、公平的社会主流道德观念。

二、道德何以能约束警察自由裁量权

道德是社会制定或认可的，关于人们具有社会意义的调节相互利益的行为，应该而非必须如何的非权力规范。社会之所以发展，人类之所以繁荣，正是因为人们创造出了符合自身需要的、更有约束力的道德。这种需要，是人的客观需要，这种约束，是人们相互认可，保存彼此利益的约束。我们从以下几个方面来分析道德为什么对自由裁量权具有约束力：首先，我们从道德的起源、发生来进行考察。按照马克思主义伦理学的解释，自从有了人类的出现，正是劳动发展了人类社会的分工与合作，在劳动的过程中，人与人结成了复杂的社会关系，也因为劳动的发展，出现了私有产品，从而出现了利益的观念。生活在社会中的人们，彼此迫切需要一种新的制度或规范来维护劳动的继续，保护自身、他人的利益，这种需要到后来就变成现实，出现了维护社会秩序新的规范——道德。从道德的起源、发生来看，道德天生就具有社会控制因素的属性。其次，我们从道德自身的特点来看。道德是依靠社会舆论、评价，内心信念来约束人的行为的规范，这样使整个社会向有序状态发展。道德同法律、政治一样，同属于社会上层建筑，也是社会的控制力量。当然，道德的约束并不是一种强制性的约束，并不像法律那样可以直接限制人身自由，它是一种非强制性的约束，通过社会评价、道德主体自身的内心信念的支持，发挥约束作用来约束人心的“自由”，从而使道德主体的行为符合社会的要求。康德将道德的特质归结为“内在性”，与法律规范的“外在性”相对应，他认为法律是从外部规范人们的行为，而道德则只支配人们的内心活动。又如现代分析法学家哈特，他认为道德的重要社会意义在于它对社会成员的“重大社会压力，该压力不仅促使个别情况的服从，而且保障道德标准传导给社会成员。”道德的“典型强制形式是唤起人们对规范的尊重”，使之“受到其自身良知的惩罚”，或者进而受到社会加之他的反感、体罚，直到被摈弃于社会联系之外。① 这种约束力，是通过社会主体在外界道德压力下唤起羞耻感，罪恶感而起作用，这种约束，是深入人内心的惩罚与折磨，有时候所起的约束效果甚至比法律的约束效果都明显。最后，从道德的约

① 博登海默．法理学——法哲学及其方法［M］．华夏出版社，1987：176.

束本质来看。道德约束是一种“软”约束，它依赖于主体的良心和自律，它特有的运作机理就是依赖主体良知的不断修正和调节，来达到约束主体行为的效果。所谓良心就是道德主体内控力，它表现为一个人采取某种不道德行为时所感受到的内心矛盾与痛苦，以及采取某种道德行为所体验到的内心解脱与愉悦。在这种痛苦与愉悦的反复情感纠缠过程中，有德行为被主体所赞同，无德行为被主体所摈弃，从而实现道德的“软”约束。可见，道德可以约束警察合理地使用自由裁量权。

三、道德以何约束警察自由裁量权

从权力的本身性质来看，任何一项权力都是具有腐蚀性和侵犯性的特点，易趋于滥用。由于警察自由裁量权使用时的灵活性，它更易于被滥用。警察自由裁量权的滥用所构成的违法往往是隐蔽的，不容易为人们所识破。在现实生活中相应的法律、法规对自由裁量权的约束仅仅是外在的。警察机关作为政府机关的重要组成部分，警察自由裁量权的使用不仅关系到社会秩序的稳定，而且也与公民的人身自由及利益息息相关。对自由裁量权的监督、约束，不仅需要法律的监督，而且更要重视执法主体的自身约束与完善。

（一）增强警察自身的伦理责任意识

责任指的是一个人对工作、对群体和社会应尽义务的自觉状态。警察是国家意志的忠实执行者，是具有特殊地位的社会角色，肩负着重要职责。责任感是责任的承担和履行，是一个人对自己言论、行为持认真、积极、主动的态度而产生的情绪体验和反应。责任的伦理意识意味着一个人具有恪尽职守的意识。具有强烈责任感的人，就会对他人、社会具有一种使命感；具有强烈责任感的人，就会充分考虑到采取行为的手段以及由这种手段所造成的后果，并对这种后果承担完全的责任。人民警察作为具有特殊社会身份的职业人员，在行政执法的过程中，特别是运用自由裁量权做出行政行为时，不仅要对其行政行为结果承担客观的行政责任，更要承担主观的行政责任。这种主观的行政责任，是道德主体自身出于对公平、正义的法治价值理念主动承担的一种责任意识。美国著名伦理学家特里·库柏将行政责任分为客观责任与主观责任，"客观责任源于法律、组织机构、社会对行政人员的角色期待，但主观责任却根植于我们自己对忠诚、良知、认同的信仰。"① 客观责任与主观责任有着紧密的联系。一方面，人民警察只有完整、准确地理解并认同了客观责任，才能形成清晰、适当的主观责任意识；另一方面，人民警察只有形成正确的责任意识，持续稳定地表现出履行公职的责任行为，才能保证客观责任的实现。比如，人民警察执法对于同一职责的客观责任是统一的，但是，由于各自对于职责理解和认识的不同，特别是受执法环境、对象、自己的利益关系等影响，表现出的主观责任就有很大的差别，产生出秉公执法和徇私舞弊等不同结果来。在实践中，如果他们具有高度的责任感，那么就会将正直、诚实、节制等基本道德操守与其廉洁、公正、自律等公共伦理精神有机地结合在一起，在道德实践中总是表现出积极、热忱、主动和创新的精神品质。责任是外界条件下行为主体的客观要求，是对人的行为的外在约束，但责任意识却总是和人的职责、使命和义务紧密相联的。人如果意识到责任并认同、接受，就会将外在的要求内化为内心的自觉意识，此时，人不再被动地、消极地服从异己的力量，而是主动地、积极地去承担和履行其职责。警察的伦理责任意识，是警察个体通过道德认知、不断地在执法实践过程中经过道德情感的培育和道德意志的锤炼而在其内心建立的稳定的情感。具

① 特里·库柏．行政伦理学—实现行政责任的途径［M］．中国人民大学出版社，2001：101.

备了伦理责任意识，可以有效地遏制违背法律、道德的行为，也可以增强其“执法为民”的自觉性。

（二）树立正确的个人价值观念，强化警察职业道德规范

进入新时代，公安机关担负着重大的政治、社会责任和历史使命，任务艰巨而繁重，广大人民警察必将经受各种严峻考验。随着改革开放不断深入，人们的道德、理想受到现实的利益冲撞。现实社会中，极少数警察忘记了“全心全意为人民服务”的宗旨，执法过程中，背离了社会主义法治的理念，做出了有损人民利益的行为。因此，人民警察必须坚持以马克思列宁主义、毛泽东思想、邓小平理论、“三个代表”重要思想、科学发展观、习近平新时代中国特色社会主义思想为指导，树立正确的世界观、人生观和价值观，建立共同的理想信念，操守职业道德。正确的世界观、人生观、价值观和职业道德，取得警察群体的认同后，警察个体会在不知不觉中产生职业自豪感和对警察集体的归属感，激发起他们献身公安事业的热情和秉公执法的责任感。心理学家柯伯就此也提出了道德约束的最高阶段就是价值观念取向的约束阶段，在这个阶段中，个体有了正确的人格、价值、良知观念，就会有较强的约束自我行为的能力。这种约束是自觉的、持久的、稳定的，是法律约束所不能比拟的。为此，警察必须树立正确的个人价值观。“对党忠诚、服务人民、秉公执法、清正廉明、团结协作、勇于献身、严守纪律、文明执勤”是人民警察职业道德规范，强化人民警察职业道德建设，在潜移默化中教育和约束人民警察。人民警察职业道德主要是通过影响警察的内心信念，靠警察的自觉和自律起作用，人民警察职业道德的约束力来自警察自身的良知的自责和社会舆论的压力，人民警察通过对职业道德的认同，并转化为自己的情感和信念，来调节、约束自身的行为。在此，需特别强调的是，强化人民警察职业道德建设，要求给予每位警察

以正确的道德认知；真正能使每位警察自觉地接受并认同人民警察职业道德规范，培养其稳定的道德情感和意志；重视发挥每位警察良心的作用。良心就是一种自控力，就是人的理性因素的有机结合，就是人民警察对他人和社会履行义务的强烈责任感和自我评价的工具。可以说良心是自律的最高表现，由于与警察个体自身的道德情感、信念、意志相联系，一旦转化为主体的内在自觉，就会变成巨大的精神力量，发挥着法律规范、纪律等起不到的作用，从而也深刻影响警察严格执法、公正执法的自觉性。

（三）建设长效的社会道德监督机制

由于自由裁量权本身所具有的“自由”属性，具有权力滥用的条件。也正如孟德斯鸠所说：“一切权力的人都容易滥用权力，这是万古不变的一条经验，有权力的人们会使用权力一直遇到有界限的地方才休止”。[①] 法律控制在实践中已凸显出它的局限性，所以在预防和遏止自由裁量权的滥用，更要重视道德约束，依上所叙，道德约束的着力点在个体的内心和社会的监督。道德监督是道德主体对道德客体的道德行为现象的发现和督促方式及其过程，发现是监督的第一个工作。发现以后，要“举报”、要张扬、要公布，这样才会起到借助社会力量行使监督职能的功效。监督的第二个工作就是要“传”，把不道德的行为示之于众，让行为主体心理受到震撼，感到不安。监督的目的是督促行为者改过，这是第三个工作，三个工作统一起来才构成道德监督的全过程，道德监督就是要通过道德行为现象发现、督促、推动人们审查、过滤自己的动机、愿望、需要、意图，使之符合人的全面发展的价值要求和价值目标。从手段上来看，道德监督不像法律政令那样具有国家意志的属

① ［法］孟德斯鸠．论法的精神：上［M］．张雁深，译．北京：商务印书馆，1995：205.

性，得不到权力的保障，更没有国家设立专门机构按严格的制度进行。道德监督作为对行为的控制，它是根据评价者的道德信念、道德责任感和善恶判断能力，来判断主体行为是否出现偏差，并通过督促方式来纠正这些偏差，使之回到正确的行为运行轨道上来，以确保行为符合当时的社会道德准则。它不同于法律监督，法律监督所凭借的是有组织的惩罚机关和系统的惩罚措施，离开这种强制力量，法律监督对于社会生活的干预，一般来说，就很少能发生效力。伦理监督则不同，它主要借助于伦理评价和个人道德意识来实现对社会生活的干预。伦理监督的作用，主要诉诸于人们的良心，直接影响人的内部精神世界，通过对人们的潜移默化，获得一种内在的威严与力量。良心是人们意识中一种强烈的道德责任感，正是这种责任感，在人们的社会生活过程中，产生了对他人和社会应尽道德义务的强烈而持久的愿望。良心是人们意识中进行自我评价的能力，它是人们在深刻理解一定社会或阶级的道德原则和道德规范的基础上，以高度负责的态度，对自己行为的善恶价值，进行自我判断和评价的心理过程；良心还是多种道德心理因素在个人意识中的有机结合。在主体行为进行过程中，良心对于人的情感、意志、信念以及行为方式和手段，起着监督作用。对于符合道德要求的情感、意志、信念以及行为方式和手段，它便予以激励和强化，特别是遇情况变化时，良心便能够纠正自己某种自私欲念和偏颇情感，改变其行为的方向和方式，以避免产生不良后果。对于履行了道德义务并产生了良好后果和影响的行为，它感到满足和欣慰，对于没有履行道德义务的行为，或后果和影响不好的行为，它便进行自我谴责，感到内疚、惭愧和悔恨，以至于陷入极端的痛苦之中。道德的监督主要体现在道德评价上，道德评价是一种善恶评价，它依据社会的主导道德价值标准出发，对人们的行为做出正当与否的评价。评价是借助伦理规范和准则进行的，准则作为价值尺度放在了被评价者的面前，发挥着度量和标准的作用；从被评价者来看，评价作为一种要求、一种舆论，固然有其强制性和约束性，但被评价者是否接受这种要求，又往往取决于自己的义务感和良心，有良心所接受的评价才能真正达到评价的目的。道德评价包括两个方面，即道德的社会评价和道德的自我评价。道德的社会评价，也就是社会的道德舆论，是外在的压力，道德的自我评价，也就是人们对于自己行为所做的良心上的检查，这是内在压力。现实中，内外的压力作用于执法的警察，那么这种约束的效果是非常明显的，可以有效地预防和遏制其自由裁量权，古代的桓宽曾说过："法能刑人，而不能使人廉，能杀人而不能使人仁。"可见，古人早已觉察到法律控制的局限性，道德对人的约束不同于法律，它可以直指行为主体的内心。假如执法主体做了违背社会道德原则的行为，就会受到其良心的谴责，受到其良心的拷问；做了符合社会道德原则的行为，其内心会得到酬赏（包括来自自己身心的愉悦和来自社会的赞誉）。综上所述，在警察合理地运用自由裁量权问题上，道德约束是实践中可行的控制路径。

第四节　人民警察管理伦理的实践探索

一、人民警察道德激励

人民警察是具有武装性质的代表和行使我国国家意志的治安行政和刑事执法人员。人民警察就是正义和公理的化身，执行人民的意志，维护人民的利益，打击犯罪。人民警察个体道德素质的高低直接影响其执法过程中的公正性。随着新时代形势的变化，人民警察的职责逐渐延伸，由承担治安和执法单一性向社会服务和公共安全保障的多元性转变。人民警察的个体道德素质是适应这种转变的有力保证，个体道德素质的高低也影响着其社会服务水平的高低。由此可见，在公安管理活动过程中，各级公安领导者不断地增强每个人民警察的个体道德素质确有必要，而道德激励正是从管理伦理这一视角来探索增强人民警察道德素质的现实可行的途径。

（一）人民警察道德激励的含义和特点

为了明晰道德激励的内涵，我们有必要先了解什么是激励。从心理学的角度来看，激励就是激发人的动机，诱导人的行为，使其发挥内在潜力，为实现目标而努力的动态过程。这个过程具体描述为：人的有目的的行为是出于对某种需要的追求，没有得到的需要是产生激励的基点，进而导致某种行为。在满足与不满足的心理状态中，激励调控人的行为；从管理学的角度来看，所谓激励，就是管理者遵循人的行为规律，运用物质和精神相结合的手段，采取多种有效的方式、方法，最大限度地激发被管理者的工作积极性、创造性和主动性，保证组织目标的实现。美国管理学家贝雷尔森和斯坦尼尔就给激励下了一个定义："一切内心要争取的条件、希望、愿望、动力等都构成了对人的激励，它是人类活动中的一种内心状态。"从以上分析可以看出，激励与人的欲望、需要，价值目标有很大的关系，是人的行为的诱导器，价值目标的罗盘。在发掘人的潜力的问题上，可以分为三个阶段：一是延长劳动时间，增强劳动强度；二是泰罗所倡导的工作培训和经济刺激；三是行为科学主张的现代激励理论，包括需求理论、期望理论、公平理论、强化理论等。这些激励理论似乎已相当完整，其实却都是围绕工作、工作目标、工作报酬等外在因素展开的，而没有涉及人的责任感、品德、理想等内在因素。因此，笔者将从公安管理活动过程（仅限于内部管理）这一角度出发，分析道德激励，探求提高人民警察道德素质的现实途径。

道德本身就是一套赏罚、评价、规控的体系，道德激励也就是道德的一项功能而已，它以满足道德主体的道德需要为属性，诱导人的行为动机，调控现实生活中人的行为。道德激励的特点：

1. 道德激励的基本点是人的“应当”需要。个人的需要是进行有效激励的前提，激励是以人的内部需要为依据，并以需要的满足来驱动个体完成某种行为。美国心理学家马斯洛在其著作《调动人的积极性的理论》中，提出了需要层次理论，他提出，人是有需要的动物，已经得到满足的需要不再起激励作用；人的需要并且还有轻重层次之分。人们对于需要的满足，通常是低层次的需要得到满足之后，才追求高层次的需要。因而对人的激励，是一个连续的动态过程，一旦某一层次的需要得到满足后，这些需求不再成为一个激励因素，就要设法让人产生高层次的需求。他还强调，某个“较高”层次的需要在某个“较低”层次的需求得到满足后就成为起作用的因素。马斯洛把人的需要分为不同的层次，人在某一时期最迫切的需要是激励人们行为的主要动力，当这种需要得到相对满足之后，另一种需要就会代替它的位置。可见，马斯洛是把人的最迫切的需要作为激励的出发点的。而道德激励不仅对人的行为产生激励作用，而且还使追求某种需要的人的道德境界趋于崇高，给他人和社会带来良好的道德影响。可见，道德激励的重点是人的“应当”需要，而不是最迫切的需要。

2. 道德激励具有一定的价值指向。这是由道德激励的目的性和规范性所决定的。人的行为总是为了达到一定的目的，合适的目标可以调动人的积极性。每个职业都有自己的职业道德准则，而职业道德的核心就是价值目标。在实现目标的过程中，道德激励的指向一直是确定的。并且，人的“应当”需要内含着有价值的意蕴。

3. 道德激励是一个不断认识、评价和调控的过程。由于道德激励的出发点是人的“应当”需要，因而道德激励应随着行为过程的发展，不断认识和调控新出现的内外环境，增强道德主体的意志和信心。激励对象对目标价值看得愈重，估计其能实现的概率愈高，激励力量就愈大。要提高道德激励的力量，就必须提高激励目标在人们心中的地位和达到这一目标的可能性。为此，管理者在道德激励过程中，既要为激励目标的实现创造一定的外部条件，又要注意强化人们对目标的追求动力。

4. 道德激励所采取的行为激励方式上具有伦理性。道德激励采取的行为激励是基于个体的道德需要，并且直接作用于个体内心的道德世界，在激励方式、手段以及所达到的目标上都具有道德意义。

（二）人民警察道德激励的内容

管理者与被管理者构成了管理关系，人的管理是最重要的，也是最困难的。管理活动的关键在于协调管理的伦理关系，从组织的内部管理来看，其内部有着特殊的机理和运行机制、技术性，权力性的管理虽然非常必要，但却经常同组织中的被管理者个人需要、个性发展产生矛盾。每个被管理者都不是单纯的机器人或“经济人”，而是具有一定复杂性、综合性的“社会人”，既有物质性的需要，又有精神性的需要。纯粹技术性、权力性的管理即使能强制的规定组织成员的操作行为，在一定的范围内提高工作效率和激发其内在的物质冲动，却很难端正他们的工作态度，发挥他们的主动性、积极性，也不可能保证他们勤奋工作的持久性和耐力，更谈不上激发他们的创造性和智慧潜力。要想取得管理最佳成效，应该实施符合人性的、能发展人的个性的、激发被管理者工作热情的管理模式，尽可能地满足他们的尊重、友谊、信任、理解、支持、感情等精神上的需要。一般说来，激励可分为外在激励和内在激励，作为一个组织，从凝聚力来看可以有两个极端，一种是酒肉朋友、乌合之众，靠的是外部激励，可以同甘，但不可共苦。另一种就是靠内在激励，在一个由强大的共同价值观维系起来的组织中，工作本身就是乐趣，金钱等物质的外在激励所起的作用相对较小。而道德激励就是一种内在激励，并且是一种正面激励，在管理中具有重要意义，它不仅可以激发被管理者的内在工作热情，积极进取精神和对组织的归属感与依赖情怀，而且可以促进管理者与被管理者的良性互动，建立和谐有序的人际关系。人的本质是社会性，人具有自然属性和社会属性。人类要生存、繁衍、维系家庭需要物质财富，人要获得安全保障，要与人交往需要物质财富，人不仅要维持原有的生活水平，还要不断提高，更需要越来越多的物质财富。正因为人类对物质财富、欲望的无限性，人类社会才会有动力，才能不断向前发展，这是组织发展的原动力。社会属性决定人的精神需要，这是人区别于其他动物的主要标志之一，作为个体的人，有是非、善恶、美丑的心，有对权力、地位、荣誉、感情等方面的追求，正因为如此，社会才有道德、法律、规范，管理才有秩序、才有成效。人类的需要系统是庞杂的，尤其是精神需要更是博大精深。我们从一般意义上，从组织中被管理者的角度去加以分析和研究，美国公共议程基金会对成千上万的雇员进行过问卷调查，希望他们对个影响因素按照重要性从高到低进行排列，结果如下：(1) 和尊重你的人在一起；(2) 有进取的工作；(3) 对出色工作的认可；(4) 提高技能的机会；(5) 为能倾听我的创意的人工作；(6) 不光是执行命令，而要有独立思考的机会；(7) 看中我的最终工作成果；(8) 为有效率的领导人工作；(9) 有挑战性的工作；(10) 运筹帷幄的感觉；(11) 工作安全感；(12) 高薪：(13) 好的福利待遇。令人惊讶的是，“高薪”和“好的福利”被排在了最后，受尊重排在了第一，百分之九十受调查的管理者认为，被管理者会把工作安全感、高薪和好的福利待遇放在前面，然而事实恰恰相反。除了必要的物质报酬，被管理者这个群体还有感情、受尊重、公正等具有道德意义的需要，这一需要有两个方面的内容，一是友爱的需要，即人人都需要伙伴之间，同事之间的关系融洽或保持友谊和忠诚；二是归属的需要，即人人都有一种归属于一个群体的感情需要，希望成为群体的一员。这就需要管理者在组织中营造良好的人际关系环境，这样双方在交往中，其需要得到满足，相互之间会产生接近、友好、信赖的心理关系。相反，在差的人际环境中的双方交往中，其需要得不到满足，这时相互之间则会产生疏远、回避，以致敌视的心理关系。在人类发展的早期，人们就意识到与他人亲和显然更有利于对环境的适应，能增加生存发展和繁衍的机会，而在漫长的社会学习之中，人们又日益感到人际亲近的其他必要性，由于亲和交往，人们逐渐满足友爱、归属等需要，人们会感到安全、温暖和自信，从而表现出积极生活的态度和蓬勃的朝气。所谓归属感，是指个体将自己归属于某一群体，并对其产生一定依存心理的情感体验。归属的实质在于个体对于某一团体的价值认同，归属感则表现为价值认同后的情感体验。个体对所属团体产生归属感后，能自觉的以所属团体的规范约束自己的行为，以其价值评价标准作为自己评价事物的尺度，在团体中接收信息、经验和情感，把自己看作团体中的一员。归属感在一定的社会情境下表现得更加强烈，如：当团体取得荣誉时，团体成员会进一步增强归属感，进而激发自豪感，使成员之间团结得更加紧密。这除了需要管理者创造良好的人际关系环境外，还要营造良好的团结、友爱、互助的组织氛围，公安机关是一个有明确分工的集合体，但又是一个有机整体，公安管理活动需要全体人员的齐心协力方能取得成效，这要求被管理者和管理者之间团结、友爱、相互理解、相互支持。以下所具体分析道德需要就是管理者实施道德激励的主要内容：

1. 受尊重的需要

受尊重意味着人的尊严、权利和价值被尊重。人是世界的主体，世间的一切活动都是为了人的利益，人仅仅是因为人，就具有自身共同的价值尺度。人的尊严是对人的独立人格的尊重，包括尊重人的主体性、自尊心、人的平等权利等，人类的一切管理活动，无论是调整人与自然的关系，还是调整人与人的关系，都是为了人自身的生存与发展，人与人类的利益。人首先是最终也是人的活动的目的，这就要肯定人的价值，将人视为一切管理活动的最高目的。要使管理出效益，管理出效率，管理出凝聚力，管理者不仅要把管理活动看作是一种管理行为，而且还要把它看作是一种人文活动，以满足被管理者受尊重的需要。作为一种人文活动，必须使被管理者感到管理不是“管、卡、压”，而要使人们认同管理，在管理中重视人、尊重人，肯定人的价值。由此展开的管理活动，是一种以人为中心的柔性管理过程。如果说从“以物为中心”到“以人为中心”是管理史上的一次重大飞跃，那么从“以人为中心”到“为了人而管理”则是管理活动新出现的管理理念。试想在一个被管理者受尊重的社会组织中，管理者与被管理者之间人际关系和谐，管理指令的信息传达路线畅通，工作环境中充满了宁静、期祥和、愉快的气氛，没有人大声吵闹，被管理者在工作时都面带微笑。而在一个被管理者不受尊重的社会组织中，那种气氛会给他带来巨大的压力，造成严重的心理、生理和行为后果。比如，典型的心理症状有：焦虑、紧张、迷惑、急躁、压抑、孤独、自信心丧失，创造力下降；典型的生理症状有：疲劳、头疼、肌肉紧张，睡眠不好等等；典型的行为症状有：拖延和逃避工作、工作效率低、冒险与攻击行为增加，与家庭和朋友的关系恶化等。由此可以看出，受尊重是被管理者的迫切的道德需要。

2. 公正的需要

美国企业伦理学家戴维·丁·弗里切曾这样论述过公正原则：公正通常与权利、公平和平等相联系。公正的原则可分为三类：分配公正、惩罚公正、补偿公正。分配公正，社会有许多必须分配给其成员的利益和责任；利益包括收入、工作、财富、教育和休闲；责任包括工作、纳税、社会义务和公民义务；惩罚公正，它涉及对社会成员错误行为的惩罚和处罚。要使惩罚是公正的，就必须确认某人是否做了错事，通过一套相应的程序可以保证做到这点，公正的惩罚必须与过错相适应。惩罚的严厉程度应与过错的严重程度成比例，而且要做到公正，惩罚对待不同的犯错误者应该一致；补偿公正，它所涉及的是受害社会成员的补偿。在管理实践中，管理者依据公平原则对被管理者应该做到以下几点：首先要求机会均等，如被管理者应该有均等的录用、上岗、晋升、获取报酬、学习提高的机会，任人唯亲、性别歧视、对被管理者实行差别待遇都属于违反这一原则的行为。其次要求公平竞争，每一位组织成员都有自主选择参与组织竞争活动的权利，竞争规则对所有参与者具有同等的效力。最后，管理者对违反组织规范制度的人员处罚要一视同仁。

（三）人民警察道德激励的方式

基于上述道德需要，下文将从管理者采取的行为手段上来具体论述道德激励。

1. 基于感情需要的行为激励

如上文所述，被管理者的感情需要有两个方面的内容：一是友爱的需要，二是归属的需要。从远古时期来说，人类由于血缘、地域等因素结成群体，互助互爱，从自然界获得生活资料，来维持人类的自身发展。友爱是人类低层次的精神追求，是对自身利益的关注。归属的需要则是个体认识社会、群体后而产生的精神需求，最终目的也是对其利益要求得到合法保护的认同。而安全感、责任感、自豪感是被管理者感情需要的具体体现：安全感是人最根本的奋斗目标，也是对一种秩序的认同。在一个人人进取向上和充满温馨之情的社会组织中，个人受到集体力量的激励鼓舞而不甘落后，积极工作。管理者运用安全感来激励被管理者，首先管理者要善于创造“友爱”的气氛，不断地满足和激发被管理者源于安全感的需要；其次管理者要对被管理者坦诚，和一个深藏不露的管理者在一起，被管理者是不会有安全感的。被管理者不知道他在想什么，不知道说出的话会不会得罪他。由于不知道，被管理者就要揣测，越揣测就越不安，自然没有安全感。而和一个坦诚的管理者在一起，被管理者的安全感大增，其工作积极性得到了提高。责任感是一种黏着力，是维系一个团队的重要因素。责任感体现了一个人的精神境界，有责任感的组织成员绝不是个人主义者，国家的、集体的、他人的利益总是先于自己的利益。责任感哪里来？管理者如何激发被管理者的责任感？责任感来自管理者“人性化”的管理，来自管理者对被管理者的信任，来自被管理者对组织的理解和支持。因此，管理者要实行“人性化”的管理，要充分信任被管理者，不断地用信任换取被管理者的责任感，从而激发其最大的潜能。自豪感是组织成员内心对所在组织产生的一种强烈的道德情感。自豪感可以阻止组织凝聚力的流失，激发成员的工作积极性。管理者要善于抓住组织自豪感的培养，不断的激发成员的工作积极性。

管理者实施基于感情需要的行为激励，应注意以下两个方面：第一，管理者要创造组织内部良好的人际环境。轻松、亲密的人际关系，在精神上为被管理者提供愉悦的工作环境，让他们深切地体会到“组织爱我”从而激发起“我爱组织”之情。创造良好的人际环境，管理者自己要有爱心和热心，要出于内心真情地去进行管理。管理者还要经常与被管理者进行情感交流，只有这样才会打开他的心扉，得到工作中的理解、支持。人与人之间的情感交流是双向的，管理者的以身作则，被管理者时时刻刻都在受其影响。在这情感交流中，被管理者对工作充满了兴趣，潜能被激发出来。因此，营造良好的人际氛围是管理者行为激励的基本要求。

第二，管理者要以优秀的组织文化来激励被管理者。每个组织都有自己的文化特征，组织文化具有一种极强的心理凝聚力量，当一种文化得到认同后，就会形成一种黏合作用，从各个方面，各个层次把内部成员凝聚起来。组织文化还通过种种微妙的方式来沟通成员的思想感情，融和成员的理想、信念、作风、情操，培养和激发成员的群体意识。在优秀的组织文化影响下，每个成员通过自己的亲身感受，产生对工作的自豪感、使命感和责任心，增强对本组织的集体感、认同感和归属感，从而使全体成员凝聚成一个协调有机的整体。

2. 基于受尊重需要的行为激励

随着社会经济的发展，人在管理中占据了主导地位。这一管理理念的转变，迫使管理者们不断地思索，探求行为激励的新方法。人不是与其他管理要素和对象一样可以通过各种方法和制度来加以管理和控制的资源客体，而是具有精神文化属性的主体；管理不仅仅是一个物质技术过程或一种制度安排，而是与社会文化、人的愿望、激情、意志等精神特征密切相关的。被管理者追求受尊重的愿望，是基于自身生存和完善而内心产生的道德需求倾向。

管理者在基于被管理者受尊重的行为激励中，要做到以下几个方面：首先，管理者要在管理活动过程中尊重被管理者的人身权利。尊重其个人隐私、个人的生活习惯，这是最基本的一个方面，也是一个主要的原则。其次，管理者要善于营造组织内部平等、友好的氛围。组织成员在此氛围下，体验来自管理者、同事的关爱和尊重，容易激发其工作积极性，在工作中发挥个人潜力，实现自我价值。最后，管理者要对被管理者经常予以肯定。肯定是一种尊重，也是一种激励办法，因为在工作中，人们都希望自己受到上级和同事的尊重和赞美，肯定、表扬这些貌似平常效果却是显著的激励方法是每个管理者都不能忽视的，因为这样让大家觉得自己做的事得到了上级的尊重、自己做的事很有分量。

3. 基于公正需要的行为激励

从管理伦理学的角度来看，被管理者对公正的需求，是基于自身的生存、发展和对他人、社会的关系上来考虑的。这种关系主要有两个方面：第一，公正是对自身人身权利的正当占有和维护，它要求个体都具有独立平等的人格尊严，既享有正当权利的自由，同时也承担平等待人，尊重他人正当权利的义务。第二，从社会的角度来看，公正的需要反映了被管理者对其所在社会的合理利益分配和正当次序的合理期待或要求，也反映着社会成员实施的公平利益分配尺度，包括基本权利和义务的分配尺度。管理者真正了解了被管理者公正需要的内涵，才会有的放矢，满足他们的内在道德需要，激发他们，调动其积极性。在实施基于公正需要的行为激励的过程中，管理者要做到以下几个方面：首先，管理者在管理活动中坚持公正原则，坚持人身权利与义务的统一。承认个人有追求合理、合法权益的权利，还要注意在管理中应当具有体现个人权利公正的形式和内容的原则。所谓形式的公正就是平等的形式原则，它是形式的，不说明在哪些特定方面应该对相同的人不一样对待，应该一视同仁。公正的内容原则是指制定内容的有关方面要公正，然后根据这些方面来合理分配负担和收益。其次，在利益分配中，管理者要坚持反映合理正当要求的利益分配原则。在管理活动中，管理者针对被管理者对组织的不同贡献，进行合理、适当的利益分配，这是对被管理者创造的价值的尊重。最后，管理者要不断地引导被管理者提高公正需要的层次。从社会的角度来说，社会的公正才是人们的最终目的，因此体现公正原则要坚持公益原则。公益有利他主义的内涵，也是对极端自由的制约前提。任何集体和社会成员不是孤立存在的，他们必须在社会活动中对社会和他人尽可能地做出贡献，才有权利享有他应享有的利益。在人的自我意识已获得高度发展的现时代，道德对个人行为的调节已着眼于责任感、良知、尊严、价值这样一些更高级的心理需求。管理者是激发被管理者的潜能，提高被管理者的积极性的施动者。在管理过程中管理者必须重视被管理者的这些心理变化，把被管理者的地位提到与自己平等的地位，满足被管理者的道德心理需要，实施行为激励，激发其潜能，从而完成管理活动的目的，实现被管理者的自我实现、自我超越。被管理者是在管理活动中相对于管理者的另一主体，关于人的需要、动机和激励问题早有学者进行过探讨，他们认为人们的各种行为都有一定动机，而动机又产生于人们本身内在的、强烈要求得到满足的需要。在基于道德需要的行为激励中，管理者的作用是重要的，但被管理者的作用也不可忽视。这是因为被管理者也是主体，管理者施以行为激励，被管理者不是被动接受，而是具有主动性。实践中，任何管理模式都必须以一定的文化哲学为基础，以特定的民族为主体，不存在脱离一定文化哲学，脱离特定民族的所谓的一般管理。西方文化是一种科学型的文化，东方文化是一种以血缘为根基与原型的伦理文化。东方文化中的“人”，既不是经济人，也不是抽象的社会人，而是伦理人。“经济人”以利益为价值目标，“社会人”以自身的社会需要为价值目标，“伦理人”以伦理的实现为价值目标。管理者在管理理念的转变中，须掌握这条原则，除了物质需要的满足，更重要的是精神上的满足，这就要重视被管理者基于道德需要的行为激励。在激励的价值目标上强调义利并重，注意激励过程和行为方法的伦理性，用伦理的方法与原理，通过满足被管理者的人格要求与人伦需求进行行为激励。从而改善人际关系，激励士气，提高个体道德素质，支持管理部门的目标和政策，提高工作效率。道德是告诉人们“应当做某事”的一种价值判断，每一个有理性的人的行为之前心理中可能存在多种动机，并且这些动机是相互冲突的，但对于具有良好道德素质的个体来说，道德是处于一种支配地位，排除干扰，按照“应当”的指向轨迹而行动。因此，各级公安管理者应该在日常各项管理活动中，充分运用道德激励，提高每个人民警察的道德素质，更好地完成国家赋予人民警察的使命。

二、管理伦理激励视角下人民警察社会主义核心价值观的培育

基于警察管理伦理激励中构建管理者与被管理者之间的动态平衡，启动实施现代价值观管理，寻求培育人民警察核心价值观的有效路径，从而提高培育人民警察社会主义核心价值观的成效，增强公安机关的战斗力和凝聚力，促进新时代公安队伍正规化建设。

管理的实践同人类社会一样古老和悠远，在中石器文化时代，人类已经就有了萌芽状态的组织和管理。管理活动中人这个重要因素，使得管理学和伦理学两个不同的学科相互贯通，紧密联系起来。管理伦理学四十多年的发展如一枝独秀，各种学派、思想促使着管理学的进步，改变着管理方法，影响着管理思想的变化。从泰罗以“经济人”的人性假设为前提而提出的科学管理思想，梅奥以“社会人”为人性假设的前提而提出的人际关系和行为科学的管理思想，到马斯洛提出强调管理活动中伦理道德因素重要性的需求层次理论，再到美国加州大学教授威廉·大内所提出的进一步肯定了道德因素在管理中的重要地位的“Z 理论”。进入新世纪，一种全新的价值观管理（MBV）管理理论又正在如火如荼地进行着，价值观管理（Managing by Values）认为领导力的真正本质是关注人的价值观。价值观管理作为新的一种管理哲学和管理实践，正日益成为风靡各社会组织可持续、有竞争力和人性化的管理新趋势。纵向管窥管理思想的变化，我们不难发现关注人性、人的道德需求永远是管理学思想和管理实践活动发展的主题与主线。针对公安队伍建设其中所包含的大量的管理活动，从警察内部管理的微观层面出发，探讨管理伦理激励，以尊重公安干警主体地位为核心，以培育社会主义核心价值观为落脚点，实施价值观管理，增强社会主义核心价值观培育的

实效性，努力推进新时代公安队伍正规化建设。

（一）警察管理伦理激励的内涵

一切的管理核心都是以人为目的，促进人的全面发展。人的本质是社会性，人有思想、有感情、有价值追求，而这些意识活动又都与个体的人所处的政治、经济、文化社会环境相联。那么管理就应是着力建立和谐的管理者和被管理者关系，激发被管理者的积极性，以达到共同目的的社会实践活动。在管理学的发展中，一些管理激励理论围绕工作、工作目标、工作报酬等人的外在要素展开研究和实践，在一定历史阶段取得了一定的管理成效。但随着时代变迁、管理实践的发展，没有或很少涉及人的价值观、责任感、理想等内在要素的管理激励理论已经在管理实践过程中力不从心，且滞后于管理实践的发展。如前所述管理思想和实践的历史变化所反映出的是人们一种价值观以及对理想的追求，对管理道德关系和谐的期盼，凸显出管理中人的道德要求的满足是重要的、高层次的激励因子。因此，本文所阐述的警察管理伦理激励是以“文化人”为伦理基础，围绕着管理活动中的人是社会的、现实的主体，满足主体的需要和愿望，营造一种稳定和谐的管理关系，实现自我价值与社会主义核心价值观有机融合，寻求培育社会主义核心价值观的管理新模式和新路径，从而提高整个公安队伍的战斗力和凝聚力。

（二）警察管理伦理激励的内容和结构

作为管理者，不可置疑的是要考虑被管理者的物质报酬、福利待遇，但必须将主要的精力放在被管理者的社会性条件方面。在当今个体充分认识到自身价值，趋向于满足个人尊严和自身责任感的增强，经济上的刺激和不完全的精神激励已满足不了被管理者的道德需求和价值观追求。管理者这一看法，对人的全面认识来看，不仅要比单纯的“经济人”人性假设管理看法全面，而且对人的行为实施管理激励来说也更符合人的本性。

1. 警察管理伦理激励的内容

笔者在综合管理学中各派学者激励内容的同时，基于“文化人”伦理管理的定位，警察管理伦理激励的主要内容有：第一，责任感激励，责任感对于管理者和被管理者来说都是十分重要的。作为管理者来说，有效进行对他人的管理，不是仅靠管理职权外在的强制因素就能很好地达到管理的目的。要使被管理者从心里真正信服你，尊重管理权威，服从管理，还是靠管理者自身拥有良好的道德品质。试想，如果管理者自己不能勇于承担并在关键时刻挺身而出，怎能要求被管理者敢于负责？如果管理者本人把私利看得很重，光想多占多拿，又怎能要求被管理者廉洁奉公？有效的责任感激励，它有助于管理者具有良好的管理权威和影响力，能使被管理者心服口服，与之同心同德。在具有责任感激励道德氛围下，管理者的道德力是巨大的，能使管理工作顺利、畅通，发挥组织最大的功效。相对于被管理者来说，责任感激励有助于满足被管理者精神层次的需要。被管理者具有强烈的责任感，会对所从事的工作视为己任，不断发挥自己的主动性，创造性的完成管理者交代的任务。第二，公平激励。公平，又称为公正或正义，我国古代早在殷周时就有人提出正义问题，“正义”一词最早见于《荀子》一书。这一概念在西方伦理思想史上一直受到相当的重视，古希腊柏拉图提出了公正、智慧、勇敢、节制这四种最基本的准则。公平属于管理伦理的范畴，从管理伦理学的角度出发，可以把“公正”表述为人、社会和组织相互关系的合理状态，它反映的是个人、和组织在社会中的地位和利益关系。① 管理本身也是一种资源的分配行为，包括人力资源和物质资源。对于管理者和被管理者来说，公平意味着这样几层含义：首先，公

① 戴木才著，管理的伦理法则［M］. 南昌：江西人民出版社，2001：213.

平意味着权利的平等。如被管理者都有晋升、竞争上岗、学习提高均等的机会，任人唯亲、性别歧视等都不属于公平的行为。其次，是机会的平等。最后，是分配的平等。分配中的平等强调的是，在劳动质量和数量面前人人平等。第三，荣誉感激励。荣誉感范畴内含两种互相联系的情形。首先，荣誉常常被看作是评价人们某种道德义务及相应行为社会价值的尺度。这就是说，凡是一定社会、阶级和集体赋予荣誉的义务和行为，也就是这个社会，阶级和集体所肯定的道德行为。荣誉所包含的另一种情形，它体现着个人行为选择的道德责任感和自我道德评价能力。因此，它又常常被看作是良心的社会价值的尺度，这就是说，凡是个体内心感到"酬赏""尊严"的行为，就是他被良心所实际确认的道德行为。在管理伦理中的激励内容中，荣誉感是最强的激励因子。管理的目的是为了出成效，在组织中，社会荣誉感和个人尊严之间是辨证统一的。管理活动结果对社会正向影响越高，组织美誉度越高，社会荣誉感越强，相反则越低。在这样的组织中，个体尊严越容易被满足，从而更刺激管理者和被管理者维护本组织的社会荣誉感，顺利进行管理活动，引导被管理者树立社会主流价值观。

2. 警察管理伦理激励的结构

警察管理伦理激励的结构主要包括管理者和被管理者两个方面。一方面，管理者是伦理激励中激发人的潜能，实施价值观管理，提高人的积极性的施动者。对于管理者来说，其道德品质的优劣至关重要。就个人而言，如果管理者偏重私欲膨胀、忽视道义，势必与同事、下属争权夺利，管理效果只能是组织内部不和，无法形成合力，谈不上形成共同价值观。就社会而言，如果管理者只重视组织私利，忽视社会伦理规则，势必会减弱其社会责任，只会形成与社会主义核心价值观相偏离的组织狭隘价值观。因此，伦理型的管理者越来越被管理实践活动所需要。管理者在管理过程中必须重视被管理者的责任感、义务感、良知、尊严这些体现人的信念的心理变化，满足被管理者的道德心理需要，激发其潜能，实现被管理者的自我实现、自我超越，从而完成价值观管理活动的目的。这迫切地要求提高管理者的道德素质，增强管理者的榜样效应。管理者本人道德素质的高低，是实现伦理激励的至关因素。在西方渐成气候的道德影响力研究学者认为，道德是众多领导手段中的一部分，大量研究表明，道德素质高、能力强的管理者具有很强的感召力。感召力的本质是道德权威，道德权威则来自很高的个人道德素养。德鲁克的见解是：为了使管理人员这种特殊的资源——人，能够更好地使职工取得成就、更富有活力，就要求管理人员有特殊的品质——“正直的品格”。[①] 管理者的道德素质是指管理者应有的道德品质，它具有稳定性和一贯性的个人道德意识和道德行为总体的根本属性。法国的管理学家法约尔在20世纪初提出的管理者应具有的素质：身体素质、精神素质、道德素质、一般教养、专门知识、经验，其中就提出了管理者必须具有道德素质。而日本对管理者的素质研究更加广泛，更加侧重道德素质的研究，如：使命感、责任感、积极性、忠诚老实、进取心、忍耐性、公平、热情、勇气。又比如我国儒家集大成者孔子也认为管理者在个人品行上要尊五美：“君子惠而不费，劳而不怨，欲而贪，泰而不骄，威而不猛。”墨子在《尚贤上》中也对贤良之士做了解释：“厚乎德行，辩乎言谈，薄乎道术者。”综上所叙，管理者道德素质在层次范围内包括以下几个方面：正直、公正、诚实、责任感。管理者具备了以上四个方面的道德素质，必定形成巨大的人格力量，产生个体道德力，影响被管理者，从而产生榜样效应。榜样是一个默然起作用的影响方法，它通过吸引、感化发生作用。榜样在管理过程中所起到的积极作

---

① ［美］彼德·德鲁克．管理使命、责任、实务：实务篇［M］．王永贵，译．北京：机械工业出版社，2006：30.

用，是无论如何也不能用现代管理学中的数字来加以量化的。卡罗尔总结了美国学者于1961年、1977年、1984年进行的三次有关影响组织道德氛围的因素的调查结果，发现上司的行为都是影响员工道德选择的第一影响力。① 管理者的榜样效应在管理过程中，一是以自身的道德力，形成道德场，激励着被管理者，易于认同和接受社会主流价值观；二是使管理者自身也受着来自被管理者的道德监督影响，促使管理者榜样效应的持久性，增强培育社会主流价值观的稳定性。

另一方面，被管理者是管理活动中相对于管理者的另一主体，伦理激励中的受动者。如何针对人的需要、动机进行激励的问题早就有学者进行讨论，管理学中代表性理论有激励内容理论、激励过程理论、激励强化理论和综合性激励理论。他们认为人们的各种行为都有一定的动机，而动机又产生于人们本身内在的、强烈要求得到满足的需要。现今的实际生活中，被管理者的特征表现为：随着生活水平普遍提高，文化素质明显改善，民主意识增强，竞争精神逐渐形成，公平心理不断升华，自我意识、自我超越追求日趋强烈。在管理伦理激励过程中，管理者是重要的一极，但被管理者所起的作用也不可忽视，管理者施以责任感、理想、价值观等道德激励时，必须充分考虑激发被管理者的主动性，才能实行有效的管理控制与价值调节，达到管理者与被管理者之间的动态平衡，创设培育社会主义核心价值观的良好管理环境。

（三）警察管理伦理激励下培育人民警察社会主义核心价值观的路径

基于警察管理伦理激励所达到的管理者与被管理者之间的动态平衡，实施价值观管理，有效促进人民警察社会主义核心价值观建设。管理伦理激励活动过程中，难度最大的是如何将倡导的社会主义核心价值

---

① ［美］阿奇B.卡罗尔，等．企业与社会：伦理与利益相关者管理［M］．黄煜平，等译．北京：机械工业出版社，2004：143.

观成为公安干警的共同信念。社会主义核心价值观转化为公安干警个体信念的过程，实质就是认同价值观的过程，也就是让公安干警接受并能够去自觉遵循社会主义核心价值观的内炼过程，这一过程需要我们从多方面去努力。

第一，建立与完善相关伦理管理制度。培育人民警察社会主义核心价值观是一个长期的、系统的工程，必须建立、健全和完善必要的管理规章制度，特别是相应的管理激励和约束机制。因为社会主义核心价值观的认同和接受，需要有良好的伦理管理氛围和伦理管理手段，及其要重视外在的管理制度和内在的管理伦理激励方式在管理活动中的有机结合，使公安干警既有社会主义核心价值观的导向管理激励，又有管理制度化的规范，体现出培育人民警察社会主义核心价值观过程他律和自律的辩证统一。把伦理管理制度建设与公安文化有机融合，培育人民警察社会主义核心价值观。制度与文化建设存在相互影响、相互促进的互动关系。管理者欲把倡导的价值观渗透到管理过程，变成人们的自觉行动，则要把文化有机融合在伦理管理制度建设中，就会加速社会主义核心价值观的认同过程。

第二，充分利用管理伦理激励的实践活动方式将社会主义核心价值观转化为公安干警共同信念。管理伦理激励是以价值观管理为核心和目的，实质上以满足人的伦理需要为着力点，激发和引导被激励者的行为、价值观向激励者预期方向发展的一种伦理管理手段。管理者应深入思考、主动发力、力求创新，充分利用管理伦理激励方式，完善伦理激励机制建设，构建一种以组织内部赏罚行为导向机制和德行成本运行补偿机制，有效进行个体价值观管理，潜移默化中使社会主义核心价值观成为组织成员普遍认同的共同价值观念。

第三，基于价值观管理模式，确立科学的伦理激励评价机制，为社会主义核心价值观培育工作提供支持和保障。确立科学的伦理激励评价机制是培育人民警察社会主义核心价值观工作中当务之急。伦理激励理激励评价机制导向正确，要以社会主义核心价值观为引导和标准进行科学的机制构建；伦理激励理激励评价机制内容规范、科学，手段丰富多样，内容紧贴社会主义核心价值观培育时代特点，契合社会主义核心价值观内涵，评价手段紧扣社会主义核心价值观，培育时代主题，充分运用“互联网+”背景下评价方式。

现在管理科学发展的重要趋势之一是日益发展的管理文化，尤其是价值形态的文化建设对管理以及培育社会主义核心价值观的意义。因此，管理者要转变管理理念，重视被管理者人伦属性，满足被管理者的道德需求，在激励的价值目标上强调以社会主义核心价值观为引导，在激励的手段上注意激励过程和行为方法的伦理性，立足于管理伦理激励，有效开展人民警察社会主义核心价值观培育工作，促进新时代公安队伍建设。

后　记

历时近23个月，从确定提纲、参阅有关资料再到提笔撰写章节内容，修改一稿、二稿、三稿……，虽身心疲惫，但还是坚持完成了本书。安静的夜晚，独自一人，未免感到有些空虚，有些凄凉。坐在星空下，抬头仰望美丽天空，感觉真实却又虚幻，闪闪烁烁，似乎看来还有些跳动。美的一切总在瞬间，如同海市蜃楼般，也只是刹那间的一闪而过，当天空变得明亮，而这星星也早已一同退去……。掩卷而思，有时候也不免忐忑不安，本书的出版到底有何用？扪心自问，有时候也忘了自己撰写本书的初衷，自己为什么要撰写本书？警察是以打击罪犯、维护社会稳定为指向的职业者，其职业直接关系到人民群众的生命、财产安全。要把理论形态的人民警察职业伦理转变为现实，需要上升为制度形态的职业伦理，以更好地促进人民警察职业伦理建设。新时代、新征程、新使命，为了达成此目的，十五年的从警生涯中，本人一直苦苦在人民警察职业伦理的理论形态和实践建构过程中不断探索。无知者为梦想中的虚幻而苦苦等待，换回的不是所求的，而是岁月在脸上留下的印痕，一事无成的人一生便是虚度。生活中，与其花时间去等待，不如加快步伐去追寻理想，试着与时间赛跑，也许身躯、心理会感到劳累，但这样的生活毕竟是充实的。

在本书即将面世时，身为作者颇感惶恐，生怕书中内容、观点疏漏误别人。在此，祈望诸位专家、学者，如能宽容海涵，提携后学，给予批评指教，吾则幸莫大焉，永知足矣！

在撰写本书的过程中，本人参阅了大量的相关文献，在此向各位专家、学者深表谢意！同时，也感谢我的家人数年来在工作、生活中默默的支持和帮助，是你们支撑着我在从警道路上一直向前！

寥寥数语，是为后记。

卢军

2018 年 8 月 7 日于长沙岳麓山